中公新書 2769

平田陽一郎著

# 隋——「流星王朝」の光芒

中央公論新社刊

# はじめに

「流星王朝」。中国の歴史学界では、隋《ずい》をそんな風に評する向きもあるようだ。

西暦一八四年、黄巾《こうきん》の乱が勃発した。後漢《ごかん》王朝の終わりの始まりと、英雄・豪傑が乱舞する『三国志』の時代の幕開けである。そこから魏晋南北朝《ぎしんなんぼくちょう》時代を経て、足かけ約四百年を数えた五八一年、北朝の北周《ほくしゅう》からの禅譲《ぜんじょう》によって突如姿を現した王朝、それが隋である。

隋は、五八九年には南朝の陳《ちん》を滅ぼし、長きにわたった分裂と抗争に終止符を打つ。ところが、中国史上特筆すべきこの大事業を成し遂げながら、実質的にはわずか二代、建国から四十年にも満たずして六一八年に滅亡する。まばゆい光芒《こうぼう》を放ってあっという間に地に落ちた、隋はまさに流れ星、そういうことなのであろう。

ネーミングについていえば、こんな話もある。

隋という王朝名は、初代皇帝の文帝楊堅《ぶんていようけん》（五四一～六〇四年、在位五八一～六〇四年）が、父である楊忠《ようちゅう》（五〇七～五六八年）から継承した、北周時代の「随国公《ずいこくこう》」という封爵《ほうしゃく》にちなむものである。つまり、もとは「随」であったらしい。ところがその後、国号の中に「走る」の意味を持つ「辶《しんにょう》」があるのは、目まぐるしい王朝交代を連想させて不吉であると考えた楊堅が、これを除去して新しく「隋」の字を創り、験《げん》を担いだというのだ。

国祚《こくそ》の長久《ちょうきゅう》を願って、そんな涙ぐましい努力までしたのに、まさか短命王朝で終わるとは、歴史の巧《たく》まざる皮肉というべきか、と妙に腑《ふ》に落ちるところがある。そのせいか、この話の由来はかなり古く、千年以上前までさかのぼることができ、時代を追って人口に膾炙《かいしゃ》していったようなのである。

なお、流れ星よろしく「隋」が「土」に落ちれば「墮《だ》」になるが、漢字遊びのついでにもう一つ、重要な名前をご紹介しておきたい。それは、「フリクジョナラエン」という名である。漢字音写すれば、「普六茹那羅延」となる。字面だけ見ると、とても人名とは思われないであろう。しかし実はこれ、本書の主役の一人である文帝楊堅が、ご幼少のみぎりに名乗ったと思われる由緒正しい名前なのである。

本文でも触れるように、隋の母胎となった西魏・北周は、いわゆる漢族ではなく、鮮卑《せんぴ》を中心とする北族《ほくぞく》（北方の騎馬遊牧民の流れを汲む人々）がヘゲモニーを握る遊牧系政権としての側面を持っており、だいぶ鮮卑寄りの政治も実行している。その最たるものが、賜姓《しせい》政策なのであるが、前半の「フリクジョ＝普六茹」というのは、楊堅の父楊忠が、西魏《せいぎ》第三代恭帝《きょうてい》の時に賜《たまわ》った鮮卑北族風の姓（胡姓《こせい》・虜姓《りょせい》）にほかならない。これ以外にも、万紐《ぼくちゅう》于《う》・莫胡盧《ばくころ》・若口引《じゃくこういん》など様々な姓があった。これらはみな、栄えある武人貴族の家柄を示す、たいへん面妖《めんよう》な、否《いな》、名誉なものだったのである。

一方、後半の「ナラエン＝那羅延」は、幼名ないし字《あざな》（姓・名以外に成人が持った呼び名）に当たるが、サンスクリットの「ナーラーヤナ」の音写である。その起源はインド神話中の神の名にあるが、中国や日本の仏教においては、山門《さんもん》を守護する二体の仁王《におう》さま、阿吽《あうん》の像としてよく知られる金剛力士《こんごうりきし》を指すようにもなった。北周期、楊堅が在朝《ざいちょう》の人士から「普六茹堅」と呼ばれていたことを示す史料が残されている。おそらく、この成人後の名乗りの「堅（かたいの意）」もまた、那羅延金剛・那羅延堅固王などの別名を持つ、「金剛不壊《こんごうふえ》」の仏教の守護神にあやかった、縁起の良い名前であったと考えられる。

ちなみに、六〇七年に倭国《わこく》が送った遣隋使が、「仏法を重興《じゅうこう》」した「海西《かいせい》の菩薩天子《ぼさつてんし》」と称えた隋の皇帝は、文帝のことであるのか、それとも二代皇帝の煬帝《ようだい》（五六九～六一八年、在位六〇四～六一八年）を指すのか。かねて議論のあるところだが、名前を含めて仏教への所縁はずっと深い、父親の方に分がありそうだ。

ところが当の普六茹堅は、普六茹その他の胡姓に特段の思い入れはなかったものか、隋王朝成立を目前に控えたタイミングで、前王朝が賜与した胡姓はやめて、もとの姓に戻すように命じている。それに合わせて、普六茹堅も、晴れて楊堅となったわけである。あるいは楊堅自身が、楊家は鮮卑北族にルーツを持つと認識しており、多くの漢族を統治する新皇帝の姓が普六茹では、さすがにどうかと外聞を憚《はばか》ったためであろうか。

そのあたりのことは本編で改めて述べるとして、ここで一つお聞きしてみたいことがある。読者のみなさんは、同一人物を示す「普六茹那羅延」「普六茹堅」、そして「楊堅」という三つの固有名詞から受ける印象の違いに、果たしてお気づきであろうか。

一般に、北朝やその系譜を継ぐ隋について考える際には、漢文で書かれた史料を利用するケースがほとんどである。「普六茹」の原語は、モンゴル系ないしトルコ系に属する鮮卑語であろうと推測はできるが、実態を知る術《すべ》はほとんど残されていない。「那羅延」と音訳されていれば、サンスクリットの原語にたどり着くこともできようが、漢字で「堅」と意訳されてしまったら、ほぼお手上げである。

非漢語史料にあまり恵まれていないこの時代について、歴史の実像に迫ろうとするならば、こうした事情をしっかり踏まえておく必要がありそうだ。すなわち、鮮卑をはじめとする非漢族の活動も、漢文で記録された瞬間、漢族や「中国」の出来事にすり替わってしまいかねない怖さがあり、意識的・無意識的とを問わず、強力な印象操作が常に行われているということを、忘れてはならないのである。

では、それを知った上でどうするのか。毒を食らわば皿まで、である。漢文史料の深みにとっぷりと沈み込み、張りめぐらされたワナには尽《ことごと》く引っかかって、身を挺してトラップを暴いていく覚悟が必要だ。その一方で、わずかに残された真の手がかりを拾い集める。そうした危険で地道な作業を繰り返していってはじめて、漢文史料の分厚いカーテンの向こう側に、隋の本当の姿をとらえることができるのではなかろうか。

しかし言うは易しで、なかなか厄介な事情もある。まず第一に、隋代史研究の根本史料といえるのは正史《せいし》『隋書《ずいしょ》』のみなのだが、複数人が編纂に当たった事情もあって記述に齟齬《そご》が目立ち、事実を確定するのが難しいケースがある。また第二に、短命王朝であるのに急速に膨張したため、全体像をとらえるのは簡単ではない。さらに第三として、北朝について記す『北史《ほくし》』の中に隋が含まれているように、伝統的には隋は北朝に属するものと考えられていた。一方、今日では、後《あと》につづく唐《とう》とあわせて隋唐帝国と呼ばれることが多い。いわば隋は股裂き状態、どっちつかずの宙ぶらりんで、位置づけが難しいのである。

第一、第二の点については、努力と工夫を凝《こ》らしてみるほかないが、第三の点については考え方次第であろう。中国史における古い時代の幕引き役、あるいは新しい時代の前座としてではなく、前後の時代が出会い、重なり合ったカオスな時空間として、隋代ならではの魅力があったはずだからだ。そして、あくまで隋という時代に立って見た時、隋が全力で対峙しなければならなかった相手は、しがらみを断ち切り因習を打破すべき北朝でも、ましてや当初は一反乱勢力に過ぎなかった唐でもないことに気づく。隋のライバルとなったのは、正統なる中華王朝を標榜し経済も発展させていた南朝、その最後の王朝である陳や、隋滅亡の直接の原因となったといっても過言ではない高句麗《こうくり》、わけても北朝以来、強力なプレッシャーをかけつづけていた遊牧帝国の突厥《とっくつ》（「とっけつ」と呼びならわす）など、ユーラシア大陸東部地域に実在した諸勢力であった。

このような理解に基づき、本書では、隋を広い視野の中で描き出してみたいが、構成は以下のとおりである。

まず序章で、華北とモンゴリアが連動して揺れ動いた六世紀後半のユーラシア大陸東部の国際情勢を押さえ、第1章では、隋の登場もまた、そうした連鎖反応の一環を成す出来事であったことを明らかにする。つづく第2章では、隋による江南《こうなん》平定の実態と意義について検討する。次にこれを踏まえつつ、遠く北方にも及ぶ覇権を確立し、皇帝が可汗《カガン》号を兼ね称したことに触れ、隋がいかなる統治体制を構築していったのかを、第3章で考察する。第4章では、楊堅の次子であった煬帝が、なぜ兄から皇太子の座を奪い、一説には父の命をも奪って皇帝へと登りつめることができたのか、その背景を明らかにしたい。以上を受けて、第5章から終章では、「世界帝国」建設の理想を追い求め、そして破滅した煬帝の生涯を、暴君という紋切り型の評価で片付けずに、多面的にとらえてみたい。

# 目次

図表作成◎地図屋もりそん

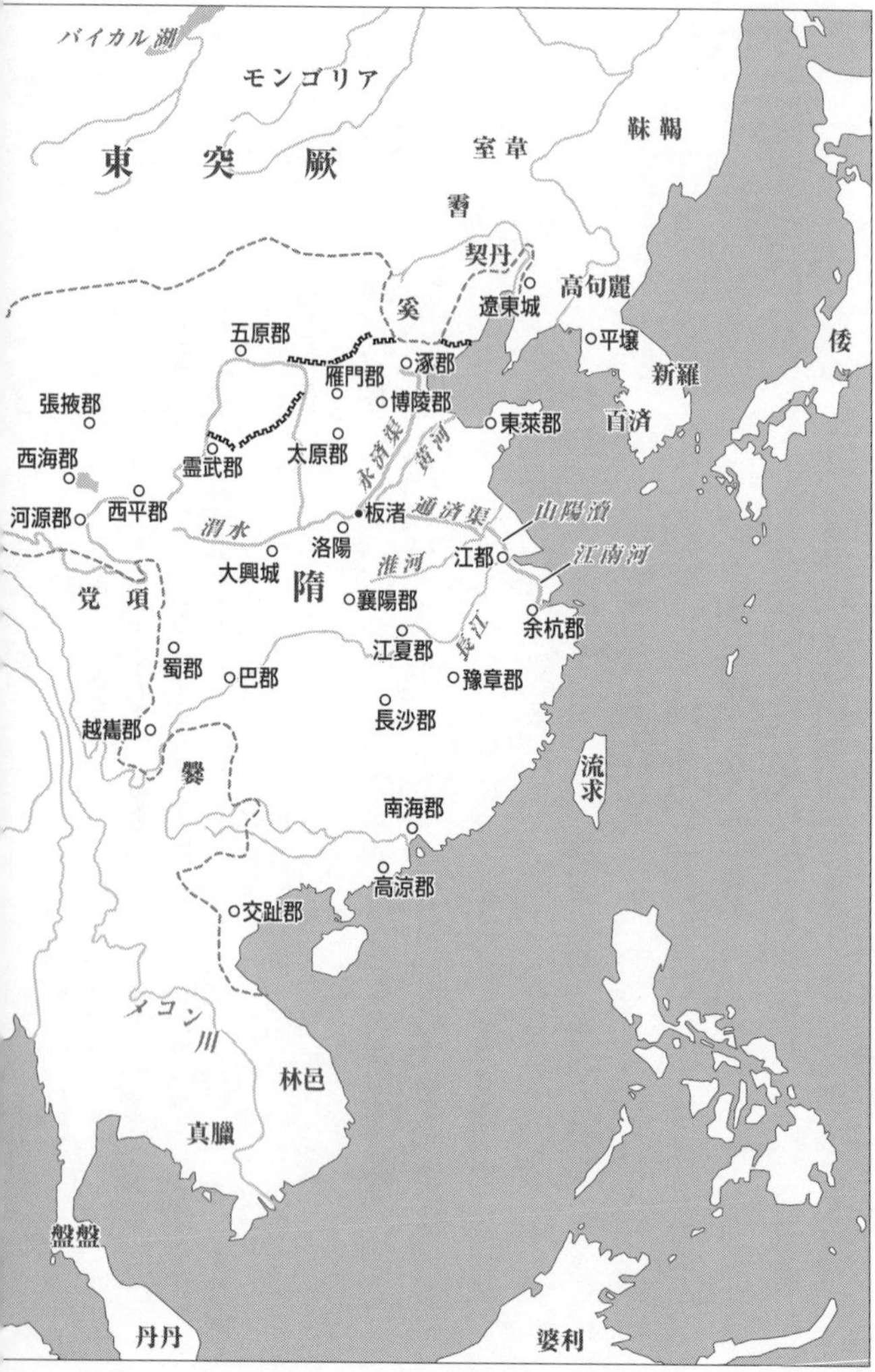

バイカル湖
モンゴリア
東突厥
室韋
靺鞨
霫
契丹
奚
遼東城
高句麗
五原郡
平壌
新羅
倭
涿郡
雁門郡
博陵郡
張掖郡
東莱郡
百済
永済渠
黄河
西海郡
霊武郡
太原郡
河源郡
西平郡
板渚
通済渠
山陽瀆
渭水
洛陽
江都
江南河
淮河
大興城
隋
襄陽郡
党項
余杭郡
江夏郡
長江
蜀郡
巴郡
豫章郡
長沙郡
越巂郡
爨
流求
南海郡
高涼郡
交趾郡
メコン川
林邑
真臘
盤盤
丹丹
婆利

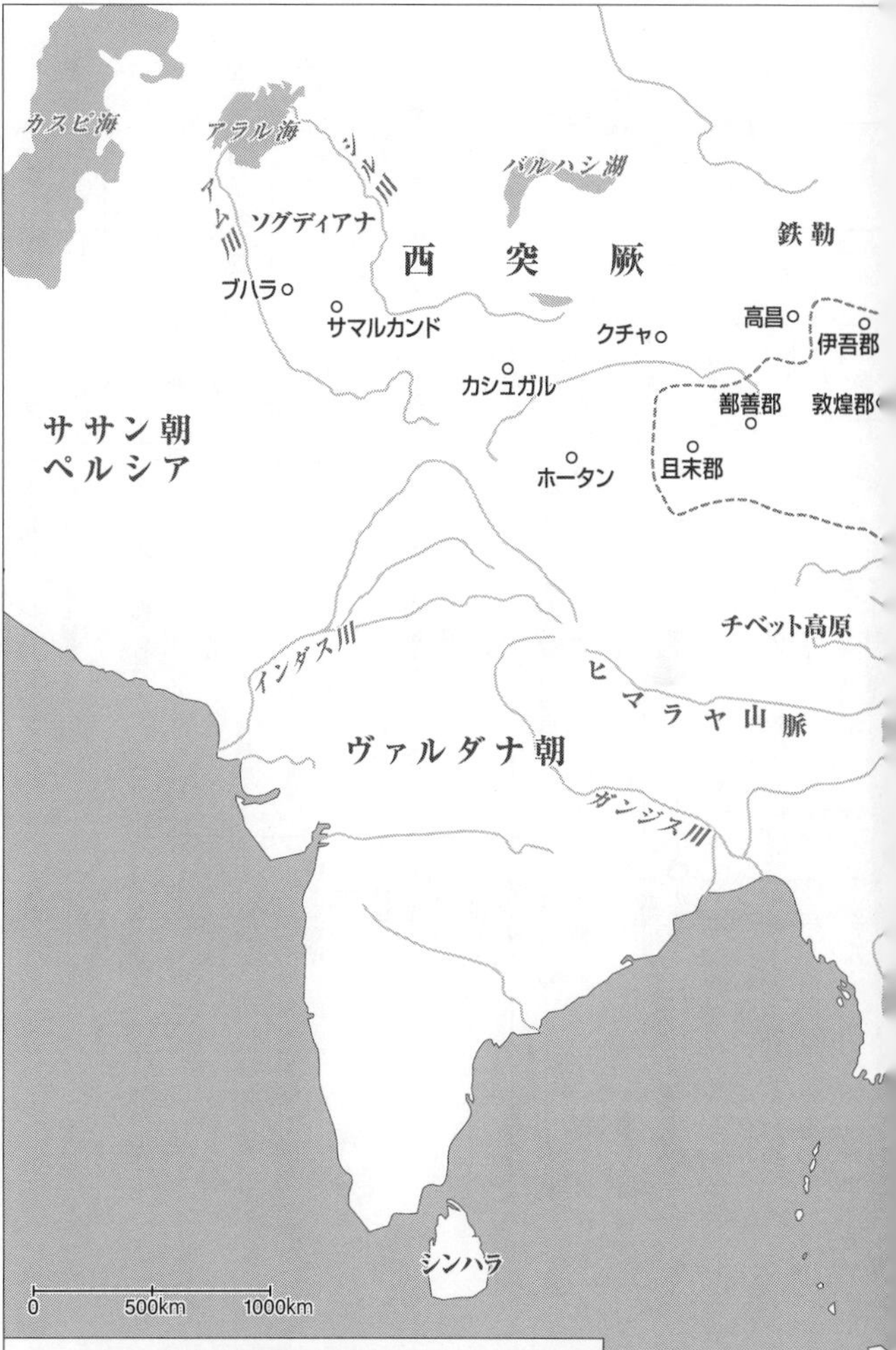


出典：郭沫若主編『中国史稿地図集 上冊（第2版）』（中国地図出版社、1996年）をもとに作成

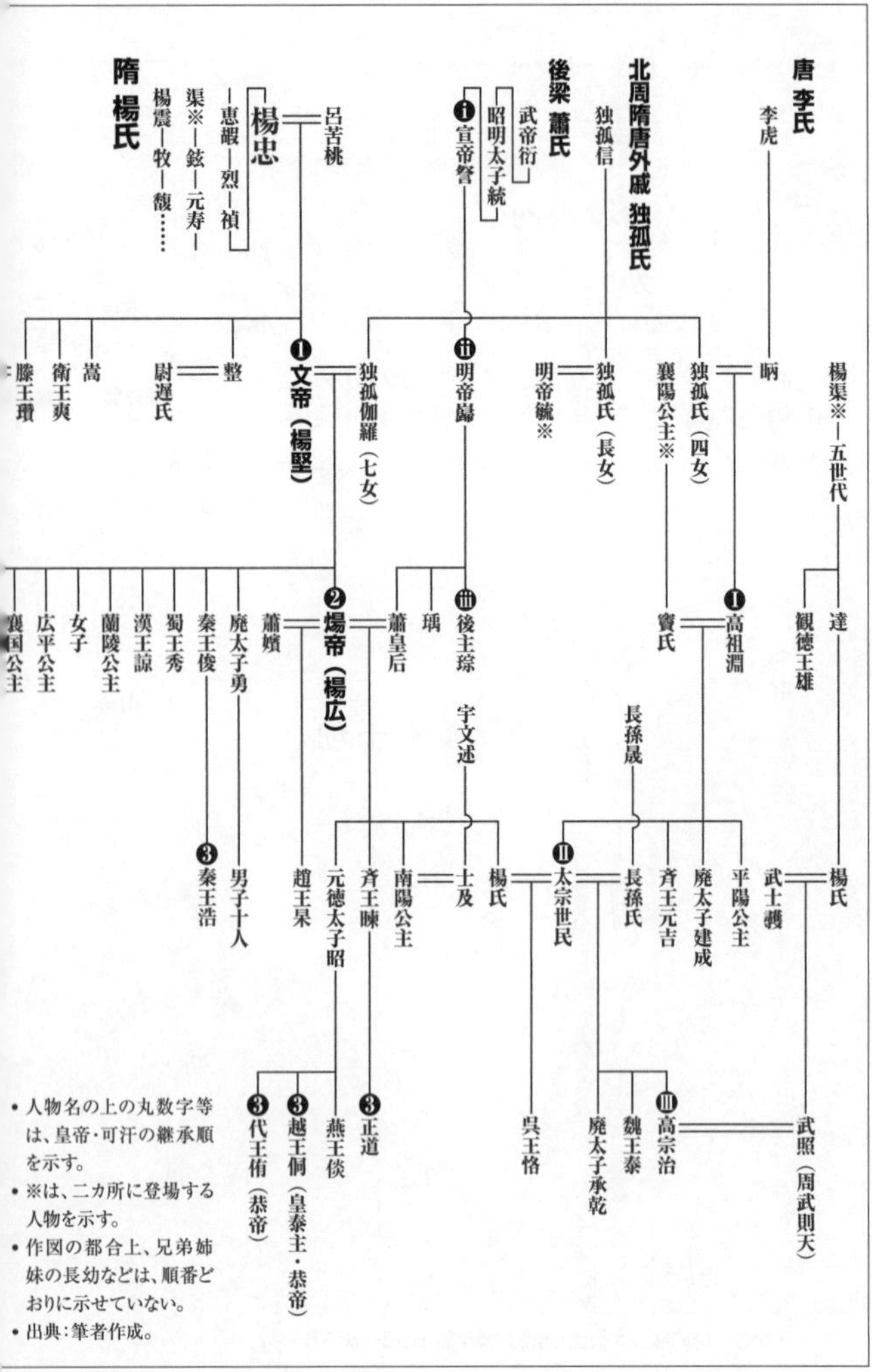


・人物名の上の丸数字等は、皇帝・可汗の継承順を示す。
・※は、二カ所に登場する人物を示す。
・作図の都合上、兄弟姉妹の長幼などは、順番どおりに示せていない。
・出典：筆者作成。

# 『隋』関連略系図

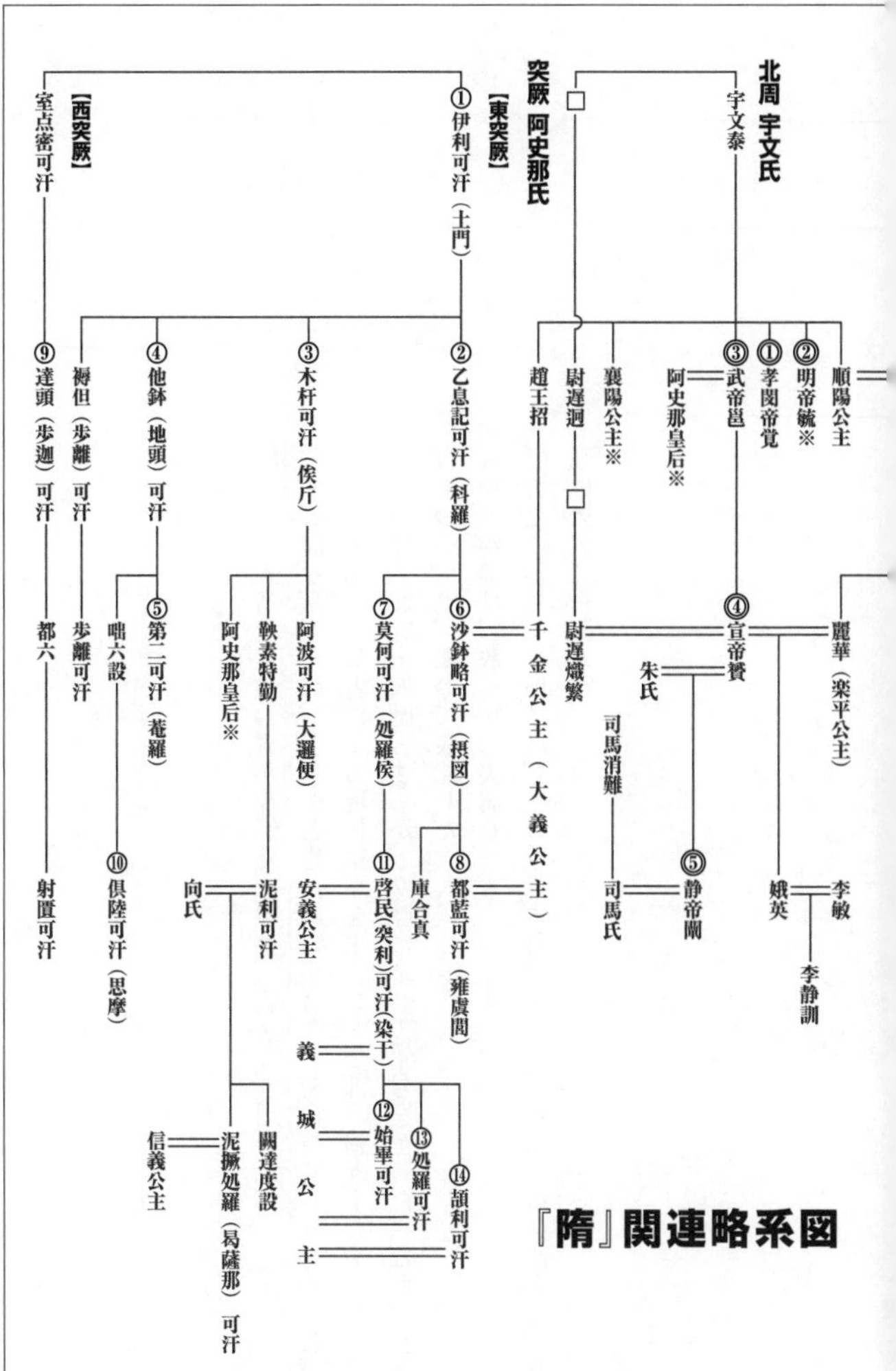
北周　宇文氏
宇文泰
順陽公主
②明帝毓※
①孝閔帝覚
③武帝邕
阿史那皇后※
襄陽公主※
尉遅迥
趙王招
麗華（楽平公主）
④宣帝贇
朱氏
尉遅熾繁
司馬消難
李敏
娥英
李静訓
⑤静帝闡
司馬氏
千金公主（大義公主）
突厥　阿史那氏
【東突厥】
①伊利可汗（土門）
【西突厥】
室点密可汗
②乙息記可汗（科羅）
③木杆可汗（俟斤）
④他鉢（地頭）可汗
褥但（歩離）可汗
⑨達頭（歩迦）可汗
⑥沙鉢略可汗（摂図）
⑦莫何可汗（処羅侯）
阿波可汗（大邏便）
鞅素特勤
阿史那皇后※
⑤第二可汗（菴羅）
嗢六設
歩離可汗
都六
⑧都藍可汗（雍虞閭）
庫合真
⑪啓民（突利）可汗（染干）
安義公主
泥利可汗
向氏
⑩倶陸可汗（思摩）
射匱可汗
義城公主
⑫始畢可汗
⑬処羅可汗
⑭頡利可汗
闕達度設
泥撅処羅（曷薩那）可汗
信義公主

## 凡例

・漢字は、人名などのわずかな例外を除き、新字体を用いた。
・やや難読な漢字には、慣用的と思われる字音で、初出時にルビをふった。
・史料の掲示は、筆者による現代語訳を主とし、一部、書き下し文とした。
・年表記は、便宜上西暦とするが、文脈に応じて年号を補った。なお、月・日については、旧暦で表記した。
・人物の年齢は、数え年で表記した。
・歴史上の地名については、当該地点の目安となる現代の行政区画名を、括弧に入れて付記した。

# 序章　隋を生んだ時代のうねり

## 1　南北朝後期の動乱

### 分裂と統一

中国の歴史は、分裂と統一の繰り返しだという。秦《しん》の始皇帝《しこうてい》の統一は、十数年しかもたなかった。前漢・後漢あわせて四百年つづいた漢王朝の治世も、黄巾の乱を経て実質的に崩壊し、魏《ぎ》・呉《ご》・蜀《しょく》が争う三国時代となる。その後、西晋《せいしん》のわずかな統一期間を除けば、魏晋南北朝の大分裂時代は四百年近くにわたった。これに終止符を打ったのが、隋である。

歴史は繰り返すともいう。隋が四十年足らずで滅亡した後、三百年近く唐が存続したことは、よく秦と漢の関係に比較される。分裂と統一の反復に中国史の大勢を見るのは、誤りではない。しかし、「中国」が一定の広さを持つ地域として、古来一貫して存在することを暗黙の前提とし、「中国」の内側だけを見て分裂と統一をうんぬんしても、実はあまり意味がない。魏晋南北朝の分裂だけでなく、隋唐の統一の原動力となったのも、主として「中国」の外からもたらされた、「五胡《ごこ》」諸民族のエネルギーであったからだ。

いわゆる五胡とは、匈奴《きょうど》・羯《けつ》・鮮卑・氐《てい》・羌《きょう》などの少数民族を指す。漢代以来、徐々に形成されつつあった漢族（漢人）とは異なるという意味で、非漢族とも呼ばれる。彼らは後漢の辺境やその隣接地域で、広く遊牧・牧畜生活を営んでいた。もともと厳しい自然環境で暮らしていたところに、三世紀以降、地球規模の寒冷化が顕著になると、五胡諸民族は南方への移住を加速させる。こうして華北（本書では中国大陸北半部、主に黄河《こうが》流域一帯を指す）に生活圏を拡大した彼らは、少数民族といっても漢族に比して相対的に少数であるに過ぎず、多くの国家を建設して覇を競う主役となった。一方、うち続く戦乱と異民族による支配を嫌った漢族の中には周辺地域、なかでも江南（本書では中国大陸南半部、主に長江《ちょうこう》流域一帯を指す）に避難する人々が多くおり、亡命政府を樹立して対決姿勢を鮮明にした。

混迷の華北で最後の勝利者となったのは鮮卑、特に拓跋《たくばつ》部を中心とする勢力であった。その首領の拓跋珪《けい》（初代道武帝《どうぶてい》）が建てた北魏《ほくぎ》（三八六～五三四年）は、現在の山西省《さんせいしょう》北部を本拠地にして勢力を拡大。四三九年、孫の拓跋燾《とう》（第三代太武帝《たいぶてい》）の時には華北統一を達成する。ほぼ百年を経て、北魏は東魏《とうぎ》・西魏《せいぎ》に分裂し、やがてそれぞれ北斉《ほくせい》・北周に取って代わられる。北周を直接の母胎として成立したのが隋であり、これを継いだのが唐である。

北魏から唐に至る諸政権では、血統・習俗において遊牧民・遊牧社会にゆかりの深い帝王家を中心に、北族（鮮卑をはじめとする遊牧系の人々）が、王朝交代を跨《また》いで権力中枢の一角を占めつづけた。こうした実態をとらえるには、王朝ごとに輪切りにする断代史ではなく、一連の国家群として連続性に注目する視点も欠かせない。この点に鑑《かんが》み、隋をメインテーマとする本書であるが、隋が建国される百年ほど前、五世紀後半ごろから説き起こしたい。

### 六鎮の乱と北魏の崩壊

北魏を支えた一番の柱は、優秀な騎馬軍事力であった。馬に乗って多数の羊を管理し、野生動物の狩猟によって食肉を確保し、騎乗に適した筒袖にズボンを合わせた胡服《こふく》を着用する遊牧生活。その中で養われるのが、騎馬遊牧民ならではの高度な騎射技術である。ひとたびこれを軍事に転用すれば、さしずめ特殊な訓練を受けたパイロットが、音速の戦闘機を駆って、ミサイルを発射するようなものである。北魏建国以来、胡服・胡語・騎射技術などの遊牧文化を保持してきた北族は、軍事的貢献に見合った地位と名誉を与えられていた。

一方、制度・文化などの諸方面において、早くから漢文化の浸透も見られた。それが徐々に拡大し、ついに胡と漢が主客転倒することを強く印象づけたのが、孝文帝《こうぶんてい》（拓跋宏《こう》、在位四七一〜四九九年）による漢化政策である。

この改革が北族の一方的な漢化を意味せず、遊牧的文化も踏まえた新たな体制の創出、いわば「中国化」政策として理解されるべきことについては、会田大輔《あいだだいすけ》氏の著書に詳しい（会田、二〇二二）。同改革は、華北支配の進展を受けて、北魏政権が遊牧中心の社会から農耕経済への依存度を高める中で、時宜に適した現実的なチャレンジであったと評価できよう。

四九三年に、孝文帝が平城《へいじょう》（山西省大同市《だいどう》）から遷都を強行して以来、華やぐ新都の洛陽《らくよう》（河南省《かなん》洛陽市）では、皇族をはじめとする上流社会の人々が、仏教を基調とした絢爛《けんらん》たる繁栄を謳歌《おうか》した。ところが北族の中下層民は、発展から取り残されてしまう。なかでも過酷な環境に置き去りにされたのが、六鎮《りくちん》（平城の北方に配置された六つの軍事拠点）の北族兵士たちであった。少し前には栄えある首都平城の防衛部隊であったのに、洛陽遷都によって辺境の守備隊に格下げとなった彼らは、ついに不満を爆発させる。六鎮の乱の勃発である。

五二三年、沃野鎮《よくやちん》（六鎮の一つ）の破落汗抜陵《はらくかんばつりょう》が上げた反乱の火の手は、六鎮に燃え広がり、やがて華北一円に飛び火する。反乱を起こしたのが、戦闘力に富む北族である以上、これを鎮める軍事力も、同じ北族に求めるほかなかった。

北魏建国期からこのころまで、北秀容《ほくしゅうよう》（山西省忻州市《きんしゅう》）で牧畜を営む契胡《けいこ》という部族がいた。その首領の爾朱栄《じしゅえい》は、自前の軍隊を率いて反乱鎮圧で大活躍。抜群の功績をひっさげて洛陽に乗り込み、北魏の実権を掌握する。しかし、拙速に帝位を狙ったことが仇《あだ》となり、五三〇年、みずから擁立した孝荘帝《こうそうてい》に謀殺されてしまう。ところがその孝荘帝も、復讐に燃える爾朱氏一党の手にかかってあえなく落命。事態は混迷を深める一方であった。

## 正統を継ぐ者──東魏・西魏・梁

爾朱栄の部下に高歓《こうかん》（四九六〜五四七年）という男がいた。懐朔鎮《かいさくちん》（六鎮の一つ）の貧しい出であったが、生前、爾朱栄が、「万一、ワシの身に何かあった場合、全軍の統率に堪える者はただ一人、賀六渾《がりくこん》だけよ」と評した人物である。「賀六渾」というのは、高歓の字で、おそらく鮮卑語の漢字音訳であろう。「高歓」と漢人風の姓名を名乗っていても、彼の血統や身につけた習俗の真のルーツが、鮮卑遊牧社会に発するものであることを、何より雄弁に物語る名といわねばならない。

爾朱栄の予言どおり、後継者としての地位を確立した高歓は、五三二年四月、洛陽に入城すると、新たに孝武帝《こうぶてい》を擁立。その上で自身は、并州晋陽《へいしゅうしんよう》（山西省太原《たいげん》市）に大丞相府《だいじょうしょうふ》（丞相は君主を補佐する最高位の大臣、府は官庁をいう）を開設し、遠く洛陽の宮廷ににらみを利かせる態勢をとった。これは爾朱栄が孝荘帝に対したのと同じやり方であったが、生じた問題も同じであった。すなわち、孝武帝が高歓の影響力の拡大を嫌って対決姿勢を強め、ついに兵を挙げたのである。

一報を受けた高歓が神速の用兵で洛陽に迫ると、五三四年七月、孝武帝があえなく落ちのびた先は、関中《かんちゅう》（陝西《せんせい》省中部、黄河の支流渭水《いすい》流域）一帯の制圧を進めていた宇文泰《うぶんたい》（五〇五?～五五六年）のもとであった。武川鎮《ぶせんちん》（六鎮の一つ）出身の宇文泰は、宇文の姓や黒獺《こくだつ》の字からわかるように、やはり鮮卑遊牧社会にゆかりの深い人物である。「窮鳥懐《きゅうちょうふところ》に入れば猟師も殺さず」というが、宇文泰はその年のうちに孝武帝を殺害。明けて五三五年正月、皇族の元宝炬《げんほうきょ》を即位させた。これが西魏（五三五～五五六年）の文帝である。

洛陽に入った高歓は、やはり皇族の元善見《げんぜんけん》を即位させていた。これを東魏（五三四～五五〇年）の孝静帝《こうせいてい》という。こうした成立の経緯から、東魏と西魏は「一つの魏」をめぐって争う不倶戴天《ふぐたいてん》の敵となった。一方、目を南に向ければ、漢魏以来の正統なる中華王朝を自認する南朝の梁《りょう》が、初代武帝・蕭衍《しょうえん》（四六四～五四九年、在位五〇二～五四九年）のもとで栄え、北魏の分裂を受けて相対的にも力を強めていた。

東魏・西魏・梁で三つ巴《どもえ》の状況下、敵境に近い洛陽の防衛に懸念を抱いた高歓は、鄴《ぎょう》（河《か》北《ほく》省邯鄲《かんたん》市）への遷都を断行する。かくして北魏の帝都洛陽は一地方都市に転落し、東西両魏が死闘を繰り広げる戦乱の巷《ちまた》と化した。

## 武人たちの戦場

東魏の天平《てんぺい》四年、西魏の大統《だいとう》三年、西暦五三七年十月の沙苑《さえん》の戦いでは、西魏が東魏の大軍をしたたかに打ち破る。しかし翌年の河橋《かきょう》の戦いでは、さっそく東魏がリベンジを果たす。ちなみに、この負け戦の最中、壮士五人とともに橋を死守して敵の追撃を退け、その功で大都督《だいととく》（部隊長の階級の一つ）に昇進した西魏の武人がいた。男の名は普六茹忠（以下、楊忠）。のちに隋王朝で廟号《びょうごう》を太祖《たいそ》、諡《おくりな》（死後に贈られる称号）を武元《ぶげん》皇帝とされる人物である。勝敗がどちらに転ぼうが戦いはつづき、その戦場が武人に立身出世の機会を与える。戦いに次ぐ戦いの日々たる乱世は、そこに生きる武人たちにとっては良き時代であった。

ただし生き延びることができれば、の話である。寡兵《かへい》よく東魏の大軍を退けていた西魏であったが、五四三年三月に勃発した邙山《ぼうざん》の戦いで大敗北を喫す。なけなしの戦力を失った宇文泰は、その立て直しに迫られた。邙山の敗戦後まもなく打ち出されたのが、「広く関《かん》・隴《ろう》の豪右《ごうゆう》を募る」政策、すなわち西魏の勢力圏である関中・隴右《ろうゆう》（隴西《ろうせい》とも、隴山の西、甘粛《かんしゅく》省東部一帯）の在地豪族に広く呼びかけて「郷兵《きょうへい》」（私兵集団）を結集させ、それを取り込んで戦力とする方針であった。その後、指揮系統の整備なども進められ、五五〇年ごろには、「二《に》十《じゅう》四《し／よん》軍《ぐん》」と呼ばれる宇文泰直属の軍隊が編制される。

文字どおり二十四の軍からなるとされる二十四軍であるが、複数の軍を率いる司令官たちを、八柱国《はちちゅうこく》・十二大将軍《じゅうにだいしょうぐん》と総称したという。戦乱の時代でもあり、自然、軍事独裁の武断的色彩が濃厚となる西魏政権においては、これら軍の最高幹部がそのまま国家の重鎮となった。そして、十数年にわたり戦功を積み上げてきた楊忠は、十二大将軍の一人に列せられる。身体を張ってつかみ取った楊忠の立身出世が、のちの隋の成立にとって、かなり大きなアドバンテージとなるのである。

兵力確保に腐心せざるを得ない宇文泰に対して、高歓は旧六鎮出身者を主体として、総計二十万程度の鮮卑系軍士を確保していた。西魏のみやこは長安（陝西省西安市《せいあん》）であったが、宇文泰は二十四軍を率いて華州《かしゅう》（のちの同州《どうしゅう》、陝西省渭南市《いなん》）におり、高歓も主力を率いて、鄴ではなく并州晋陽に駐屯してにらみ合い、攻守両面での即応体制をとっていた。このような一大軍事拠点を、「覇府」と呼ぶ。すると、二つの覇府を結ぶルートの中間に、強固な橋頭堡《きょうとうほ》を築いた側が有利となる。

この点にいち早く着目したのは西魏の名将・王思政《おうしせい》であり、彼がみずから築城して乗り込んだのが、山西省運城《うんじょう》市稷山《しょくざん》県付近にいまも若干の遺構が残るという玉壁城《ぎょくへきじょう》である。五四二年、西魏領への侵攻を目指す高歓が晋陽を出立し、汾水《ふんすい》沿いに南下して玉壁城を取り巻いたが、抜けずに撤退。四年後の五四六年九月、ふたたび来襲した高歓は、今度こそと本気の攻めを見せる。しかし、王思政の推薦によって後任の城主となった韋孝寛《いこうかん》は、期待どおりの活躍ですべての攻撃をはね返してしまう。結局、東魏軍は城壁を突破できなかったばかりか、知力・体力ともに消耗し尽くした高歓は、ほどなく帰らぬ人となる。享年五十二であった。

## 政権交代の連鎖――北斉・北周・陳

高歓死後、東魏の最高権力の継承に成功した長男の高澄《こうちょう》であったが、五四九年八月、召使いに暗殺される。享年二十九。高澄急死による内外の動揺を水際《みずぎわ》だった手腕で治めたのは、すぐ下の弟の高洋《こうよう》である。かつて高歓が、息子たちを集めてもつれた糸をほどくように命じた際、高洋は、やにわに剣を抜いて切り刻むと、「乱れたものは必ず斬る」と言い放ったという（「快刀乱麻《かいとうらんま》を断つ」の由来）。かかる果断の人である高洋は、五五〇年五月、皇帝に即位して天保《てんぽう》と改元。国号を斉《せい》と定めた。東魏にかわる北斉の成立、初代文宣帝《ぶんせんてい》の登場である。

同年九月、西魏の宇文泰は、逆賊討伐を旗印として北斉攻撃の軍をおこすが、為すところなく撤退。高氏政権が先に「（北）魏」の看板を下ろし、本家争いにこだわる必要性も薄れた。そこで宇文泰は、戦略目標を「打倒高氏政権」から国内体制の整備、および東方以外への勢力拡大に切り替えた。

宇文泰による統治は、鮮卑復古政策ともいうべき特徴を備えていたが、その最たるものが、復姓《ふくせい》・賜姓《しせい》政策である。北魏孝文帝の中国化政策によって、北族風の複姓（胡姓）は中国風の単姓に改められていた。帝室の「拓跋」を「元」にするといった具合である。これをもとに戻させたのが復姓である（もっとも、宇文泰のように改姓せず、胡姓で通した中下層の北族も多かった）。

宇文泰はまた、様々な胡姓、特に宇文の姓を多くの部下に賜与する賜姓政策を通じて、彼らとの絆を深めようとした。例えば、前述の二十四軍を構成する郷兵を率いる漢人在地豪族が、宇文姓を賜ることがあったが、その場合、北族の習慣に従って配下の兵士たちも同じ宇文姓を名乗ることとされた。つまり二十四軍とは、同じ胡姓を持つことで結束した集団を鮮卑遊牧社会における個々の部落に見立て、部族長ないし部族連合長たる宇文泰のもとに結集させた擬制《ぎせい》的部落兵制であった、というのが筆者の考えである（拙著、二〇二一）。

各地の武装集団をそのまま取り込んですばやく兵力化できる二十四軍のシステムは、戦功を挙げてのし上がろうとする在地豪族の上昇志向ともマッチして拡大をつづける。五五三年に西魏が南朝梁から蜀（四川《しせん》省）を奪い、五五四年に江陵《こうりょう》（湖北《こほく》省荊州《けいしゅう》市）を陥落させて、事実上、梁を滅ぼすことができたのは、二十四軍の軍事力が有効に発揮された結果といえる。

五五六年十月の宇文泰死後、後事を託されたのが、甥の宇文護《うぶんご》（五一三〜五七二年）である。西魏の元勲《げんくん》たる八柱国のうち、于謹《うきん》らの協力を取りつけ、趙貴《ちょうき》・独孤信《どくこしん》ら反対派を抑えた宇文護は、五五七年、西魏の恭帝に禅譲を迫り、宇文泰の第三子の覚《かく》を「天王《てんのう》」に即位させた（孝閔帝《こうびんてい》）。北周の成立である。

王朝名からもわかるとおり、北周は古代の周王朝を理想視しており、それは理念にとどまらず実態を伴っていた。その最たるものが、前身の西魏のころに立てられた六官制《りくかんせい》と呼ばれる、『周礼《しゅらい》』（周代の官制を記したという古典）に範を取る官僚制度である。当初、皇帝ではなく天王を称したのも、秦の始皇帝以前の古制に擬《なぞら》えたのであるが、五五九年に皇帝号を採用している。

宇文護は、擁立したばかりの宇文覚が自分の殺害を企てていると知ってこれを殺し、宇文泰の長子の毓《いく》を即位させる（明帝《めいてい》）。しかし、宇文毓も傀儡《かいらい》に甘んじなかったため、五六〇年に殺害。今度は第四子の邕《よう》を皇帝とした（武帝）。これほどの荒事《あらごと》をやってのけられたのは、宇文護が六官制トップの大冢宰《だいちょうさい》として政治の実権をガッチリ掌握していたからであるが、五六一年には都督中外諸軍事《ととくちゅうがいしょぐんじ》となり、二十四軍以下全軍の指揮権も完全に手中に収めている。

奇しくも、北周が成立した五五七年には、南朝で梁にかわって陳が登場している。東魏・西魏・梁から、北斉・北周・陳へと、王朝の看板は掛けかわったが、相変わらずの三つ巴。

それを後目《しりめ》に、ユーラシア大陸東部の趨勢《すうせい》を左右する巨大な変化が、北方のモンゴリア（モンゴル高原とその周辺）を中心とする草原世界で起こっていた。

## 草原の覇者——柔然から突厥へ

酒の飲み過ぎで病を発した北斉文宣帝は、五五九年十月に死去。享年三十一であった。彼が帝位にあった五五〇年から五五九年までの約十年間は、モンゴリアを中心に長く覇を唱えた柔然《じゅうぜん》（茹茹《じょじょ》・蠕蠕《ぜんぜん》などとも記す、モンゴル系かと推定される遊牧勢力）が衰退し、かわって突厥が勃興してきた時期に当たる。

突厥とは、もとアルタイ山脈方面で活動していたトルコ（テュルク）系の遊牧勢力である。長らく柔然に服属していたが、阿史那《あしな》氏出身の土門《どもん》というリーダーが現れると勢力を拡大し、柔然を攻めようとした鉄勒《てつろく》（突厥と同じトルコ系遊牧民）を迎撃して大戦果を挙げた。そこで土門が手柄を恃《たの》んで柔然に求婚したところ、柔然の可汗《カガン》（鮮卑・柔然・突厥などの騎馬遊牧民が用いた君主号）である阿那瓌《あなかい》は使者を送り、「お前はわが柔然のために鉄を鍛えるいやしい奴隷ではないか、僭越《せんえつ》にもほどがあるわ」といって侮辱した。怒った土門は、使者を殺して柔然と絶交。五五二年、阿那瓌を討って自殺に追い込んだ。その後、柔然は小集団に四分五裂し、やがて史上から姿を消す。

初代の伊利可汗《いり》（ブミンカガンとも：在位五五二〜五五三年）を称した土門の死後、長子の科羅《から》（第二代の乙息記可汗《いっそくき イルリグ》：在位五五三年）、その弟の俟斤《しきん》（第三代の木杆可汗《もくかん ムカン》：在位五五三〜五七二年）と、可汗の位が継承された。この間、西方にいた遊牧勢力のエフタルを、さらに西のササン朝ペルシアと挟み撃ちにして滅ぼし、東方では契丹《きったん》（大興安嶺山脈《だいこうあんれい》南東部付近の遊牧民）を追い払って、東西五千キロにも及ぶ突厥第一可汗国を築き上げた。その領域はあまりに広大であり、アルタイ山脈あたりより西は、土門の弟でエフタル攻略を成功させた室点密《しってんみつ イステミ》可汗（東ローマ史料ではディザブロスなど：在位？〜五七六年ごろ）が、西面可汗として統治を担う体制であった。

ところで、土門は可汗即位以前から、絹の購入を目的に西魏との接触を試みていたようである。これに応じた宇文泰が、五四五年、酒泉胡《しゅせんこ》（現在の甘粛省酒泉市に拠点を持ったソグド人）の安諾槃陀《あんだくばんだ》を代表とする使節団を派遣すると、土門は「いま大国からの使いが来た。わが突厥が隆盛する時だ」といって喜んだという。

ユーラシア大陸のほぼ中央に位置するソグディアナを故郷とするソグド人たちは、同大陸東部の広範な地域を舞台に、政治・経済・外交・文化などあらゆる方面で、長く重要な役割を果たしている（森安孝夫《もりやすたかお》、二〇〇七）。彼らの外交・商業ネットワークの力も借りて、結びつきを深めた突厥と西魏・北周は、柔然と親しい関係を築いていた東魏と後継国家たる北斉に対し、共同戦線を張って攻勢を強めていく。

## 晋陽に降る赤い雨

時は流れて北斉武成帝《ぶせいてい》（文宣帝の弟高湛《こうたん》：在位五六一～五六五年）の河清《かせい》二年、北周武帝の保定《ほてい》三年、すなわち西暦五六三年の九月、北周による北斉討伐計画が実行に移される。当時、北斉は華北の東半を領有し、名将の斛律光《こくりつこう》（字は明月《めいげつ》）も侮りがたいので、少なくとも十万の兵力が必要だ、というのが大方の意見であった。ところがただ一人、楊忠は「勝利の秘訣は人の和にあって兵数にあらず。一万で十分である。斛律明月のごとき小僧っ子に何ができようか」と豪語した。その言《げん》や善し、ということか、総大将には楊忠が任じられた。

もっとも、本当に一万では勝負にならない。大きく北回りに晋陽を目指す楊忠軍に加えて、別働隊三万が南から侵攻し、またかねての盟約に従い、突厥の木杆可汗およびその二人の弟、すなわち地頭《ちとう》可汗と褥但《じょくたん》（歩離《ほり》）可汗の率いる援軍十万が参陣する手はずであった。

ちなみに当時の突厥の社会は、全国の統治権は「大可汗《だい》」（前述の木杆可汗）にあるが、独立的性格を持つ複数の「小可汗《しょう》」（前述の地頭可汗・褥但〔歩離〕可汗ほか）が各地にいて、各々、部衆と地域を支配する、一種の「封建的」体制にあったとされる（護雅夫《もりまさお》、一九六七）。北周としては、可汗たちが率いる突厥軍が頼み、というのが実情である。

オルドス（黄河湾曲部の内側一帯）を北上した楊忠軍は、武川鎮に駐屯した。武川鎮は楊忠の故郷である。五二四年、十八歳で離郷してからほぼ四十年ぶりに故郷の地を踏んだ楊忠は、故宅を訪ね、祖先の祭祀を執り行っている。宇文泰以下、西魏政権の中核を担ったのは多く武川鎮出身者で、楊忠もこの「武川鎮軍閥」の人脈に連なることで、政権内に地歩を固め得たのだった。

さて、武川鎮を発って進路を南に転じた楊忠軍は、陘嶺《けいれい》の険（山西省忻州市代県の北、雁門《がんもん》関《かん》付近）を越えて南下する。折しも晋陽一帯では、降り続く雪が数尺に達していたが、そこに血のように赤い雨が降り注ぐ怪異現象が発生したという。両軍あわせて二十万を超える決戦が、凄惨なものとなることを予言するかのようであった。

### 決戦、晋陽城

北周・突厥連合軍迫るの報に接した北斉では、鄴にいた武成帝が晋陽に急行する。みずから陣頭指揮を取るのかと思いきや、晋陽の離宮《りきゅう》にいる宮女《きゅうじょ》たちを連れて逃げる気らしい。しかし、晋陽には高歓の恋女房・婁《ろう》昭君の甥で、知勇兼備の誉れ高い段韶《だんしょう》がいた。高歓が死に臨んで、「わが親族中で頼りになるのはこの男子のみ」と評した名将である。

晋陽の西側の山上に陣取った北周軍に対して、ただちに迎撃すべしと声があがるなど、北斉側の士気は低くなかった。しかし段韶は、「折からの積雪に加えて、そもそも歩兵の機動力には限りがある。陣を構えて待ち受けるにしくはない」と、敢えてこれを抑えた。敵の行動の限界点を見極めてそこをたたく戦法は、段韶の得意とするところであったが、この時も狙いは過たなかった。果たして、殺到した北周軍は北斉軍にしたたかに打ち破られ、退却に追い込まれたのである。

一方、北周の頼みの綱である突厥軍は、北斉軍の陣容が整っているのを見て、「北斉は弱り目だというから出張ってきたのに、見れば北斉兵士の目には鉄の意志が宿っているではないか、まともにぶつかれるものではないわ」といって、開戦前から戦意を喪失していた。とはいえ、手ぶらでは帰れないと思ったのであろう。帰りがけの駄賃に、晋陽以北七百里（一里は五百メートル強）にわたって人も家畜も根こそぎ略奪した。しかし季節は厳冬である。陘嶺の難路で立ち往生し、馬を失った突厥兵は、槍を手頃な長さに切り落として杖にし、これをつきつき逃げ帰る羽目になったという。

南から迫る北周の別働隊三万に応接した斛律光は、楊忠の本隊がすでに敗北したことを告げる手紙一通でこれを退かせ、追撃して二千ばかり捕虜を得ると、悠然と晋陽に引き返した。こちらもまことの名将というべきであるが、総大将であるはずの武成帝は、敵の大規模侵攻を受けた恐怖から、斛律光の頭を抱いて泣き出す始末であった。

## 黄河砕氷の故事

五六四年八月、北周はふたたび楊忠を司令官として、突厥と共同で北斉に攻め込んだが、この時も、さしたる戦果なく引き上げている。ただ、北斉の底力を確認したという点では、敵の本拠地への大規模な威力偵察として、一定の目的は達したものといえよう。

なお北斉側において、この二度目の戦いで活躍したのが、斛律光の弟で、対突厥防衛に当たっていた斛律羨《こくりつせん》である。十万を超える大軍で攻め寄せた突厥軍であったが、斛律羨麾下《きか》の軍容に恐れをなし、急遽、戦闘を回避。一転、使者を送って友好関係の締結を申し出る。斛律羨に、「本当にその気があるなら出直してこい」とたしなめられた突厥は、撤退後、改めて使者を派遣するとともに、斛律羨を「南面可汗」と呼んで恐れたという。

北斉は、この突厥からの使者派遣という機会をとらえて、いままで北周の後塵《こうじん》を拝してきた対突厥外交での巻き返しを図っていく。ちょうどこのころ、木杆可汗の娘を北周に嫁がせる計画が進行中だったが、負けじと北斉側でも求婚し、たっぷりワイロをはずんだので、どちらに嫁がせるかで、木杆可汗の心は大きく揺れ動いた。

前後を通じれば約十年に及ぶ交渉と紆余曲折を経たこの縁談は、最終的に木杆可汗の娘を阿史那《あしな》皇后（突厥可汗一族を阿史那氏という）として、北周第三代皇帝の武帝に嫁がせる形で決着した。こうして北斉の外交的努力は水泡に帰し、「突厥と宇文氏の間では使者の男と花嫁の女が往来し、今後必ず呼応して、南北より辺境に攻め込んでくるに違いない」といって、北周・突厥の挟み撃ちを警戒しなければならない不利な状態に置かれつづけることになった。

そもそも、北斉がこのような戦略的に不利な状況に立たされたのは、皮肉ではあるが、北斉が北周よりも強かったからである。突厥としては、劣勢の北周に肩入れして、強者たる北斉と対峙させるのが、マキャベリズムとしては正解である。事実、突厥はそうした外交方針を貫くことによって、キャスティングボートを握ることに成功していた。

しかし、楊忠の晋陽遠征のころから、少し事情に変化も生じつつあった。もともと冬になって黄河が結氷すると、北斉の攻撃を恐れる北周が必死に氷を砕いて渡河を防いでいたが、このころから立場が逆転し、北斉側が氷を砕くようになったという。つまり、東西両勢力の力関係が逆転しつつあったのである。こうなるともはや、北周側への一方的な支援は、突厥にとって、必ずしも好結果をもたらさないことになる。時代は新たな局面に入ろうとしていた。

## 2　突厥の他鉢可汗と北斉の亡命政権

## 二人の孝行息子

前節で見た突厥・北周・北斉三者の関係を象徴するのが、次の史料である。

木杆可汗が死に、弟の他鉢《たはつ》《タトパル》可汗が即位した。木杆可汗の時からこのかた、突厥は国が富み兵は強く、中華を侵し踏みにじろうとの意気込みであった。北周朝廷はすでに突厥と婚姻関係を通じていたが、毎年様々な絹や綿《きぬわた》を十万段も供与していた。また都の長安に滞在する突厥人を、大いに優待したので、錦の衣服に身を包んで上等な肉を食らう者が、常時千人を数えた。北斉もまた、突厥の侵攻を恐れ、蔵がカラになるほど贈り物をした。他鉢可汗はますますおごり高ぶって、部下たちを前にして豪語した。「南に二人の従順な子（両箇児《りょうこじ》＝北周・北斉のこと）がいる限り、我が国は貧乏を憂う心配はないのだ」と。（『周書』巻五十、突厥伝）

この「両箇児」のエピソードは、当時の国際関係の主導権を、完全に突厥が握っていたことを、まざまざと伝えるものといえる。ただしこれを、強大な勢力を背景に、突厥が北周・北斉からただワイロを貪ったことと理解するのは、あまりに表面的な理解といわねばならない。それはなぜか。

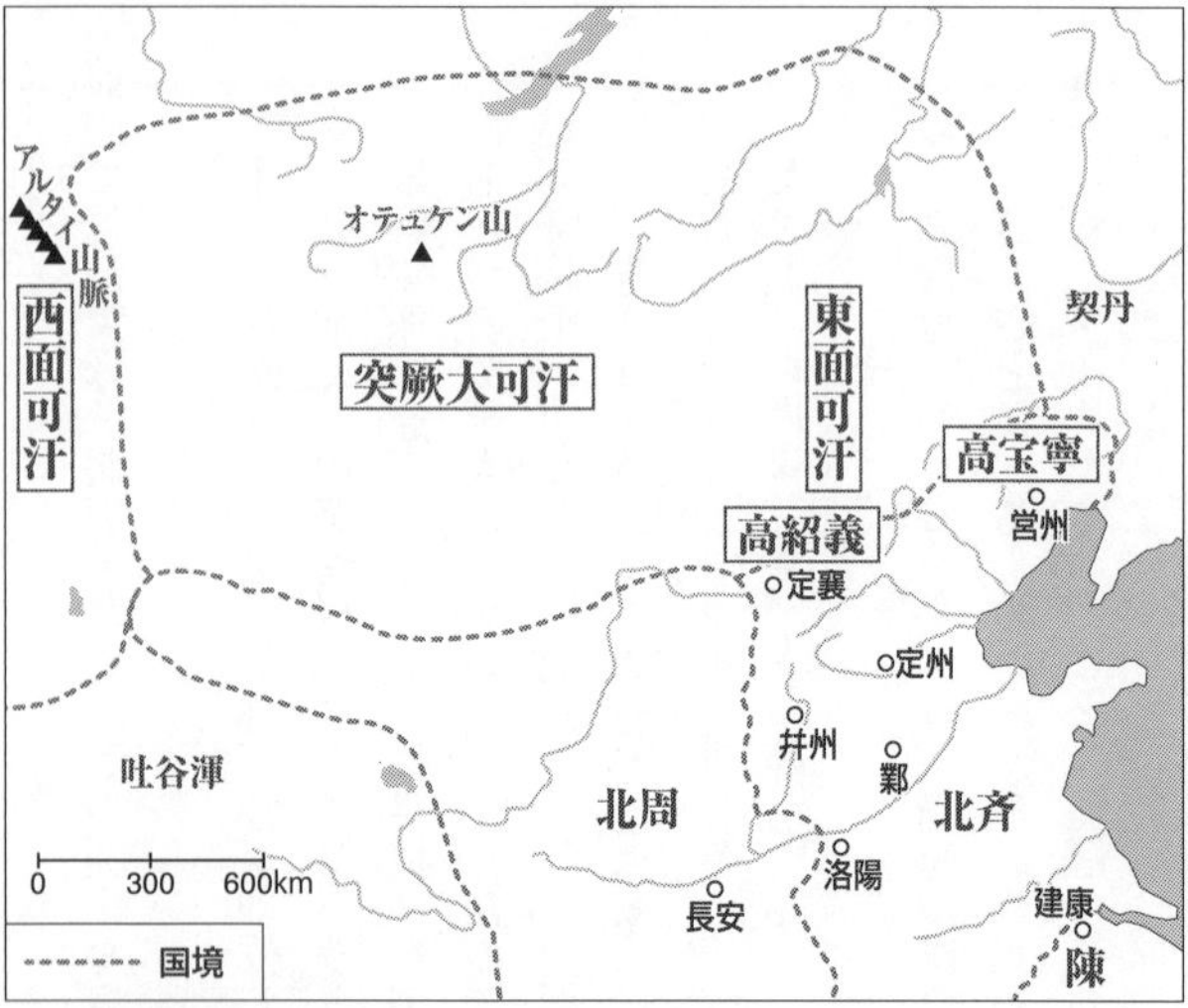


6世紀後半の華北とモンゴリア

出典：郭沫若主編『中国史稿地図集 上冊（第2版）』（中国地図出版社、1996年）をもとに作成

### 華北情勢の急転

前項で触れた北周・北斉の力関係の逆転が、明確な形をとって現れたのは、五七二年である。なぜならば、この年は、北斉では国家の柱石であった斛律光とその一族が誅殺されるなど、北斉の衰亡がいよいよ顕著になる一方、対する北周では、名君の誉れ高い武帝が、権臣の宇文護を誅殺し、ついに親政を開始した年に当たっているからである。

さらにこの五七二年は、奇しくも木杆可汗が死去し、かわって弟の他鉢可汗が大可汗に即位した年でもあった。他鉢可汗は、即位直後から北斉に使者を派遣して通婚を求めている。これは、北周・北斉の力関係が逆転していく中で、北周寄りに傾きすぎていた旧来の外交方針を見直し、新たに北斉との関係も強化することで、東西対立の基調の維持を図り、突厥の影響力が引き続き効果的に発揮されることを意図した、時宜に適した路線転換であったと評価できる。

すなわち、先に見た両箇児のエピソードとは、新たに即位したばかりの他鉢可汗が、華北情勢の変化を的確に把握し、長年の外交姿勢を劇的に改めることで、突厥の北周・北斉に対する有利な立場の永続を企図し、見事にそれを成功させたことを示す記事、と理解されなければならないのである。

すると次に俎上《そじょう》に乗せられるべきは、即位直後からかくも見事な外交を展開し得た他鉢可汗とは、いったい何者であるのか、という疑問である。

## 北斉の都・鄴の陥落

実は、この他鉢可汗が、大可汗即位以前にいったいどこで、何をしていたのかを明示する史料はなく、その前半生は謎のベールに包まれている。記録に残る即位後約十年間の行動から彼の人物像に迫るべく、話を進めることにしよう。

二十四軍の統率権を宇文護から奪取した武帝は、繰り返し閲兵式を挙行して、これを皇帝直属軍としてしっかり掌握すると、五七六年十月、ついに東伐の軍をおこす。武帝は、裸足で歩いている兵士がいると自分の靴を脱いで与え、宴会の時には必ずみずから杯を持って士官に酒を勧めて回り、陣中ではいちいち指揮官の名前を呼んで声をかけたので、みな感激して奮励努力したという。

対する北斉の後主《こうしゅ》・高緯《こうい》（後主とは滅亡した王朝最後の君主をいう）は、首都の鄴を守る将士を激励しようといざ壇上に上がったのは良いものの、肝心のセリフを忘れてしまい、笑ってごまかそうとした。取り巻き連中も声を合わせて笑い出したが、とんだ茶番を見せられて、一致団結どころか人々の心はみなバラバラになってしまったという。

北周軍が鄴に迫る中、後主は八歳の幼主・高恒《こうこう》に譲位して責任を回避するが、結局、五七七年正月に鄴城は陥落する。後主・幼主ら主立った者は逃亡し、南朝の陳への亡命も企てるが、全員、北周軍に捕縛される。開戦からわずか三ヶ月、ほぼ半世紀に及んだ東西両政権の宿命の戦いは呆気ない幕切れを迎えた、かと思われた。しかし、中央政府の崩壊をもって、すべての戦いが終息したと考えるのは早計である。広大な中国大陸には、まつろわぬ者たちを受け入れる天地が、まだ残されていたからである。

## 高紹義亡命政権の成立

北斉の後主は、迫り来る北周軍に恐れをなし、晋陽を捨てて鄴に逃れる際、文宣帝の第三子で、范陽王《はんようおう》の高紹義《こうしょうぎ》を定州刺史《ていしゅうしし》（河北省定州市、刺史は州の長官）に任じていた。北斉では、突厥の侵入に備えて、晋陽の北方、現在の山西省北部一帯に多数の軍事拠点と兵力を配備していた。北周の武帝が晋陽を占領すると、同地域もいったんは北周に帰順したが、それを潔しとしない者たちが高紹義を迎え入れ、御輿《みこし》に担いで一斉に蜂起する。

首尾良く同地の兵力を収容した高紹義は、晋陽奪還を目指して南進するが、北周軍にあえなく敗北。「死あるのみ、降伏はせぬ」と覚悟を固めた。しかし、捨てる神あれば拾う神ありで、高紹義に支援の手を差し伸べたのが、ほかならぬ他鉢可汗であった。他鉢可汗は高紹義を受け入れて保護したばかりか、突厥に逃れていた北斉人をみな高紹義の麾下に隷属させている。

なお、そのころ北斉の営州（遼寧省《りょうねいしょう》朝陽市《ちょうようし》）に、刺史の高宝寧《こうほうねい》という男がいた。彼は北斉高氏の遠縁に当たるとされる人物で、営州で地元民の支持を得て、遠隔の立地を恃み、北周に対して独立の姿勢を見せていた。その高宝寧が、遠く営州から高紹義支持を表明したのを受けて、高紹義は皇帝に即位。高宝寧を丞相に任じ、あわせて年号を「武平《ぶへい》九年（五七八）」（北斉後主の武平元年は五七〇年）と称した。北斉がまだ滅んでおらず、みずからがその後継者であることを、高らかに宣言したわけである。

## 亡命政権樹立の背景

この高紹義亡命政権の樹立に当たっては、突厥の支援が必須の前提条件であった。しかしそれは、長年にわたる突厥と北周との同盟関係を破棄するに等しい。他鉢可汗が大きな政治的判断を行い得たのは、両箇児のエピソードで見たとおり、五七二年の即位直後からすでに北周一辺倒の外交を見直し、北斉寄りにシフトさせていたことがある。亡命政権の支援も、その延長線上のものとして理解することができる。

しかし、支援した理由として史料に記されているのは、他鉢可汗が、北斉の文宣帝のことを「英雄天子」であったと高く評価し、その息子の高紹義が父と同じ「重踝《じゅうか》」という特徴を持っていたので、彼を非常に可愛がり大切にしたという、やけに個人的・感情的なものなのである。このあたりに、他鉢可汗の実像に迫るヒントが隠されているように思われる。

すでに見たように、文宣帝は「快刀乱麻を断つ」果断の人であったが、特にその軍事的才能は、五五〇年代前半における契丹・突厥・柔然などの討伐戦でいかんなく発揮された。とすれば、「英雄天子」という最大級の賛辞は、他鉢可汗自身が文宣帝と直接対決したか、少なくともその軍事的成功を詳しく耳にした人物であることを示していよう。

もう一つの「重踝」という言葉は、文宣帝が「鱗身《りんしん》にして重踝」であったと記されるほか、歴代の正史中では、その子の高紹義に関する事例しか見出せない特殊な用語である。一説には、これはくるぶしが突き出した鷹の爪のような形状を指し、「鱗身」とともに帝王に備わる「龍相《りゅうそう》」を示すともいう。そのような身体的特徴を指摘し得たということは、他鉢可汗が文宣帝と直接面識があった可能性をも示唆している。

また仏教のほとけさまについて、くるぶしが隠れている、ないし出っ張っている状態を異相とする説がある。もし「重踝」が特殊な仏教的表現であるとすれば、ほかでもないこの特徴に目を奪われた事実は、他鉢可汗が仏教に造詣が深いことを示唆するであろう。実際に他鉢可汗は、当時の突厥人には珍しい仏教信者であったことが知られている。

他鉢可汗が信仰をおこした直接のきっかけは、突厥に拉致された北斉の僧侶が、他鉢可汗に対して、「北斉が富強であるのは、仏教の教えが行われているからにほかならない」といったことにあったと伝えられている。他鉢可汗はこれを信じ、一つの伽藍《がらん》を建立《こんりゅう》し、使者を北斉に派遣して各種の仏典を求めさせたほか、みずから仏道修行に打ち込み、仏教の盛んな地に生まれなかったことを恨むほどであったという。

ここで注意されるのは、文宣帝が南朝梁の武帝と並ぶ「崇仏皇帝」であったこと、および「北斉が富強」というに値したのは、前述のとおり、五六〇年代まででであったことである。とすれば、他鉢可汗は文宣帝期の北斉事情に通じた人物であったと見なければならない。

## 他鉢可汗の正体

実は、以上に述べた人物像にピタリと当てはまるのはただ一人で、しかもその人物は、本書の中ですでに一度登場しているのだが、お気づきであろうか。すなわち、五六三年末から五六四年はじめにかけて、楊忠が晋陽に攻め込んだ際に、木杆可汗とともに援軍を率いてやってきた弟の地頭可汗、名を阿史那庫頭《あしなことう》という人物にほかならない。

地頭可汗については、阿史那皇后の嫁入り交渉のために北周の使者が突厥を訪問していた時のこととして、「突厥可汗の弟、地頭可汗の阿史那庫頭は、突厥の東面にいて北斉とよしみを通じていたので、その兄である木杆可汗を説得して、木杆可汗の娘を北周の武帝に嫁がせる先約をひっくり返そうとした」とある。このどんでん返しはほとんど成功し、北周の使者はあやうく北斉に身柄を引き渡されるところであったが、涙ながらに説得した甲斐《かい》あって、木杆可汗はふたたび翻意し、事なきを得たという。

この記事から推測するに、木杆可汗の弟である地頭可汗こと阿史那庫頭は、突厥勃興期に当たる五五〇年代に、北斉文宣帝の軍事的成功を親しく見聞したのではないか。そして、木杆可汗が大可汗であった五五三年から五七二年までの二十年にわたって、小可汗の一人として突厥の東面に鎮した地理的近接性もあって、北斉の事情に通じるとともに、仏教との接点や独自の外交的なパイプを持つに至ったのであろう。それゆえに彼は、阿史那皇后の降嫁では北斉側に立って、木杆可汗の意思決定に大きな影響力を発揮したのだと考えられる。

その地頭可汗が、五七二年の兄の死を受けて、他鉢可汗として大可汗の地位に即《つ》いたとすれば、即位と同時に従来の外交姿勢を見直し、ただちに対北斉関係を強化したのも極めて自然なことである。つまり、両箇児のエピソードに示されるような、突厥有利の状況の維持・発展は、もと東面可汗の経歴を持つ地頭＝他鉢可汗、彼なればこそ可能であったと考えられる。この人物比定に誤りないとすれば、高紹義亡命政権に対する支援は、北斉滅亡で一方の児を失った他鉢可汗にとっては、与えられた選択肢の一つというよりも、もはや必然であったのである。

### 北斉復興計画の発動

しばし北周の出方をうかがっていた他鉢可汗は、五七八年四月、高宝寧が本拠地の営州から西へ打って出たのをきっかけに、突厥の諸部を招集すると、「ともに范陽王の高紹義を押し立てて、北斉の皇帝とし、その復讐を果たそうではないか」といって、それぞれ兵を繰り出して南に侵攻することを命じている。他鉢可汗はついに、突厥が柔然から独立・建国して以来、長年つづいてきた北周との友好関係をうち捨てて、「北斉復興路線」へと踏み込んだのである。

自分と同じく兄の死後に国家を率いて国威を輝かせた文宣帝を、軍事・政治・宗教などあらゆる面で「英雄天子」と評価し、私淑《ししゅく》してきた他鉢可汗にしてみれば、その息子である高紹義の亡命受け入れと厚遇は、彼個人の心情に適《かな》うものであった。さらに現実面では、北斉滅亡という新事態によって対華北政策の再考を余儀なくされた他鉢可汗にとって、高紹義は極めて高い政略的価値を持つ存在であった。北周が旧北斉領で安定的支配を確立するにはなお時間を要すると推測される中で、北周の華北支配を動揺させ、あわよくば両箇児のエピソードに示された突厥優位の状況を再現していくためには、高紹義は欠かすことのできない重要な切り札であったと考えられるからである。

事ここに至って、北周の武帝も突厥への親征を決意する。武帝にしてみれば、木杆可汗の娘が自身の阿史那皇后として健在であるとはいえ、他鉢可汗に代替わりしてその絆も弱まりつつあった。また二十年以上にわたり、突厥を後ろ盾に北斉への攻勢を強めて来たのは、ほかならぬ北周である。突厥が高紹義を担ぎ出して北斉を復活させ、攻守ところを変えて同じことをされたらどうなるかは、火を見るより明らかであった。

## 新時代への胎動

五七八年六月、征途にあった武帝に突然の死が訪れる。これを聞いた高紹義は、「天佑神助《てんゆうしんじょ》とはこのことか」と喜んだという。意気上がる亡命政権をテコに、北斉復興路線を推し進める他鉢可汗は、武帝崩御の隙を突き、旧北斉領内の反乱勢力との連携、突厥西部勢力を率いる達頭《たっとう》可汗《タルドウ》（室点密可汗の子）との共同も図りつつ、北周を各方面から包囲して圧力をかけていった。

なお五七四年、北周武帝が「三武一宗《さんぶいっそう》の法難」の一つとして知られる仏教弾圧を推進したことは、他鉢可汗が熱心な仏教信者であったことと対照的である。先に見たように、他鉢可汗は仏教信仰を媒介として、北斉との関係を強化していた。あるいは、他鉢可汗が崇仏派として自身を売り出したのは、仏教勢力との連携によって、北周武帝を牽制する狙いもあったのかもしれない。

このように、他鉢可汗の北斉復興路線は、構想・規模ともにかなり大がかりな計画であり、彼ならではの優れた戦略であったと思われる。しかし、なぜか肝心要の突厥主力軍による大規模な華北侵入はないまま、いずれの方面でも突厥側が敗北・撤退を余儀なくされる。そのうちに北周側の守備も強化され、華北統一は既成事実化していく。

他鉢可汗の北斉復興路線の貫徹を妨げた要因の一つには、異常気象などがあったかもしれない。モンゴル高原では、異常低温で地表の雪が凍結してしまい、家畜が水分も草も摂取できずに大量死する深刻な災害に見舞われることがある。

ただし、より根本的な原因は、先にも触れた突厥の国家体制に求められる。他鉢可汗は、北斉復興路線の遂行に当たって、突厥の「諸部」に出兵を要請している。そもそも突厥内部には何人かの可汗が分立し、それぞれの「部」を率いていた。そのため、一致団結して行動することが難しかったのである。それは、他鉢可汗が地頭可汗と呼ばれたころには、兄の木杆可汗と一定の距離を取り、北斉とよしみを通じていたことを典型例とする。他鉢可汗自身もまた、そうした体制を克服するには至っていなかったのである。

突厥・北周双方ともに決定打を欠き、亡命政権問題も解決されないまま、事態は膠着《こうちゃく》状態に陥る。しかしそこに、まさかの大事件が勃発する。征途に倒れた北周武帝のあとを継いだばかりの宣帝宇文贇《せんていうぶんいん》が、五八〇年五月、二十二歳の若さで急死。残されたのは、まだ幼い一人息子の静帝宇文闡《せいていうぶんせん》であった。

ここに、亡命政権をめぐる突厥・北周の相克は、新たな時代の渦に巻き込まれていく。その渦中から頭角を現してきた者こそが普六茹堅、すなわち西魏・北周指折りの武人として名を馳せた楊忠の嗣子《しし》、のちの隋の文帝・楊堅なのである。

# 第1章　隋の成立と突厥との争い

## 1　楊堅登場、鍵を握る女性たち

### 父と子

序章では華北とモンゴリアの情勢を概観してきたが、西魏・北周で活躍した楊忠は、北周武帝の天和《てんわ》三年（五六八）に病死する。そしてほどなく、亡父から随国公の爵位を継承したのが、子の楊堅であった。

西魏末の五五四年、十四歳で初出仕した楊堅は、父親の七光りもあって順調に昇進していったが、北周明帝が即位した五五七年には右小宮伯《ゆうしょうきゅうはく》・大興郡公に、その弟の武帝が即位した五六〇年には左小宮伯に任じられている。宮伯というのは、皇帝警護を掌る近衛兵の指揮官の一人である。

そのころ、北周の実権を握っていた宇文護が、楊堅を自派に引き込もうとしたことがあった。近衛兵を率いる宮伯の一人である楊堅を味方にしておけば、皇帝を生かすにしろ殺すにしろ、何かと都合が良いに違いないのである。

スカウトを受けた楊堅は、当時まだ健在であった父の楊忠に相談してみた。すると楊忠は「しゅうとめが二人もいるところに嫁入りなぞしたらたまったもんじゃないぞ、おぬし、ゆくではないぞ」というたとえ話で制止したという。これだけみると皇帝と権臣、武帝と宇文護二人の板挟みになってもつまらないからと、まるで自己保身に走っているように思われるが、実はそうではない。

## 独孤家の三姉妹

楊忠には、同じ武川鎮出身の独孤信という先輩がいた。西魏政権初期、楊忠は独孤信の麾下で勇名を馳せ、東魏軍に敗れて南朝の梁で亡命生活を送った三年間も行動をともにするなど、兄貴と弟分ともいうべき深い間柄にあった。梁から西魏に帰参を果たすと、宇文泰と親しかった独孤信は、政権内で重きをなし、八柱国に名を連ね、軍事を管掌する大司馬《だいしば》の要職にも就いていた。しかし、宇文泰死後の権力闘争で宇文護に敗れ、五五七年三月に自殺に追い込まれていた。

独孤信には多くの子がいたが、特に鍵を握るのが娘たちである。というのは、独孤信の長女は宇文毓（のち即位して北周明帝）の明敬《めいけい》皇后に、四女はやはり八柱国の一人の李虎《りこ》の子にして、唐の初代皇帝李淵《りえん》の父にあたる李昞《りへい》の元貞《げんてい》皇后（唐成立後の追贈）に、そして七女は楊堅に嫁いで隋の文献独孤《ぶんけんどくこ》皇后となっているからである。つまり独孤氏は、北周・隋・唐と三王朝の皇后を輩出したということであり、こんなことは前代未聞だと独孤信の列伝《れつでん》にも特記されている。

ただし、この三人の姉妹が、箱入り娘として幸せな生涯を送ったかといえば、さにあらず。日本の歴史に類例を求めれば、かの戦国浅井《あざい》氏の三姉妹を、父母の死とそれぞれに数奇《すうき》な運命が襲ったように、独孤家三姉妹の人生の道行《みちゆ》きも異なっていた。

まず長女であるが、彼女は、北周明帝に嫁いで、明帝二年（五五八）正月、王后に立てられたが、直後の四月に急死している。前年三月に父の独孤信を失った心痛が祟ったのかどうか、いずれにせよ不自然な死との印象は拭えない。明帝を毒殺した宇文護一派が、陰で糸を引いていた可能性もあろう。

次の四女は、唐の高祖《こうそ》李淵を生み、性格のキツいしゅうとめとして煙たがられながらも、天寿をまっとうしている。上の姉二人は、父が非業《ひごう》の死を遂げた際、のちに我が身に降りかかるであろう事態を理解し得る年齢には、すでに達していたと思われる。

しかし、一番下の七女は、父が死んだ時には、まだ十四歳の少女に過ぎなかった。彼女の列伝には、独孤信が楊堅の人物を見込んで妻合《めあ》わせたと記されているが、独孤信が死んだのはまさにその年のことである。一応、名誉を保って自死という形を取ることを許されたとはいえ、事実上は謀反人として誅殺された独孤信の娘を、なぜ楊堅は娶ることになったのであろうか。

## 外戚楊堅

その背景には、父楊忠の意向が大きく働いていたと見なければならない。五六四年、楊忠が北斉の晋陽討伐から帰還した際（序章参照）、武帝はわざわざ使者を派遣してこれを帰途に出迎えてねぎらわせ、長安到着後にも宴《うたげ》を開いたほか、楊忠を太傅《たいふ》（天子の教育係）に任じようとしている。ところが、楊忠が自分にお追従《ついしょう》をしないのを根に持っていた宇文護が反対して、地方官に転出させてしまっている。

この事実から判断するに、五五七年三月に主筋《しゅうすじ》ないし兄貴分の独孤信を殺された楊忠は、五六八年七月に死ぬまでの十年余りの間ずっと、独孤信には敬慕の念を抱きつづけ、仇といらべき宇文護に対しては銜《ふく》むところがあったのだと思われる。それゆえ、息子の楊堅に宇文護が誘いをかけてきた時には、その手に乗らぬようにアドバイスをしたのであろう。

なお、独孤信の死と七女の楊堅への輿入れは、同じ年の出来事と推定されるが、どちらが先かは判然としない。ただ、独孤信が死んだからといって、いまさら婚約を破棄して結婚そのものを取りやめようとか、ましてや嫁いできたばかりの七女を離別させようなどとは、楊忠は露ほども考えなかったであろう。むしろ生前の独孤信が望んだ両家の縁を、いっそう貴重なものと感じ、大事にしたいと思ったのではないか。

いずれにせよ、父の楊忠からそのような政治的立場を背負わされた楊堅は、当然、宇文護からすれば怪しからんヤツとして、冷や飯を食わされて当然である。しかし、まもなくこれが吉と出る。英邁《えいまい》なる武帝は、長年の隠忍自重《いんにんじちょう》を経て、五七二年三月に宇文護一派の誅滅に成功したからである。

武帝にしてみれば、かねてから宇文護と距離を取っていた楊忠は、数少ない親皇帝派の重臣として貴重な存在であった。前述したように、武帝が楊忠に対して丁重に振る舞ったのは、その表れであろう。そして、父のいいつけを守って宇文護になびかなかった楊堅は、親子二代にわたる忠臣として、武帝の信頼はかなり厚かったと考えられる。武帝は、宇文護を誅殺した直後の五七二年四月、長子の宇文贇を皇太子に立てる。そして翌年九月、皇太子妃《ひ》には、ほかならぬ楊堅の長女楊麗華《ようれいか》を迎えるのであるが、それはある意味、自然な選択だったのである。
漢人名族《めいぞく》にも、北魏（西魏）の皇族元氏《げん》にも、他の八柱国・十二大将軍の家にも、お妃候《きさき》補はいくらもいたであろう。その中で、おそらく武帝の肝いりによって、楊堅が将来の皇后の父たる外戚《がいせき》の地位を得たことは、のちの隋王朝の成立にとって、欠くべからざる意義を持つことになる。

### 不良青年の即位

楊麗華の夫となった宇文贇、のちの宣帝は「中人《ちゅうじん》」、すなわちつきあう相手によって良くも悪くもなる人間であったという。親政開始後の父の武帝は、仏・道二教の廃止を軸とする国力の増強、軍隊に対する皇帝の統制の強化など、北斉討伐をにらんだ政治に打ち込み、多忙を極めていた。ただ一方で、跡を継ぐ宣帝の教育についても、西方領土の巡察に赴かせたり、一時的に国制を委ねてみるなど、かなり意を用いていた。

建徳《けんとく》五年（五七六）二月には、武帝は宣帝に、西方の異民族である吐谷渾《とよくこん》の討伐を命じている。この機会に実戦経験を積ませるつもりだったのであろう。ところが宣帝は、肝心の軍務は父親がつけて寄越した副将に丸投げし、自分は鄭訳《ていえき》ら取り巻き連中と遊びほうけていた。それを耳にした武帝は激怒し、宣帝をむち打って折檻《せっかん》し、鄭訳らは除名処分にしてしまった。

克己精励の人たる武帝は、殴られもせずに一人前になれるものかという教育方針を持つ厳父《げんぷ》だったようである。しかし、繰り返された体罰は、軟弱な宣帝には効き目がないばかりか、むしろ逆効果であった。

宣政《せんせい》元年（五七八）六月、突厥への遠征途上で武帝が急死したのを受けて、皇帝に即位した宣帝は、父にぶたれた傷痕を撫でながら、「おやじめ、死ぬのが遅いんだよ」と毒づいた。そして、そもそもこんな痛い目に遭ったのは、告げ口した守り役どものせいだと逆恨みし、彼らまで誅殺してしまったのである。

こうして口うるさい臣下どもを排除した宣帝は、また悪友たちを近づけた。その代表が、劉昉《りゅうほう》・鄭訳らであった。宣帝は煩わしい政務は彼らに任せ、さらに五七九年二月には、わずか七歳の長子である宇文闡に皇位を譲ってしまうなど（静帝）、好き勝手に振る舞い始めた。暴君・暗君はこの時代では少しも珍しくないのだが、宣帝は妙に称号や制度の整備にこだわる一風変わったタイプであった。例えば、譲位後のみずからの称号は「天元《てんげん》皇帝」に、みずからの居所は「天台」に改め、臣下と対面する際には「天」と自称して自身を最高神たる「上帝《じょうてい》」に比し、自分以外が天・高・上・大の文字を称号に用いるのを許さなかったという。

## ひしめく皇后

その影響が特にはなはだしかったのが、后妃《こうひ》たちの称号である。例えば、くだんの楊麗華は、宣帝の即位後に皇太子妃から「皇后」となり、五七九年二月に「天元皇后」に、さらに五八〇年二月には「天元大皇后」となり、宣帝の死後、静帝によって「皇太后」とされた。加えて宣帝には朱氏・陳氏・元氏・尉遅《うっち》氏のプラス四人、都合五人も皇后がいたので、もうたいへんであった。

父の武帝は、後宮も質素を旨とし、仕える女性も数人に過ぎなかったというが、宣帝は、武帝が死んでまだ喪も明けないうちに、父の後宮の女性たちに対してみだらな行為に及んだという。これは宣帝の悪行の一つとされているが、実は、北朝隋唐期に関していえば、同様の事例は複数存在している。その点については、追々述べることにしよう。

さて、このように見てくると、楊麗華は一番格上の正皇后《せいこうごう》の地位を認められ、父である楊堅も相応に重きをなしていたようではある。しかし見方を変えれば、何人もいる皇后と、その背後で糸を引く男たちの一人に過ぎなかったともいえる。

また、宣帝は楊皇后に「必ず貴様の一族を皆殺しにしてくれるわ」というのが常だった。ある時楊堅を召し出して、少しでも動揺する気配を見せたら殺すように左右の者に命じておいたが、楊堅は落ち着き払っていたので事なきを得た緊迫の場面もあったという。

実際、外戚間での権力をめぐる暗闘もあったらしい。しかし人当たりの良い楊麗華は、嫉妬とも無縁の性格であったので、その他の四人の皇后や後宮の女性たちから敬愛を集めており、不毛な対立をずいぶんと緩和していたようである。

しかし、宣帝のような人間は、こういうしっかりした女性はなおさら気に食わないようである。ふと虫の居所が悪いままに楊麗華を譴責《けんせき》したが、まったく恐れるそぶりもない。いよいよ腹を立てた宣帝が、ついに彼女に自死するよう命じたことがあった。この時は、それを聞いた楊麗華の母親の独孤氏がビックリして駆けつけ、血が出るまで頭を地面に打ちつけて陳謝し、ようやく許されている。

ちなみに、宣帝と楊麗華の間には娥英《がえい》という女子が一人あり、男子はいなかった。一方、皇位を継いだ静帝の生母の朱氏は、もと奴隷で実家の支援など望むべくもない。また、宣帝より十数歳年上の姉さん女房で、早くに寵愛を失っていた。どの皇后もその実家も安泰とはいえない、それが実情であった。

### 周隋革命は宮廷政変に過ぎないのか

宣帝は、これら諸家のバランスの上に、みずからの帝権を確立しようとしていたようにも見える。しかし好き勝手に振る舞っていた彼は、結局、健康を害し、大象《だいしょう》二年（五八〇）

隋文帝楊堅（伝閻立本・歴代帝王図巻）

五月、まだ二十二歳の若さで急死してしまう。

あの放蕩三昧《ほうとうざんまい》では、そう長くはあるまいと見当をつけていたらしい楊堅は、少し前から、宣帝の側近である劉昉・鄭訳とひそかに通じ、その筋から働きかけて地方官に転出しようと考えていたようだ。うっかり宣帝の逆鱗に触れて殺されたらかなわないので、一時、都を離れようとの算段である。

うまい具合に、南朝陳の経略に当たる揚州総《ようしゅうそう》管《かん》（揚州は江蘇《こうそ》省揚州市付近、総管は民政権も持つ軍管区の司令官）の辞令を手にした楊堅であったが、何やかんやで出発できないでいるところに、「宣帝不予《ふよ》」のニュースが舞い込んでくる。その後、劉昉・鄭訳らの暗躍で、幼い静帝を正皇后の父としてサポートするという大義名分を盾に取り、朝廷の大権を掌握することに成功した楊堅は、やがて帝位を簒奪《さんだつ》。ここに隋王朝が成立したのである。

——というのが、従来の説明であった。つまり隋の成立は、宮中の奥深くでひそかに進んだ権力をめぐる暗闘、一言でいえば「宮廷政変」によるものとされたのである。

例えば、清代の学者である趙翼《ちょうよく》は、その著『廿二史箚記《にじゅうにしさっき》』の中で、「昔から、天下を易々と手中に収めたということでは、隋の文帝楊堅に並ぶ者はいない。皇后の父たる外戚の立場にいたところ、北周の宣帝が早々に死んだので、皇帝側近の鄭訳たちと手を結び、宣帝の遺詔を偽造して宮中に乗り込み、幼い静帝の補佐に当たり、そのまま何もせずに座っているだけで、皇帝の地位をまんまと手に入れてしまった」（巻十五、隋文帝殺宇文氏子孫）と書いている。

なお、そのような認識は、唐の太宗李世民《たいそうりせいみん》と臣下の問答を伝える呉兢《ごきょう》『貞観政要《じょうがんせいよう》』に、「隋の文帝は、孤児である幼い静帝と、寡婦《かふ》となった娘の楊麗華を欺いて、天下を手に入れたのだ」（巻一、政体 第二）という李世民の言葉を載せているように、相当早くから見られるものである。それらが千数百年にわたって流布・影響してきた結果、今日では、周隋革命は、他に比べてかなりスムーズな政権奪取であった、というのが一般的な理解となっている。しかし、そのような見方で十分なのであろうか。

### 騎虎の勢い

というのも、この革命を通じて、楊堅が北周の宗室《そうしつ》をほとんど根絶やしにしていることは、それだけ熾烈な争いであったことを物語っていよう。また、権力奪取の鍵を握る皇后の楊麗華について、南宋《なんそう》の洪邁《こうまい》は、その著『容斎随筆《ようさいずいひつ》』の中で、「楊堅の娘は、北周宣帝の皇后であったが、父親が不逞《ふてい》な企《たくら》みを懐《いだ》いていると知って、心中まことに穏やかではなく、それが言葉や表情に出てしまうほどであった。楊堅が北周から皇帝の位を奪い取るに至って、その憤りと恨みは強まるばかりであった。楊堅も内心これには恥じ入るところがあったので、娘に再婚を勧めてみたりもしたのであるが、彼女が断固拒否したので、沙汰《さた》止《や》みとした」(巻三、三女后之賢)という記事を載せている。

そのもとになった『周書』巻九、宣帝楊皇后伝の記述も確認すると、楊麗華としては、父が静帝を補佐して政権を担当することはともかく、帝位の簒奪などもってのほかだと考えていたようである。仮に北周が滅びたら、彼女の地位は、国母《こくぼ》たる皇后・皇太后から、一皇女《いちこうじょ》に格下げになってしまう。これまで北周の後宮を切り盛りしてきた楊麗華にしてみれば「冗談じゃない」、そんな思いがあったのかもしれない。

ちなみに、彼女の一人娘の娥英は、隋代前半期に最も栄えた一族・原州(寧夏回族自治区《ねいかかいぞくじちく》固原市《こげんし》)の李氏に属する李敏《りびん》に嫁いだ。一九五七年、その娘である李静訓《りせいくん》の墓が、陝西省西安市西郊で発見された。未盗掘の墓中からは、わずか九歳で亡くなった少女にしては、まことに豪華な副葬品の数々が見つかったが、それもそのはず。同時に出土した墓誌《ぼし》に、「外祖《がいそ》母《ぼ》周皇太后」、つまり楊麗華が養育に当たったと記されており、可愛い孫娘を篤く弔う祖母の思いがうかがわれる。と同時に、楊麗華のアイデンティティが、北周の皇太后であったことにある様子もうかがわれて興味深い。

一方、楊堅にしてみれば、娘が皇太后なのにその協力が十分に得られなかったばかりか、すっかり嫌われてしまった。かといって「帝位を奪い取ろうという父の密謀に、なぜお前は協力しないのか」とはさすがに叱れないし、頭を抱え込んだであろう。

このように見てくると、周隋革命の実態は、楊堅の妻の独孤氏が「大事已《すで》に然らば、騎《き》獣《じゅう》の勢《せい》、必ず下るを得ず。之《こ》れに勉《つと》めよ」（『隋書』巻三十六、后妃伝）といって弱気な夫を励まし、楊堅自身も「吾、今、譬《たと》うれば猶《な》お騎獣のごとし、誠に下るを得ず」（『隋書』巻七十八、庾季才伝）と覚悟を決めているように、「騎虎の勢い」（『隋書』は李淵の祖父李虎の諱《いみな》を避けて「獣」とした）ということわざにぴったりの、危険な賭けだったのではなかろうか。

そして何より注意しなければならないことは、序章で述べたように、強盛を誇る突厥の他鉢可汗が、高紹義・高宝寧らの北斉亡命政権を擁して北周への侵攻を開始し、そうした危機的状況下で北周の武帝・宣帝が相次いで急死したことが直接的契機となって、周隋革命が勃発したということである。この点を考慮する時、この革命を「中国」国内の視点のみから検討するのでは、まったく不十分といわざるを得ない。そこで以下、広く当時の国際情勢も視野に入れて、隋王朝成立の実像に迫ることにしよう。

## 2　綱渡りの革命と千金公主の降嫁

### ライバル尉遅迥

周隋革命の起点は、まだ若い宣帝の突然死であったが、宣帝は五八〇年の五月十日（日付は旧暦）に倒れて二十四日にみまかったという記述と、五月十日に崩御したがその死は五月二十二日まで秘せられたという記述が並存している。また、その死因もはっきりしないが、死亡日や死因について、容易に解消しがたい異同が史料中に存在したまま今日に至っていること自体が、当時の情勢が複雑極まるものであったことを、何より雄弁に物語っていよう。

さて、宣帝が急病・急死した時に楊堅は、すでに見たように、国内的には劉昉・鄭訳らの暗躍でほぼ宮中の実権を掌握し、簒奪の意志も固めていたと思われる。しかし、地方の重《じゅう》鎮《ちん》で大兵力を持つ総管や周室の諸王から、反楊堅の行動に踏み切る者が出てくるのは当然予想されるところであり、楊堅はまずそうした敵対勢力との権力闘争・国内争覇戦に勝利しなければならなかった。

一方、国外に目を向ければ、侵入を繰り返してきた他鉢可汗の大勢力があって、高紹義を押し立てて関東（河南省西部にあった函谷関《かんこくかん》より東の地域）に侵攻を企てたり、あるいは敵対勢力の後援にまわる危険性があった。

当時の楊堅にとって、最強のライバルにして最大の障害であったのは、尉遅迥《うっちけい》という人物であった。彼は帝室宇文氏の血族で、宇文泰の甥に当たり、若年から戦功を積み上げてきた西魏・北周の元勲であった。さらに北周末には、旧北斉の都の鄴を中心とする広大な管轄区を持ち、地方最大規模の兵力を有する相州《そうしゅう》総管の任にあった。おまけに、孫娘が宣帝の皇后に立てられていたので、外戚でもあった。

彼は、趙王《ちょうおう》の宇文招《うぶんしょう》（武帝の弟）の末子を旗印に担ぎ出して反楊堅の烽火《のろし》を上げると、高紹義亡命政権の丞相たる高宝寧を窓口として、突厥との連携を謀《はか》っている。これに対する楊堅としては、突厥の動きを牽制して介入を排除しつつ、尉遅迥ら国内の敵対勢力をすみやかに打倒しなければならないという難題を突きつけられたのである。この危機に際して楊堅がとった方策は、突厥に対する政略結婚であった。

## 行き交う花嫁

中国王朝が北方の騎馬遊牧民の脅威を和らげようとする際、帝室ゆかりの女性が皇帝の養女とされて、遊牧君主のもとに嫁がされることがあった。こうした女性を「和蕃公主《わばんこうしゅ》」という。藤野月子《ふじのつきこ》氏（二〇一二）の集計によれば、特に事例が多いのは五胡十六国《じゅうろっこく》・北朝隋唐時代であり、さらにこの時期には、近隣諸国の王女が中国側に嫁ぐ事例も多く確認されている。つまり、中国王朝から異民族側への一方通行ではなく、異民族側から中国王朝に嫁入りすることもあった。このように互いに嫁を送り合うことを、「姻媾《いんこう》政策」とも称する。

有名な漢代の王昭君《おうしょうくん》のエピソードに見られるような、文明国たる中国王朝から野蛮な異民族のもとに「降嫁」、すなわち下げ渡された悲劇の女性というのは、後世の脚色を経たステレオタイプなキャラクター像に過ぎず、そもそも歴史的な実像とは認めがたい。ましてや帝室自体が鮮卑系であった当該時代については、そのような理解は不適当だといわざるを得ない。本書でも「降嫁」という言葉は使うが、上下関係は含意していない。

遊牧国家においては、例えば匈奴《きょうど》単于《ぜんう》の家系たる攣鞮《れんてい》（虚連題《きょれんてい》）氏は呼衍《こえん》氏・須卜《しゅぼく》氏などの特定の氏族と結婚し、また突厥可汗の家系たる阿史那氏も阿史徳《あしとく》氏と通婚したとされる。この点に注意すれば、北朝期の姻媾政策は、単発の政略結婚であるにとどまらず、華北とモンゴリアの支配者氏族同士が、互いを姻族《いんぞく》として認め合い、絆を深めようとする行為だったのではなかろうか。とすれば、行き交う花嫁たちの肩にかけられた期待は、決して小さなものではなかったはずである。

北周武帝の阿史那皇后（突厥木杆可汗の娘）もそうした女性の一人である。彼女の叔父に当たる他鉢可汗が、北斉の高紹義亡命政権に肩入れし、五七八年四月以降、北周領への侵攻を繰り返していたことは、すでに見たとおりである。ところが、どうも戦果がはかばかしくないのを受けて、対華北外交に一家言《いっかげん》ある他鉢可汗は、五七九年二月、北周に和親《わしん》（通婚による和平）を申し出て来た。

これに対して宣帝は、自分の叔父である趙王宇文招の娘を千金公主《せんきんこうしゅ》として突厥に嫁がせることを提案する。これは、上に見た互いに嫁を送り合う姻媾政策からすれば、自然の成り行きであったといえよう。

ところが、大きなネックがあった。突厥との友好関係回復は、北周にとっても望ましいことであっただろうが、嫁入りに際して、北斉亡命政権のリーダーたる高紹義の引き渡しは、絶対に譲れない条件であった。しかし、北斉を関東に復興させようとも考えていた他鉢可汗が、対華北外交・政略上のキーマンを、おいそれと手放すはずもない。

五七九年五月、他鉢可汗は并州に侵攻して外交的圧力を加える一方、翌五八〇年二月にはふたたび使者を派遣して貢ぎ物を献上し、千金公主を迎え入れようとするなど、硬軟取り混ぜた外交を展開していった。

## 二人の求婚者

当時の婚姻外交においては、当事者双方が最終的な合意に達するまでには、相当念入りに折衝を重ねるのが普通であった。例えば、くだんの武帝の阿史那皇后の場合には、具体的な交渉開始から結婚が実現するまでに、実に十年以上の歳月を要している。それは千金公主の降嫁についても同様であったわけだが、一つ、北周側にとって交渉が有利に運ぶ要素となったのは、突厥側に他鉢可汗とは別に求婚者がいたことである。それは、他鉢可汗の長兄《ちょうけい》の息子で、甥に当たる摂図《せっと》なる人物であった。

序章で述べたように、突厥においては、大可汗とは別に複数の小可汗も存在しており、小可汗が独自の外交活動を展開することがあった。したがって、大小複数の可汗が降嫁を求めて来る場合もあり、それは求められた側にしてみれば、突厥を「離間《りかん》（分裂工作）」する絶好の機会を提供するものであった。大可汗の他鉢可汗に加え、東面の小可汗であった摂図の両者が北周に公主降嫁を求めたのも、まさにそのような状況だったのである。

もう少し具体的にいえば、複数の求婚を受けた場合、嫁ぎ先や時期を決定する際の主導権は嫁がせる側、この時は北周側が握っていたと考えられる。北周としては、他鉢可汗と摂図のどちらに嫁がせるのが自身にとってより有利であるか、慎重に検討できる立場にあったと思われる。また、時間をかけて両者と交渉を重ねること自体が、突厥を離間・牽制する効果を持ち得るので、結論を急ぐ必要もなかったであろう。

このように、千金公主降嫁の議は、すぐに最終的な合意に達することはなく、本来であれば情勢の変化をにらみつつ、交渉はさらに長期にわたってつづくはずであった。ところが、五八〇年五月、幼少の静帝を残して宣帝が崩御するという一大事が生ずるや、事態は目まぐるしく変化し始めることになる。

## 離間の計

さて、宣帝が崩御すると、劉昉・鄭訳らが詔《みことのり》を偽作し、楊堅を丞相に任じて、幼い静帝の補佐に当たらせようと暗躍し始める。ところが、偽詔への連署《れんしょ》を求められた顔之儀《がんしぎ》は、それが宣帝の遺志ではないことを見抜いて敢然と拒否し、静帝の補佐役には宗室宇文氏の人物がふさわしいと断言している。当時の宗室内では、武帝の弟で、宣帝にとってはおじに当たる五人の王たち、五王《ごおう》が重きをなしていた。なかでも、最年長の適格者として顔之儀が実名を挙げているのが、前出の趙王宇文招、すなわち千金公主の実の父親であった。

五王は、前年（五七九）より、それぞれの領地にお国入りしていたが、宣帝不予と知って彼らがただちに都の長安に乗り込んできて共同歩調をとった場合、それは楊堅にとって侮りがたい力を持ち、中央の政局は流動化することになる。とはいえ、国元《くにもと》で挙兵でもされたらこれも厄介で、地方に留め置くことも得策とはいえない。この時、楊堅が思いついたのが、宣帝在世中から交渉が始まっていた千金公主の降嫁を、自己の政治目的に利用することであった。

楊堅は、宣帝の病状あるいは崩御の事実は伏せつつ、千金公主の降嫁を口実として、お膝《ひざ》元《もと》の長安に、政敵となるであろう五王、なかでも娘を嫁がせることになる趙王招を招き寄せる。五王たちは、お祝い事だと思って国元を発ったら一転、宣帝の身に一大事だと道中で聞かされたらしい。押っ取り刀で長安に到着してみれば、なんと宣帝はすでに世を去り、中央の大権はほぼ完全に楊堅の掌握するところとなっていた。その後、五王は表面上優遇されるが、実際には楊堅の監視下に置かれ、最終的にはみな誅殺されることとなる。

このように、宣帝在世中に持ち上がっていた千金公主降嫁という突厥との外交上のイベントは、楊堅によって潜在的な政敵である五王を排除するための政争の具とされた。ならば利用するだけ利用してあとは棚上げにされたか、というとそうではない。不思議なことに、実権を握った楊堅自身の手によって、皇帝の喪中かつ革命の進行中にもかかわらず、延期も中止もせずに、この降嫁はまもなく実行に移されているのである。そこには、いったいいかなる意図・目的があったのであろうか。

## 降嫁強行

千金公主の降嫁時期については、はっきりとは史料に記されておらず確定するのは難しい。

おそらく、五八〇年の五月いっぱいは五王入朝《にゅうちょう》の口実として利用された後、六月初の五王の長安到着を待って実施されたものと推定される。

その際に問題となったのは、大可汗である他鉢可汗が高紹義の引き渡しを拒否しつづけていたことである。その条件をにわかに受け入れる公算は低く、仮に公主を嫁がせても効果が薄いどころか、他鉢可汗の内外への統制力を強めてやるだけの結果に終わりかねなかった。とすれば、他鉢可汗とは別に求婚してきていた東面の小可汗である摂図への降嫁が、唯一可能な選択となる。またそれは、分権状態にあった突厥の内情をつき、摂図後援の姿勢を示すことで、彼を他鉢可汗の対抗馬に仕立て、突厥を離間する目的を有したものであろう。

こうして摂図を北周（楊堅）側に引き込んでおけば、関東の敵対勢力が摂図と連携する危機に先手を打てる上、他鉢可汗への牽制にもなる。まさに一石二鳥の効果を期待できる策であったといえよう。現に尉遅迥の突厥との連携が、摂図とではなく、大きく東に遠回りして高宝寧を介する形を取ったことは、先に触れたとおりである。

なおこの時、千金公主を摂図のもとに送り届けたのは、長孫晟《ちょうそんせい》なる人物であった。楊堅によって見出されたという長孫晟は、半年以上、突厥に逗留《とうりゅう》したこの機を活かして、突厥の内情を調べ上げた。こうして対突厥政策のエキスパートとなった彼の娘婿に当たるのが唐の太宗李世民であり、六三〇年、その李世民によって突厥第一可汗国が瓦解に追い込まれたのは、奇縁というほかない。

一方、他鉢可汗のもとには賀若誼《がじゃくぎ》を派遣して、高紹義の身柄引き渡しを求めた。当然ながら渋る他鉢可汗に対して、賀若誼は摂図との婚姻の成立を告げ、重ねて高紹義引き渡しを求めたと推測される。それでも他鉢可汗は高紹義を引き渡すのは忍びがたかったので、偽って高紹義と南の国境付近に狩りに出かけ、そこで賀若誼に高紹義を捕らえさせたという。さすがの他鉢可汗も、東面にいて関東地方と近接する摂図が北周（楊堅）と結んだことで、みずから構想した「北斉復興路線」の貫徹が、もはや不可能となったことを悟らざるを得なくなり、泣く泣く高紹義を手放す羽目になったのに相違ない。

果たして、五八〇年七月、高紹義は長安に連行され、蜀（四川省）に流罪と決まった。ちなみに、高紹義の妃である封氏《ほう》も、ほどなく突厥から華北に帰還した。高紹義が蜀から妻に送った手紙には、「夷狄《いてき》に信義などなかったわ、ワシをこんなところに送り込むとは」としたためられており、結局、蜀で亡くなったという。

## きわどい策略

以上見てきたように、楊堅は千金公主の降嫁を敢えてこの時期に強行することで、五王ら政敵の排除にとどまらず、突厥の牽制と高紹義問題の解決に成功した。これは周隋革命の成就において、極めて重要なプロセスであったと考えられる。

　しかしながら、結果だけ見れば成功だったといえるが、楊堅とてすべてを見通していたわけでは当然なく、あくまでも窮余《きゅうよ》の一策が図に当たっただけのように思われる。例えば、五八〇年七月には、千金公主の父の趙王招が、楊堅暗殺未遂の咎《とが》で誅殺されている。仮に尉遅迥の反乱鎮圧に時間がかかるようなことになれば、尉遅迥が奉じる趙王招の末っ子の男子（前述）と、東面可汗として至近に位置する摂図に嫁いだその姉の千金公主を介して、一転して尉遅迥と摂図が連携する危険性も皆無であったとはいえないのである。

　幸いにして、楊堅は韋孝寛・李穆《りぼく》らの有力者をなんとか味方に引き込み、短期間（六十八日間）で尉遅迥の乱を鎮圧することに成功した。その後、禅譲劇が進められ、翌五八一年二月に隋王朝が成立する。しかし、千金公主の降嫁は、実行した楊堅にとっても取り返しのつかない危機を招きかねない大きな賭けであった。そしてその危うさは、すぐに現実のものとなる。

## 3　隋と突厥の全面戦争

### もう一人の簒奪者

周隋革命が完了し、隋が成立した開皇《かいこう》元年（五八一）、突厥でも大可汗位をめぐる継承問題が発生している。この年の初頭に、在位十年に及んだ他鉢可汗が死去したからである。

他鉢可汗は、死に際して実子の菴羅《あんら》《ウムナ》ではなく、兄の木杆可汗の子である大邏便《だいらべん》を後継者に指名するが、母親の出自の低さが問題視され、逆に母が高貴の出であった菴羅が即位する。しかし、敗れた大邏便の不満を抑えきれなかった菴羅は、嫌気がさしたのか統治を投げ出してしまったらしい。結局、個人的な資質、東面可汗としての勢力、千金公主の夫としての威令など、すべてを兼ね備えた摂図が大可汗に即位し、沙鉢略《さはつりゃく》《イシュバラ》可汗と称したのである。

なお、鈴《すず》木《き》宏節《こうせつ》氏（二〇〇五）が指摘するように、これ以降、突厥の王統は、他鉢可汗王家から摂図以下の乙息記可汗（摂図の父で第二代大可汗）王家に、ほぼ完全に移ることになる。これは一見平和裏の政権委譲のようであるが、実態としては後継指名されなかった実力者による簒奪といってよかろう。こうして華北とモンゴリアの双方に一人ずつ、楊堅と摂図、二人の簒奪者が登場したのである。

これ以前、他鉢可汗勢力と、これを押しのけて千金公主を娶った摂図との関係には、当然ながら微妙なものがあったと推測される。他鉢可汗が、自他共に認める実力者かつ同じく兄の子である摂図ではなく、いまだ小可汗ですらなかった大邏便を後継者に推したのは、その表れの一つだろうと思われる。離間を狙って千金公主の降嫁を実行した隋には、そうした両者の間隙《かんげき》に乗じる目算《もくさん》があったと思われる。しかし、摂図はみずから力量不足の菴羅の後ろ盾となって即位を後押しすることで、すっかり関係を修復してしまっており、その目論見《もくろみ》は完全に外れる。そして事態はさらに、楊堅の望まぬ方向へと進んでいく。

## 逆襲の可賀敦

いまや沙鉢略可汗の妻たる「可賀敦《カガトン》」（可汗の妃の称号）となった千金公主であったが、自分を突厥に嫁がせた影の男である楊堅が、事もあろうに実家に当たる北周を滅ぼし、肉親たる宇文氏一族を片っ端から殺害したことを知る。こうして隋の楊堅と不倶戴天《ふぐたいてん》の敵となった千金公主は、夫である沙鉢略可汗に、どうか恨みを晴らして欲しいと日夜《にちや》かき口説《くど》いたのである。

ちなみに、隋の簒奪に対して不満を懐いていたのは、何も千金公主だけではなかった。すでに見た楊麗華に加えて、北周武帝の姪《めい》で、のちに唐の高祖となる李淵に嫁いだ竇《とう》氏（太穆《たいぼく》皇后と追贈）もその一人である。彼女は、楊堅の簒奪を耳にすると、涙を流しながらベッドに身体ごと突っ伏して、「私が男に生まれなかったばっかりに、叔父上の家の危難を救うことができず、悔しくてたまらない」と口走ったので、父の竇毅《とうき》と母である襄陽長公主《じょうようちょうこうしゅ》の宇文氏は、あわててその口を塞いで、「滅多なことを口にするでない、一族皆殺しにされるぞ」といったという。同じ思いが、この時代に生きた何人かの気丈な女性たちに共有されていた。

遊牧社会における女性の社会的地位は、南の農耕世界に比べて相対的に高かったと考えられる。「北蕃《ほくばん》の夷俗《いぞく》は、可賀敦、兵馬《へいば》の事を知《つかさど》る」（『旧唐書《くとうじょ》』巻六十三、蕭瑀《しょうう》伝）とあるように、可賀敦の権限は軍事面にまで及ぶものであった。最初は政略結婚の犠牲者として突厥に嫁がされた千金公主であるが、可賀敦としての自己の立場と影響力を自覚するに至って、隋に対する復讐を企図するのは、当然のことだった。

そしてこれを受けて、大可汗となった摂図が、千金公主をテコに隋に挑戦し、昔日《せきじつ》の突厥圧倒的有利の状況を復活させようとするのもまた、ごく自然な流れなのである。こうした沙鉢略可汗の意図は、「ワシは北周の帝室とは親戚の間柄だ。いま隋公の楊堅が皇位にあるのを指をくわえてみているとあらば、どのツラ下げて可賀敦にまみえようか」という、彼の開皇元年（五八一）の発言（『隋書』巻五十一、長孫晟伝）に、はっきりと示されている。かくて突厥の精騎四十万が関中深く侵入し、長安に迫る勢いを示す。建国まもない隋は、いきなり正念場に立たされることになった。

### 戦争と経済

以上見たように、政敵の排除と突厥の牽制という一石二鳥を狙った千金公主の降嫁は、他鉢可汗の急死と摂図の即位というまったく予測不可能な事態が連続した結果、千金公主の恨みが隋・突厥間の全面戦争を惹起《じゃっき》する最悪の事態を招いてしまう。

完全にやぶへビであったが、楊堅と摂図＝沙鉢略可汗の両者は、簒奪者であるが故に、それぞれの国内での自己の権力確立と新政権の正統性を賭けて、死活《しかつ》を争う戦いに臨むのは、遅かれ早かれ時間の問題であったかもしれない。また全面戦争勃発の原因としては、シビアな経済的な側面にも目を向ける必要がある。

そもそも突厥は、初代土門＝伊利可汗時代の西魏との国交開始以来、辺境に置かれた貿易市場である互市《ごし》での取引などを通じて、絹などの物資の入手に努めていた。また、周斉抗争期には、突厥の鋭鋒を避けるべく両国が献上する大量の絹を得て潤ってきた。こうして入手した富が、シルクロード交易の原資・商品となって、突厥にさらなる繁栄をもたらしたことはいうまでもない。

もっともそれは、単に経済的な意味を持つばかりではない。突厥可汗の家系である阿史那氏は、こうして得た富の分配を保障することによって、諸部族を服属せしめていたのであり、その保障を失うことは、ただちに突厥国家の分裂を招きかねないほどの意味を持っていたのである。

ところが隋の文帝楊堅は、建国早々に、錦を着て肉を食らう長安在住の突厥人一万人を本国送還処分とする。と同時に、これまで長年つづけられてきた突厥に対する毎年の献上品を、「無駄遣い」として廃止を宣言したため、突厥は大いに怒ったという。中国からの貢ぎ物が突厥にとって国家の存亡を左右するものであれば、その停止が突厥の強い反発を生み、隋への侵攻を惹起するであろうことは、隋側も予想するところであったと思われる。そしてこのことから判断すれば、今次《こんじ》の隋と突厥の全面戦争は、千金公主の怨恨感情とは別に、むしろ隋が原因を作り、覚悟の上で引き起こしたものとも考えられる。では、禅譲からまもないこの時期に、楊堅が敢えて対決姿勢を鮮明にして戦端を開いたのは、いったいなぜなのであろうか。

### 父の教え

この点については、隋朝人士の目を外にそらすことで、成立まもない政権内部の対立や矛盾を緩和するとともに、対外的成功によって一気に楊氏政権の威権を高め、分裂に慣れた華北に対する支配を強固なものにしようとの意図もあったかもしれない。そして、突厥問題に卓越した能力を示す長孫晟を得て、楊堅の中に、突厥に勝利できるとの自信ないし目算があったとも考えられる。

さらに想像をたくましくすれば、父の楊忠と突厥との因縁が、その背景になっていたのではなかろうか。楊忠が、北周・突厥連合軍の司令官として北斉を長駆して攻撃したこと、敗北したにもかかわらず、武帝のねぎらいを受けたことはすでに述べた。実はこの時に、楊忠が武帝に言上《ごんじょう》した言葉が、『周書』突厥伝に載せられており、それは次のとおりである。

突厥の武器は粗末で、褒美は少なく、頭目ばかり多くて規律がなく、制御しがたいどころの話ではない。最近では使者たちがやたらに突厥の強盛をいうけれど、それは、我が国に使者の待遇を厚くさせ、先方に帰れば重ねて報賞を取ろうとするものだ。朝廷は彼らの虚言をそのまま受け取り、軍の将士は突厥をその気配だけで恐れている。彼らは見かけは強そうでも、実際は相手として恐れるに足りない。いま私の見るところでは、ちかごろの使者たちはみな斬り捨てるべきである。（『騎馬民族史2』平凡社東洋文庫、一九七二年の山田信夫《やまだのぶお》氏の翻訳を参考にした）

いささか剛毅に過ぎるようであり、武帝もこの意見はさすがに取り上げなかった。とはいえ、突厥軍の実態を目の当たりにした武人楊忠ならではの慧眼《けいがん》が、楊堅の対突厥観を、強硬路線寄りへと一歩踏み出させた可能性を想定することは、そう的外れではないように思う。

しかし、そうしたことよりも注意しなければならないのは、序章で見た他鉢可汗の「両箇児」のエピソードに示されるごとく、突厥が強盛を誇る限り中国皇帝の権威は相対的に低下し、また、そのような力関係のもとで莫大な貢ぎ物を強要されれば、戦乱の後を受けて疲弊しきった華北の経済は破綻し、王朝の存立そのものが危うくなりかねない現実である。こうした深刻な危機意識に基づき、開皇三年（五八三）、隋は反撃を開始する。

そのころ突厥は、折からの自然災害によって、家畜の骨まで粉末にして食べなければならないほどの深刻な食糧不足に悩まされていた。そこに疫病も重なって大勢の死者を出し、ついには可汗同士で仲間割れを始める始末。こうした天の佑《たす》けもあって、隋はからくも突厥の撃退に成功し、建国直後の危機を乗り切ったのであった。

## 「世界帝国」への第一歩

その後、沙鉢略可汗は隋との和平締結に動くのであるが、ここでも千金公主が重要な役割を果たす。恨み重なる楊堅に書簡を送り、「私をあなたの養女にして下さい」と申し出たのである。この行為自体かなり意外であるが、その願いがあっさり聞き届けられたのはさらに驚きである。

両者の高度な政治的判断としかいいようがないが、これを受けて、開皇四年（五八四）九月十日付の皇帝宛の書簡の中で、沙鉢略可汗は、「皇帝たるあなたと可汗の自分とはいまや父と子になったので、末永く親戚つきあいをして参りましょう」と殊勝なことをいいつつ、「となれば、突厥の羊や馬は皇帝陛下の家畜も同然、逆にそちらの絹は私のものということで」と、ちゃっかり申し添えている点がおもしろい。

ここから判明することが二つある。一つは、格式を備えた公主の嫁入りは、美女を単なる贈り物にするのとは異なり、仮に養女であっても、二つの国に歴《れっき》とした姻戚関係をもたらすものだと、当時の支配者に認識されていたことである。これは先に見たように、北朝期の姻媾政策の意義を考えるよすがとなろう。

もう一つは、この和議に際して、沙鉢略可汗が何よりも突厥の家畜と隋の絹の交換流通、松田壽男《まつだひさお》氏（一九三六）が名づけた「絹馬交易《けんばこうえき》」の安定した継続を望んでいることである。これは、隋・突厥間の全面戦争勃発の主要な背景が、経済的側面にあったことを示すものであろう。なお、これ以後の両国の経済関係は、それ以前とは立場が逆転して、隋側に有利な交易や、隋から突厥に対する恩恵的施与《おんけいてきせよ》へと移行したと考えられる。

以上見てきたように、隋は周隋革命の遂行中から、突厥と極めて深い関わりを持っていた。本章での考察によれば、楊堅が実行した北周千金公主の降嫁は、革命に伴う華北の混乱への突厥の本格的な介入を未然に防ぎ、早期の秩序回復を可能にした点ではプラスの効果をもたらした。しかし、沙鉢略可汗摂図の予想外の大可汗即位を受けて、千金公主の怨恨感情が一因となって全面戦争が惹起されるという形で、マイナスにも作用したのである。

成否の評価はともかくとして、一ついえるのは、隋は建国当初から対突厥政策に積極的であり、決して低姿勢では臨まず、事実、建国早々に突厥に対する一応の優位を確保し得たということである。その点、白登山《はくとうさん》の敗戦を経た後の前漢や、のちに述べるように、突厥の援助に頼り一時臣従したとされる唐とは、大きく異なっていたのである。

その後、隋に敗れた突厥は、国際交渉の主導権を失い、乙息記可汗王家（沙鉢略可汗の系統）への権力集中、およびそれと表裏をなす大小可汗の分立・抗争を経て、一時的な衰退へ向かう。逆に、隋の国際的影響力は飛躍的に拡大したのであり、のちの隋唐「世界帝国」への第一歩は、隋初の対突厥政策において踏み出されたといえるのである。

# 第2章　南北統一への道

## 1　統一の機運

### 華北と江南

序章および第1章では、他鉢可汗が即位し、北周の武帝が親政を開始した五七二年から、周隋革命が勃発し、隋と突厥が全面戦争に突入した五八〇年代はじめの期間に注目し、華北とモンゴリアの双方において、ユーラシア大陸東部の世界情勢を左右するような、いくつかの変革的事件がほぼ同時発生している様子を見てきた。

これは巧まざる歴史の偶然などではなく、高紹義亡命政権の樹立や千金公主の降嫁などを直接の契機として、相互に影響し合って連鎖的に生じた事態である。万里の長城というのは、知らず知らずと我々の「意識の壁」にもなっているが、これを乗り越えて、南北両者が一体となって揺れ動く様子をとらえなければならないのである。

さて、長城と並ぶもう一つの巨大な障壁として立ち現れてくるのが、ナイル・アマゾンに次ぐ大河の長江である。長城は人の造りしもの、それだけに執念を感じさせる建造物である。しかし、全長六千三百キロメートル、河口部の川幅数十キロメートルの巨大な水堀たる長江の天険《てんけん》には、防御力という点では遠く及ばないであろう。二〇〇八年、かの曹操《そうそう》も赤壁《せきへき》に敗北を喫し、統一事業が頓挫したのは良き例証といえよう。

なお、気候風土についていえば、年降水量八百~千ミリの等雨量線とほぼ一致する秦嶺《しんれい》・淮《わい》河《が》線が、中国大陸を南北に分ける重要なラインとなる。ただし、ここで注意しなければならないことは、南北両朝が秦嶺・淮河線、あるいは長江の線一本で隔てられたわけではないということである。南朝の軍船が淮河以北に乗り入れることもあれば、北朝の騎兵が長江河《か》畔《はん》に踏み込むこともあった。両者の境界線は、相当な振れ幅を持って揺れ動いていたのが実情である。

## 境界の社会

その点は、北方の長城方面も同様であり、やはり長城線一本で区切られるものではない。

実際には、農耕と牧畜、それを生業とする人々が混在する地帯が、ベルト状に広がっていた。それを概念化したのが、「農業・遊牧接壌《せつじょう》（境界）地帯」というとらえ方である。前近代における「国境」というものは、押しなべてラインではなくゾーンを形成していたのである。

こうした視点に立てば、農耕と牧畜が入り交じる北にせよ、畑作と稲作の遷移《せんい》が見られる南にせよ、異なる生業・文化を持つ人々が日常的に混在した当時の国境地帯は、両者を隔てる場としてよりも、むしろ活発な交流が行われた場としてとらえられなければならない。そこは盛んに商取引が行われる活気あふれる場所であり、わけありの犯罪者や亡命者・避難民が出入りする半無法地帯でもあったである。

なお、そのような地域では、多言語環境下で複数言語を巧みに操る人材が生まれるなど、文化的にも多様性が深まっていく。この地を訪れ、あるいはそこに暮らす人々は、他者との接触を通じて、自分が何者であるかを再認識させられるであろう。と同時に、特定の風俗・習慣には拘泥《こうでい》しない、柔軟な姿勢もあわせ持たなければ、ここでは生きにくいであろう。

移動と交流を基調とする魏晋南北朝時代にあっては、そうした様相はいたるところで見られたであろう。なかでも様々な人々が混ざり合って生活する辺境地帯、フロンティアこそは、他者をも包摂する普遍的な価値観が育まれ、そのようなエートスを備えた人間を多く輩出し、時代を動かすエネルギーが生み出される場所であったと考えられるのである。

### 楊忠、千里を駆ける

隋の開祖と目される楊忠は、まさにその典型というべき人物であった。五〇七年、北の農牧接壌地帯に位置する武川鎮に生まれた彼は、五二四年に武川鎮が六鎮の乱に飲み込まれた時には、泰山《たいさん》（山西省泰安《たいあん》市の名高い霊峰）方面に武者修行か何かで出かけていたらしい。そして間の悪いことに、北魏の混乱をついて同方面に侵攻してきた南朝梁の軍隊に捕縛・連行されてしまう。ところが五年後の五二九年には、楊忠は梁軍の指揮官の一人として上洛作戦に従軍。爾朱氏の軍勢に敗れると、どさくさ紛れに返忠《かえりちゅう》したようで、北への帰還を果たしている。

その後、第1章でも触れたように、独孤信とともにふたたび南に渡った楊忠は、梁の武帝に評価されて親衛隊長に任じられ、三年にわたる亡命生活を送っている。西魏の大統三年（五三七）、宇文泰のもとに帰参した楊忠の江南滞在歴は、前後あわせて八年にも及んだ。彼は、北から南へ、そしてその逆へと、いくつもの境界を軽やかに越えた武人であった。

彼が二度にわたって北周・突厥連合軍を率いたこと、突厥の内情について独自の認識を持っていたことはすでに述べた。それは、武川鎮に育った楊忠ならばこそ可能であった部分が少なくないであろう。一方で、江南の風土・事情にもかなり通じていた楊忠は、その点を買われたものか、西魏期には梁への攻略戦をたびたび指揮している。

しかし、さらにいうならば、この西魏の梁への侵攻を可能にし、楊忠に活躍の場を与えたのもまた、楊忠と同じく北方は六鎮に生を享《う》け、のちに江南に殴り込みをかけた侯景《こうけい》という男と、彼が巻き起こした侯景の乱なのであった。

やがて訪れる隋の「南北統一」の歴史的意義を理解するため、少し時計の針を戻して、本章では南朝後期の状況を見ておこう。

## 侯景の乱

匈奴系の羯《けつ》族出身ともされる侯景は、同郷である高歓の覇業を支えた朋輩《ほうばい》である。懐朔鎮の一兵卒からたたき上げ、東魏の河南《かなん》十三州の総帥として、十万の大軍を率いるまでになっていた侯景は、むろんただ者ではない。元来、腕っ節も強く、騎射にも長《た》けていたが、足に戦傷を受け、いくさ働きが思うに任せなくなったのがきっかけか、やがて兵法の学習にも打ち込むようになったという。

こうして、知勇兼備の武将となった侯景に比べれば、序章で登場させた北斉の斛律光・段韶といったのちの名将ですら、まだまだ子供扱いされるレベルであった。したがって、高歓の跡継ぎ息子の高澄などはまるで眼中になく、「鮮卑の小せがれなんぞと一緒にやれるものか」と公言してはばからなかった。

玉壁城攻めでの苦労が祟り、高歓が病に倒れると、不安に駆られた高澄は、父の名をかたって書状を送り、侯景を手元に招き寄せようとした。しかし、侯景はかねて高歓とひそかに約束し、召還状の裏には微点を打って真偽の証《あかし》としていた。伊達政宗《だてまさむね》とセキレイの目のエピソードを彷彿とさせ、話としてはいささか出来すぎているが、偽の書状だと見破った侯景の心の針は、高歓病臥《びょうが》の情報に接すると、ぐっと謀叛《むほん》に傾くこととなったという。

子供だましの作戦が失敗し、高澄が不安な顔をしているのに気づいた高歓は、「そちの心配顔はワシの病のせいばかりではあるまい、どうしたのじゃ」と声をかけた。高澄が答えずにいると、「侯景のことであろうに」と何もかもお見通し。高澄が「そのとおりです」と白状すると、高歓は、「ワシならばまだしも、侯景はとうていそちの手にはおえまい。しばらくワシの喪《も》は伏せておけ。どうも部下の顔ぶれを眺めてみるに、なんとか侯景と渡り合えそうなのは、慕容紹宗《ぼようしょうそう》だけじゃ。ワシは敢えてヤツを低い地位にとどめ、そのままそちに授けよう。そちの手でヤツを抜擢《ばってき》してやり、侯景への対応を委ねるが良い」とアドバイスした。

五四七年正月、高歓は晋陽でみまかったが、残したアドバイスは見事に的中した。侯景は、西魏に援助を求める一方、梁の武帝にも渡りをつけてついに叛旗を翻し、その軍勢ははなはだ盛んであった。しかし、討伐にやってきたのが慕容紹宗だと聞いた侯景は、「誰が鮮卑の小せがれに慕容紹宗を派遣するよう入れ知恵しよったのか。さては高王《こうおう》（高歓のこと）は、まだ死んでおらなんだか」と、馬の鞍《くら》をたたいて悔しがったという。果たして、敗北を喫した侯景は、腹心数騎と淮河を渡り、南を指して落ちのびるほかなかった。

## 建康城の包囲戦

逃げ散った兵士をわずかにかき集めた侯景であったが、いまや東魏と梁の狭間に余命を保つのみ。やがて、高澄と梁の武帝が、侯景の頭越しに和平交渉を始めると、いよいよ窮地に追い込まれる。

しかし、おとなしくまな板の上のコイにはならないのがこの男である。五四八年八月、寿《じゅ》春《しゅん》（安《あん》徽《き》省淮南《わいなん》市）で梁に対して叛旗を翻すと、長江沿岸の拠点歴陽《れきよう》（安徽省馬鞍山《ばあんざん》市）を攻略。そして同年十月、かねて内通していた梁の皇族の一人に用意させた船で首尾良く長江を渡り、難なく梁の都・建康《けんこう》（江蘇《こうそ》省南京《なんきん》市）のすぐ南に上陸を果たしてしまう。

この時侯景が率いていたのは、「兵千人」とも「兵八千人」とも記されるが、兵＝丘＋八の八がダブったものと見る、南朝史の大家である故川勝義雄《かわかつよしお》氏の指摘に従いたい。ただ、わずか千人とはいえ、多くを騎兵が占める精鋭部隊である。しかも侯景は、彼らに新品の武器とおそろいの軍服を支給し、また「鉄面」（面鎧《めんよろい》）や「兎頭《ととう》」（縁起の良い兎形《うさぎなり》のかわり兜?）も装着させていたというくらいで、指揮・統率にも抜かりはなかった。

侯景軍迫るの報に接し、建康では大慌てで防衛態勢を整えにかかる。しかし、肝心要の南口の守りについていた庾信《ゆしん》は、当代一流の詩人ながら、いくさの経験は皆無である。異形《いぎょう》の鉄面兵団を見るなり腰を抜かし、食べようとしていたサトウキビを取り落とし、持ち場まで捨てて逃げ出す始末。建康は侯景軍に完全に包囲されてしまう。

やがて、首都の危機を聞きつけた梁の諸王が、続々と援軍に駆けつけた。ところが、自分が貧乏くじを引いてもつまらない。彼らは遠巻きにして情勢を観望するのみであった。

いわゆる二重包囲戦の様相を呈したこの戦い、最終的にものにしたのは、侯景であった。半年に及ぶ攻囲を受けて、建康城の食料は尽き果て、道路脇の側溝には腐乱死体が折り重なり、名状《めいじょう》しがたいありさまである。中国史の史料では、戦乱・饑饉《ききん》などで多くの人命が失われた際、「死する者十に二、三」などといって、死亡率が二〜三割であることを示すことがよくある。ちなみにこの時は「十に八、九」、ほぼ全滅であった。

ここに至って、皇太子の蕭綱《しょうこう》と侯景の間で開城交渉が行われ、皇帝・皇太子の身柄の安全などを条件に一応の和議が成る。しかし、城内も侯景の占拠するところとなると、五四九年五月、八十六歳と高齢の武帝は、十分な食料も与えられぬまま衰弱死する。皇太子が即位して簡文帝《かんぶんてい》となるが、むろん侯景の傀儡《かいらい》に過ぎなかった。

## 侯景の「漢」王朝

建康を救いに来たはずの梁の諸王の援軍は、結局何をしに来たのかわからないまま、めいめい領地に引き返していった。その後、占領地の拡大に努め、大仰《おおぎょう》に宇宙大将軍・都督六《りく》合《ごう》諸軍事と称していた侯景であったが、五五一年、武帝の第七子で、荊州の江陵を本拠とする蕭繹《しょうえき》が派遣した軍と戦って一敗地《いっぱいち》にまみれる。多くの兵と子飼《こが》いの部下を失った侯景は、やけっぱちになって簡文帝を廃位・殺害し、やがて皇帝に即位する。

国号は、よりによって「漢」。漢字や漢語、漢民族の漢である。懐朔鎮から流れてきた羯族の男が、いったい何をいうのであろうか。しかし、前秦《ぜんしん》の苻堅《ふけん》（在位三五七～三八五年）にしろ北魏の孝文帝にしろ、非漢族の血を引く者が新生「漢」の主役となるのが、新時代の潮流であったのだ。

ふつう侯景の乱は、六朝貴族制《りくちょうきぞくせい》社会を実質的な崩壊に陥れたものとして、マイナスの側面を語られることが多い。しかしこれは、五胡以来の建国運動の一つの帰結として、北方の異民族がついに長江を渡り、江南のごく一部とはいえ、これを支配下に置く遊牧系政権の樹立に成功した画期的な出来事ともいえる。

南朝には、漢方における薬学の祖や、道教《どうきょう》（不老長寿を説く中国生まれの宗教）の一流派の開祖として知られる陶弘景《とうこうけい》という人物がいた。隠棲後も梁の武帝のブレーンとなったことから「山中宰相《さんちゅうさいしょう》」と称された陶弘景は、かつて「意《おも》わざりき、昭陽殿（建康の宮殿の一つ）の、化《か》して単于《ぜんう》（匈奴の王の称号）の宮と作《な》るとは」という予言めいた詩を残していたが、まさにそれが実現したのである。

もっとも、五五二年三月、蕭繹軍の攻撃を支えきれなくなった侯景は、建康を捨てて逃亡。その途上、部下に裏切られ殺害された。皇帝即位から半年足らず、享年五十であった。

### 傀儡国家・後梁

さて、侯景を追い落として敗死させ、建康の回復にも成功した蕭繹は、満を持して皇帝に即位する。これが梁の元帝《げんてい》（在位五五二～五五四年）である。彼が残した文章に、「梁職貢《りょうしょくこう》図《ず》」の序文がある。「梁職貢図」とは、荊州刺史であったころの蕭繹が、父武帝の即位四十年をことほぎ作製させたというもので、梁に朝貢してきた周辺諸国の使者を描いた図に、若干の説明の文章が添えられている。

そこには、実際には梁を訪れていないはずの、裸足の倭の使者が描かれていることでよく知られている。こうした虚構の裏に潜む、元帝の真の作製意図を、冨谷《とみや》至《いたる》氏（二〇一八）は、みずからの荊州江陵政権の正統性と自己の権威を示すことにあったと看破《かんぱ》している。一人、江陵で安穏《あんのん》を貪《むさぼ》って、建康で窮地にある父を本気で助けることなく、兄の簡文帝の死を待って即位した元帝は、小才子《こざいし》という評価が似つかわしい人物なのだ。

そのような男であるから、自然、親族との折り合いも悪く、江陵の北方は襄陽《じょうよう》にあった甥の蕭詧《しょうさつ》と敵対。蕭詧は攻撃を受けて、西魏の庇護下に逃げ込まざるを得なかった。すると今度は逆に、長江上流の四川地方にいた弟の蕭紀《しょうき》が、江陵を目指して攻め下ってきた。焦った元帝は、こともあろうに西魏に救援を求めてしまう。

格好の口実を手に入れた西魏の宇文泰は、尉遅迥を四川に派遣。まんまと漁夫の利を得て同地を併合することに成功すると、もはや遠慮はいらぬとばかりに、今度は江陵に直接侵攻してきた。総大将は于謹、前軍の指揮官には楊忠が起用された。かねて南方経略を委ねられていた楊忠は、のちに王朝名のもととなる随《ずい》郡（湖北省随州市）などを梁から奪取していたので、その実績が買われたのである。

梁側は、鼻先に刀を結びつけた象兵を繰り出したが、楊忠の弓で追い払われ、五五四年十一月、籠城むなしく江陵は陥落した。城壁が突破されたと聞いた元帝は、古今の書籍十四万巻ともいう厖大《ぼうだい》な蔵書に火を放ち、飛び込んで焼身自殺を図る。しかし、お付きの者に止められて果たせず、ついに捕虜となった。ちなみに、元帝は大の読書好きであったが、片目が不自由なこともあり、左右の者に朗読させるのを常とした。寝床に入ってからもつづけさせ、睡眠学習していたというから筋金《すじがね》入りである。

ある人が、とらわれの身となった元帝に、なぜ貴重な書籍を燃やしてしまったのかと問うと、「書を読むこと万巻《まんがん》にもかかわらずその甲斐なく、今日のごとき仕儀《しぎ》となった。故に燃やしたのである」となかなか格好良い返事をしている。しかし、歴史書『資治通鑑《しじつがん》』の当該箇所には、「元帝が国を滅ぼしたのは、もとより読書とは関係ない」との注釈がつけられており、こちらの方が振るっている。

ほどなく元帝は処刑されるが、被害に遭ったのは彼だけではない。王公以下庶民にいたるまで数万人が奴隷として西魏に連れ去られ、わずかに残されたのは三百家族余りに過ぎなかったという。西魏は、蕭詧から襄陽を召し上げて直轄地とし、カラになった江陵に蕭詧を移して梁帝を称させた。西魏の傀儡国家・後梁《こうりょう》の誕生である。

## 縮小する南朝

元帝の部下の王僧辯《おうそうべん》は、長江を西に攻め上ってきた侯景を迎え撃ち、逆に追い落として敗死させた名将である。だが評判が良かったのは、建康を回復したところまで。勝利におごる麾下の軍人の略奪を止められず、都下《とか》の人々の信望を失ってしまう。

一方、次第に存在感を増し、名声を高めつつあったのが、陳覇先《ちんはせん》である。梁の天監《てんかん》二年

（五〇三）、江南は呉興《ごこう》（浙江省湖州市《せっこう》）に生まれた彼は、さしたる家門の背景を持たない一男子に過ぎなかった。しかし、武勇に優れて果断に富み、南方の広州《こうしゅう》を舞台に反乱討伐で奮戦。その活躍を知った梁の武帝は、陳覇先が奮闘する様を絵に描かせて鑑賞したという。

五四八年、その武帝が侯景に包囲されてピンチだと聞いた陳覇先は、建康救援に向かう。道々、邪魔する者は蹴散らしつつ、多くの味方を新たに加え、数万の軍勢を率いて王僧辯と合流すると、見事、侯景軍を粉砕することに成功した。

いまや、元帝陣営の武将ナンバーツーとなった陳覇先であったが、肝心の元帝が西魏の手にかかって非業の死を遂げると、跡継ぎを誰にするかをめぐって王僧辯と対立。不意を突いて王僧辯を襲殺したのち、五五五年十月に元帝の子の蕭方智《しょうほうち》を即位させる（敬帝《けいてい》）。むろん、すべては陳覇先の牛耳るところであり、あとは魏晋以来、幾度となく繰り返されてきた、お決まりの禅譲劇の茶番を一幕、残すのみとなった。

五五七年十月、陳覇先が即位する。姓と王朝名が同じなので紛らわしいが、これが陳の初代武帝である。奇しくも同年、西魏も北周へと変わり、すでに成立していた北斉と並んで、三国鼎立《さんごくていりつ》の情勢はそのままつづくこととなる。しかし、陳とそれ以前の南朝諸政権では、基本的な性格を異にする部分がある。

梁以前には、北来《ほくらい》の漢人名門貴族がヘゲモニーを握る中で、江南在地豪族も一定程度、政権への参与を認められ、自身、長江以北にルーツを持つ帝王家《ていおうけ》が、寒門《かんもん》出身者（貴族に含まれない中下級の官僚層）を登用して手足とすることで、皇帝権力を行使しつつ、おおむね淮河以南を領土として、北朝と対峙していた。

ところが、侯景が巻き起こした嵐の中で、軟弱な貴族たちはあらかた姿を消して絶滅危惧種となり、火事場泥棒に余念のない北朝には、西で四川を奪われ、東で江北《こうほく》（長江下流北側一帯）の地を失い、南北朝というにはいささかバランスを欠く事態となった。

そうした危機的な状況下で頭角を現してきたのが、純然たる江南人の陳覇先であり、彼ははるか南の嶺南《れいなん》地方（広東《かんとん》省など南嶺《なんれい》山脈以南の地域）で名を上げて、北へ攻め上って来た。その途上においては、榎本《えのもと》あゆち氏（二〇二〇）が指摘するように、「蛮《ばん》」と総称される多くの南方系異民族を味方に加えている。こうして出来上がった新政権は、蛮漢織り交ぜた江南在地豪族の寄り合い所帯となったのである。

いわば陳朝とは、五胡の華北への進出以来、絶え間なく打ち寄せていた北からの民族移動の大波が、侯景の乱でついに長江を越え、中国大陸の南端まで及んではね返ってきた時、その波に乗って登場したともいうべき、新たな王朝だったのである。

## 2　陳の滅亡

### 陳の北伐

陳の初代武帝は、生涯、戦陣にあって境域の安定に奔走した。死後、跡を継いだ二代文帝（甥の陳蒨《ちんせん》）は、武帝と創業の労苦をともにしただけあって政務に精励した。子の三代廃帝《はいてい》（陳伯宗《ちんはくそう》）は、不肖の少年皇帝であったため廃位された。その黒幕で文帝の弟の四代宣帝（陳《ちん》頊《きょく》）は、乱脈皇帝には事欠かない南朝政治史においては、まず明君《めいくん》といって差し支えない人物であった。

この間、陳の国勢は上昇曲線を描き、五七三年には、逆に下降線をたどる北斉軍を撃破して江北・淮南の地を奪取することに成功している。ちなみにこの時、北斉の将軍・尉破胡《うつはこ》の麾下十万の前衛には、身長八尺（二メートル級）、膂力《りょりょく》絶倫の戦士のみからなる「蒼頭《そうとう》」「犀《さい》角《かく》」「大力《だいりき》」と名づけられた特殊部隊がいて、その鋭鋒には陳軍もたじろがざるを得なかった。なかでも敵中に、西域《さいいき》出身の胡人《こじん》で百発百中の弓の名手がおり、恐怖の的となっていた。

陳軍の総大将・呉明徹《ごめいてつ》は、軍中きっての勇将の蕭摩訶《しょうまか》を呼び出すと、「問題の胡人を倒せば、敵軍の士気はくじけよう。君の武勇はかの関羽《かんう》・張飛《ちょうひ》に匹敵する。顔良《がんりょう》を斬って参れ」と、三国志の名場面を引いて、いささか興奮気味にたきつけた。蕭摩訶の方はいたって冷静で、「どいつがそやつかわかるように教えて下されば、閣下のために倒してご覧に入れましょう」と、もっともな返答である。

呉明徹は降伏した敵兵から、くだんの胡人がやたらに目立つ赤い軍装に身を包んでいることを聞き出し、その姿が確かに敵陣にあるのを認めると、みずから酒を酌んで蕭摩訶に与えた。心得たとばかりに、蕭摩訶はそれを一息に飲み干すと、馬を躍らせて一直線に斉軍に突撃。これを射倒そうと陣頭に姿を現した赤い胡人の弓が引き絞られ、まさに矢が放たれんとした刹那《せつな》、蕭摩訶の手から飛び出した「銑鋧《せんけん》」（手裏剣）が、過つことなく胡人の額に命中し、あわれ胡人は秒殺されてしまった。敵討ちだと挑戦してきた「大力」十余人も、次々と蕭摩訶に斬って捨てられると、さしもの斉軍も退却を始めたという。

### 江南のあだ花、陳叔宝

このように軍備も充実しつつあった陳は、長江中流での北周との角逐《かくちく》も有利に進め、和平関係を結ぶことに成功する。例えば、陳覇先の甥の陳頊は、人質として梁の元帝のもとに預けられていた時、西魏軍によって江陵が陥落したため、捕虜として西魏に拉致されていたのだが、五六二年、その身柄は無事、陳側に引き渡されている。のちに、彼が宣帝として即位し得たのはそのおかげである。そこに陳の皇位継承を攪乱《かくらん》しようという北周の悪巧みがあったにしても、北周との関係は比較的良好な状態にあったのである。

しかし、陳の拡大が果たして良かったのかどうか。宣帝のもとで成し遂げられた、前述の北伐の成功は、負けた北斉の衰えを白日《はくじつ》の下《もと》にさらすこととなり、五七七年の北周による華北統一を導いたともいえる。またそのどさくさ紛れに徐州《じょしゅう》（江蘇省徐州市）方面への進出を企てた陳軍は、北周軍の逆襲に遇い、老将呉明徹は虜囚の辱めを受け、やがて長江以北の占領地はすべて北周に奪われ、元の木阿弥になってしまった。

陳後主（伝閻立本・歴代帝王図巻）

にわかに速度を上げ始めた時の流れの中では、蕭摩訶の個人的な武勇も一瞬の火花の輝きに過ぎないが、ひときわ大きなあだ花を咲かせた男がいる。陳の後主・陳叔宝《ちんしゅくほう》である。

父の宣帝とともに、北周からの帰還を果たしていた後主は、五八二年、父の死を受けて即位すると、国家を傾けんばかりに享楽の生活に明け暮れる。実務能力に欠ける文士を近づけて得意の詩作にふけり、豪華な宮殿をいくつも建造して綺羅《きら》を引く宮女で満たし、政務は愛妃の張麗華《ちょうれいか》を膝に載せて片手間に見る程度。それでいて対外的には妙に強気で、「北周・北斉ともに、これまで何度も侵入を試みながら、いずれも失敗して引き返していったではないか。長江の険ある限り、わが陳は安泰である」と豪語するのであった。

しかし、後主はもっとも大事な点を見落としていたか、あるいは故意に見ないようにしていた。すなわち、北斉はとうに崩壊し、華北を統一した北周すらすでになく、いまや新興の隋が、大きく姿を現していたという客観的な情勢をである。

### 南か北か

華北一円と四川を支配する勢力が、江南一角に残る国家を併合するという形勢では、二八〇年の西晋による三国呉平定と、五八九年の隋の南朝陳併合には類似した部分がある。ちなみに、前者においては、「呉、討つべし」という南進派と、「北方異民族の動向にこそ注意せよ」という北方派の間に、路線をめぐる対立があった。

しかし、隋の場合は事情が違った。序章・第1章で見たように、そもそも隋は、華北・モンゴリアを巻き込む激動の渦の中から姿を現した政権である。そして建国早々、突厥と死闘を演じており、開皇四年（五八四）の和平成立までは、突厥への対応で手一杯というのが実情であった。

かたや南方についても、きな臭い情勢がつづいていた。前述したとおり、北斉滅亡を受けて徐州方面への陳軍の侵攻があり、これを撃退した北周軍は淮南・江北まで占領下に置いていた。その陳との国境付近にいた地方長官の司馬消難《しばしょうなん》は、楊忠と義兄弟の契りを結んでいたことから、楊堅も叔父として礼を尽くしていた。しかし、娘が静帝の皇后で、外戚でもあった司馬消難は、野心を抑えがたかったものか、五八〇年七月、反楊堅に立ち上がった。我が子を人質に出して陳の後援も担保していた司馬消難は、挙兵失敗後は陳に亡命し、皮肉にも楊堅と同じ「隋公」の爵位を授かり厚遇されていた。

ちなみに、五八一年四月、北周に向けて派遣された陳の使者が長安に到着したが、すでにこの二ヶ月前、楊堅が即位して隋が成立していた。ちょうど使者が出発するころの出来事だったため、そうとは知らずにノコノコやってきた陳の使節は、介国公《かいこくこう》（もと北周の静帝）との面会に通されたという。翌月、介国公はわずか九歳で急死。隋の差し金に違いないが、隋・陳関係はすれ違いから始まり、友好関係とはほど遠い状況だった。

要するに隋は、南か北かで悠長に路線対立などしているヒマはなく、同時に双方に対処しなければならなかったのである。とはいえ、南北両面作戦というのは、愚の骨頂である。早くから心中、江南併合を期するところのあった楊堅ではあるが、表面的には隣好に努め、事を構えないように配慮していた。

例えば、五八一年九月、陳軍の江北侵攻を受けた隋は、むろん放置はできないので陳討伐軍の派遣を決定する。しかし、翌年正月に陳の宣帝が死ぬと、「喪中の敵は討たない」として撤兵したばかりか、弔問の使者を派遣。しかも、弔問使は陳を対等の国として礼を尽くし、お悔やみの手紙の末尾には、「姓名頓首《とんしゅ》」（姓名は楊堅の伏せ字、頓首は頭を地面につけてお辞儀すること）の文言まで添えてあった。

これに対する陳からの返書が上から目線だったのには、さすがの楊堅もちょっとムッとしたというが、北方の対突厥情勢は抜き差しならない事態である。この程度のことで陳との正面対決を当座避けられるならば、お安い御用といったところであろう。

## 周到な準備

こうした楊堅の態度にまんまと乗せられた陳の後主は、隋の脅威には目もくれず、ますます酒色に耽《ふけ》るようになる。これ幸いと、楊堅は来たるべき陳平定戦への備えを着々と実施していく。

のちに実働部隊を率いて陳の都・建康陥落の立役者となったのは、賀若弼《がじゃくひつ》と韓擒虎《かんきんこ》の二人である。彼らが江北の前線地帯の総管に任命されたのは、早くも五八一年二月の隋建国の翌月、三月のことであった。以来、一貫して同方面にあった両将は、長江渡河作戦の準備を着々と進めていたようだが、賀若弼が興味深い計略を仕掛けているので紹介しよう。

当時、陳との国境に当たる長江北岸一帯には、辺境警備を務める「防人《ぼうじん》」（日本でいうさきもり）が配備されていた。彼らは一定期間の任務を果たすと、内地から派遣されてきた別の者と交代する決まりであった。ここに目をつけた賀若弼は、交代前にすべての防人をいったん建康対岸の地点に集合させ、ことさらに旗指物《はたさしもの》や幕営《ばくえい》のテントをしつらえさせた。これを見た陳の人は、すわ敵襲かと非常招集をかけて備えるのだが、やがて定例の防人の交代だと知って守りを解く。これを繰り返しているうちに陳はすっかり慣れっこになり、いちいち警戒しないようになったという。

オオカミ少年をアレンジしたような計略だが、楊堅の懐刀で、名宰相の呼び声も高い高熲《こうけい》が創意を凝らした計略は、さらに辛辣であった。もともと、北方では「地窖《ちこう》」と呼ばれる穴を地面に掘って、中に食糧を貯蔵する。一方、湿気の多い南方では、カヤやタケを使って地上に食料庫を建てる。そこでひそかに工作員を送り込んで、風の強い日に放火させ、再建されたらまた放火、これを数年繰り返せば、陳の国力は大いに損耗するでしょうというのだ。「南船北馬《なんせんほくば》」の風土の違いを突いた見事な策である。楊堅がこの策を採用すると効果テキメン、陳は被害に苦しむようになったという。

もちろん、陳は陳で、隋にスパイを送り込んで敵情を偵察させているのだが、楊堅は捕まえたスパイには着るものや馬まで与えて帰してやったというから、どうも役者が違う。やがて、五八七年四月には、淮河と長江を結ぶ運河の山陽瀆《さんようとく》（邗溝《かんこう》ともいう）が開通し、兵站《へいたん》の不安解消も図られる。

ついで五八七年九月、西魏末以来、三代三十三年つづいた傀儡国家の後梁が接収され、長江中流の荊州江陵にも、隋の直轄支配の手が伸びる。そしてこの時、後梁の宗室の一部が、隋の支配を嫌って陳に亡命を申請。後主がこれを受け入れたと聞いた楊堅は、怒気を発して次のようにいった。「私は、万民《ばんみん》の父母たる皇帝であるからには、たかが一筋《ひとすじ》、着物の帯のごとき細い川の流れがあるからといって、敵国の陳にあって苦しむ民衆を救わずにいられようか」と。

これが「一衣帯水《いちいたいすい》」の語源であるが、隋建国以来の周到な準備を経て、その人智の前には、いまや長江という自然の要害の持つ意味も、大きく減じつつあったのである。

## 鎧袖一触

一方、陳側では、相変わらず「長江は天塹《てんざん》なり」などとうそぶいていたが、確かに陳を討つには大量の船がいる。秘密裏に建造するよう勧める部下の声を遮り、「天誅を加えるのに

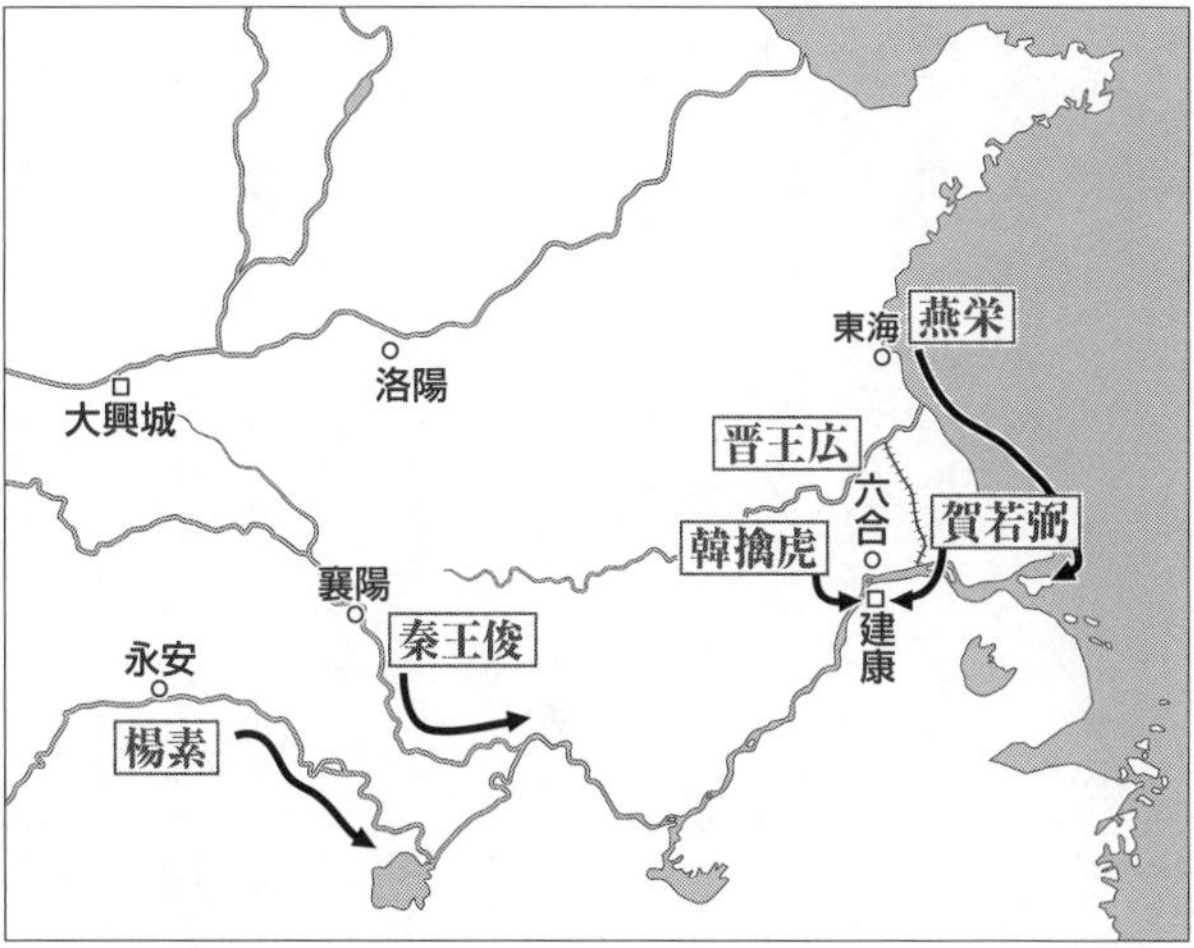


陳攻略作戦図
出典：郭沫若主編『中国史稿地図集 下冊（第1版）』（中国地図出版社、1990年）をもとに作成

何をコソコソする必要があろうか」と、楊堅の鼻息もだんだん荒くなってきた。

五八八年三月、陳の討伐を前にして宣戦の詔が発布され、そのコピー三十万枚が江南でばらまかれたという。詔の内容は、おおむね宣帝陳頊・後主陳叔宝親子の悪口であるが、陳領内に難しい詔の文章を読める者が三十万人もいたとは考えにくい。あるいは、絵入りの宣伝ビラのようなものを想像した方が良いかもしれない。いずれにせよ、すべて手書きはかなりのムダ手間である。印刷術の普及は唐代以後のこととされるが、とうの昔から印章はあったので、何か簡便にプリントする方法がとられたのであろう。

五八八年十月、陳討伐軍の陣容が明らかとなる。東シナ海から内陸四川まで、長江に沿って延々約二千キロ。そのすべてが戦線となるが、主に三つの方面軍が編制された。

まずは、長江上流側から攻め下る軍団。司令官に当たる行軍元帥《こうぐんげんすい》は楊素《ようそ》。三国志の英雄・劉備《りゅうび》臨終の地として知られる永安《えいあん》（四川省重慶市《じゅうけい》東部）を策源地《さくげんち》として、かねて強力な水軍の建設を進めていた。主力艦を「五牙《ごが》」といい、甲板上には五層の楼閣がそびえて高さ約三十メートル。その前後左右には「六拍竿《ろくはくかん》」という、長さ十五メートルほどのクレーンのようなものが艤装《ぎそう》され、これを振り下ろして敵艦をたたき壊す仕組み。乗り組む戦士八百人というから、かなりの巨大戦艦であるが、これが少なくとも四隻、竣工《しゅんこう》していた。

つづく第二の軍団は、行軍元帥を楊堅の三男、秦王《しんおう》の楊俊《ようしゅん》が務める。華北から長江中流域に抜けるルートを扼《やく》する要衝の襄陽から、長江第一の支流である漢水《かんすい》沿いに南進し、陳の水軍基地の漢口《かんこう》（湖北省武漢市）を突くのが作戦目的である。

前述したように、楊堅は大っぴらに軍艦の建造を命じており、作業工程で出る木っ端などは、みな下流の陳領に流れていくので、いくらぼんやりしていても陳が気づかぬわけはない。当然、そちらに警戒の目を向けざるを得ないのだが、実はこれも、隋側の大きな戦略の一環であった。すなわち、陳の目を長江上流方面に向けさせておいて、真の狙いは、都の建康を最短距離で直撃する、下流部での短期決戦にあったのである。

その実働部隊は二つ。建康のやや下手《しもて》へ渡河する賀若弼の軍団と、建康のやや上手《かみて》に渡河する韓擒虎の軍団である。そして、両者のちょうど中間地点、建康直上の六合鎮《りくごうちん》からにらみを利かす総司令官である晋王《しんおう》の楊広《ようこう》（楊堅の次男、のちの煬帝、即位以前は楊広と表記）が、隋の全軍五十一万八千の統帥に当たっていた。

五八九年元日、濃霧を突いて、まず賀若弼が渡河を決行。例のあらかじめ油断させておく計略が的中し、陳に覚られることなく、まんまと上陸を果たす。少し遅れて宵闇《よいやみ》の中、韓擒虎も渡江に成功。こちらは陳の守備兵が酔っ払っていたというからたるんでいるが、そもそも後主が、正月酒《しょうがつざけ》でぐでんぐでんだったというから仕方ない。

貧乏くじを引いたのは賀若弼で、建康の守備隊と激しい交戦状態に突入。一方、逆サイドから韓擒虎の軍が建康に接近すると、そちらの陳軍は次々と潰走・降伏し、ほとんど抵抗を受けることなく、そのまま入城。同じ月の二十二日には、総大将の楊広も建康の地を踏む。開戦からわずか三週間、見事な電撃作戦であった。

## くすぶる火種

開戦以来、日夜泣きわめくばかりで、何ら有効な防衛策を取り得なかった後主。ついに韓擒虎の部下が宮殿に迫ると、「私に良い考えがある」というので何をするのかと思いきや、井戸に身を潜めてやり過ごす気らしい。愚かなマネはおやめ下さいと井戸を覆って防ぐ部下と、さんざん押し問答をした挙げ句、無事に井戸には入れたのだが、乗り込んできた兵士が気づかぬはずもない。

井戸をのぞいて声をかけるが、返事がないので、じゃあ石でも落っことしてみようかなとカマをかけると、案の定、悲鳴が聞こえてきた。そこでロープを下ろして引き上げにかかったのだが、とにかく異常に重い。ようやく引き上げてみると、後主は愛妃二人を抱っこして、三人たばになって上がってきましたとさ、でオチがつく。陳の滅亡を印象づける、有名なエピソードである。

さて、この時一緒に引き上げられたのが、後主第一のお気に入り、張貴妃（麗華）であった。貧しい家の出身ながら、たぐいまれな美貌の持ち主で、特にその豊かな黒髪はキューティクルが尋常ではなく、鏡のようにモノを映すことができたという。子供のおかっぱ頭に輝く天使の輪、あれである。

かねてその名を聞いていた総大将の楊広は、一足早く建康に乗り込んでいた宰相兼参謀の高熲のところに、生かしておくようにわざわざ使者を送った。しかし高熲は、「酒池肉林《しゅちにくりん》」で有名な紂王《ちゅうおう》・妲己《だっき》の故事を引き、容赦なく斬り捨ててしまった。これを聞いた楊広は、「必ず報いをくれてやるわ」と吐き捨てたという。

当時、楊広はまだ二十歳そこそこの若者で、張貴妃はすでに長年、後主の寵愛を経た年ごろであった。晩年には後宮の老女との破廉恥《はれんち》トークを好んだともいう楊広であるが、この時出会っていたとして、張貴妃が果たして傾城傾国《けいせいけいこく》の佳人《かじん》となったかは微妙である。ちなみに、建康に入城した楊広は、府庫を封印していっさい私《わたくし》しなかったことから、天下の賞賛を得たともいう。したがって、張貴妃に絡む話の真偽のほどは定かではない。しかし、のちに触れるように、楊広と高熲の必ずしも親密ならざる関係が、約三十年後の隋滅亡の伏線となるのは事実である。

また、後主があまりに情けなかったために、開戦時に十万はいた陳軍の抵抗は限定的なものとなった。例えばそのころ後主が蕭摩訶の妻と不義密通をしたため、陳の誇るこの驍将《ぎょうしょう》は、マジメに戦う気をなくしてしまったらしい。結果、侯景の乱の時のような惨状は回避されたわけだが、逆にいえば、陳は滅びたとはいえ、まだ生焼け状態だったのである。

戦後、建康の城壁や宮殿はみな撤去されてさら地となり、後主以下の陳の宗室・百官の主立った者は、多くが長安に連行された。そして、若干の鎮守部隊を残して、隋軍も引き上げていった。しかし、そこかしこに燃え残りや火種が残っており、まもなく火を噴くことになる。

## 3　江南統治の実情

### 動乱の江南

陳を滅ぼした楊堅は、江南を物心両面から懐柔しようと、寛大な姿勢で統治に臨んだ。後主を諫《いさ》めた忠臣などを引き立ててやったのはもちろんのこと、後主本人の扱いもいたって丁重で、宴会に招いた時には、後主が里心を起こすとかわいそうだからと、南方の音楽の演奏は取りやめさせるほどであった。

当の後主はほとんど酒浸りの毎日で、楊堅が酒量を確認したら、子弟と一緒に一日に一石《せき》（約六十リットル）も飲むというのでビックリ。一度は節制を求めるが、やがて「もう好きにさせるように。そうでなければ、どうやって日々過ごせようか」と思い直したという。

楊堅は、旧陳領の民衆に対しても、十年間は税を免除するなど太っ腹な対応を取った。「一衣帯水」の詔で見たように、「民の父母たる皇帝」という意識の表れともいえようが、逆に親心が行きすぎたような面もあった。大臣の蘇威《そい》が、儒教のエッセンスを「五教《ごきょう》」という短い訓戒にまとめ、これを江南の民衆に老若問わずに暗唱させようとしたのである。

このしつけめいた措置に、子供じゃあるまいし馬鹿にするなとばかりに、民衆は一斉に怒りの声を上げる。そこに「隋は、江南の人々を関中に強制移住させようとしている」という噂話が油を注いだ結果、瞬く間に、旧陳領のほぼ全域が騒乱状態に陥ってしまう。

各地の反乱軍は、隋の県令を吊し上げ、その内臓を引きずり出し、肉をなます斬りにして、「これでもまだワシらに五教を読ませられるか」と息巻いたという。隋の電撃作戦で一瞬のうちに陳が滅ぼされ、しばし毒気を抜かれていた江南の民衆であったが、ふと我に返って、征服者たる隋への抵抗運動に立ち上がったのである。

### 猛将楊素

この緊急時に際して、事態の収拾のため派遣されたのは楊素である。まだまだ乱世の余燼《よじん》が消えぬ隋代には、文に加えて武にも秀でていることは重要であり、出でては将軍となり、入りては宰相となる「出将入相《しゅっしょうにゅうしょう》」も行われた。楊素はその代表であるが、なんといっても猛将ぶりがすごい。

まず開戦前に、何かしら違反のあった者をどんどんピックアップして、まとめて斬刑に処す。時に犠牲者が三ケタにのぼったというから、文字どおりいくさの前の血祭りである。いよいよ戦闘開始となると、とりあえず百～二百人を突っ込ませて、敵陣を突破すれば良し。失敗して退却してきた者は全員、斬り捨てる。今度は二百～三百人に増やして同じことをするという寸法だ。これには、将士ともに恐怖で足を震わせるのだが、やがて観念して必死の覚悟で戦ったので、楊素軍は常に勝利したという。

ちなみに、楊素は厳しいだけではなく、地位と権力にものをいわせて、わずかな手柄であっても必ず報いてやった。他の将軍の下では、大きな手柄を立てても、事務方《じむかた》に却下されて認めてもらえないことが多かった。そのため、兵士はむしろ楊素の麾下で戦うことを望んだというから、反乱軍ごときがかなうはずもない。江南の反乱は沈静に向かい、楊素も軍を返す。しかし、隋の江南統治が軌道に乗るには、なお時間が必要であった。

## 名将の品定め

史書は、隋は陳を滅ぼすと、州四十・郡百・県四百・戸五十万・口二百万を得たと記しているが、もとより概数である。しかもそれは、陳のはなはだ心もとない支配力でも把握し得た地方行政区画や戸口の数字を、単にデータとして入手したに過ぎない。つまり、そこに隋の実効的な支配が及んでいたかどうかは別問題なのである。実際、前述の江南の反乱討伐の過程で、楊素が各方面に軍を派遣し、江南在地の非漢族居住地をも対象に、軍事的支配の拡大を図っている。

なかでも大いに活躍したのが、史万歳《しばんざい》である。二千の兵を率いて、山を踏み海を越えて転戦すること五百キロ、前後七百余戦に及んだ。この百日間、まったく消息不明となったので、一時はみな戦死したものとあきらめた。しかし、史万歳が竹筒で作って投じたメッセージボトルが、流れ流れて奇跡的に楊素の手に届いた。部下の功績を大事にする楊素は、さっそく楊堅に奏上《そうじょう》。楊堅は感心しきりで、史万歳の家に報奨金十万銭を賜っている。

つづいて開皇十七年（五九七）、史万歳に新たな出撃命令が下る。南寧夷《なんねいい》（雲南省昆明付近の異民族）の首領の爨《さん》氏が反乱を起こしたのである。敵を蹴散らして進軍する史万歳は、時をさかのぼること三百七十二年の昔、西暦二二五年の西南夷《せいなんい》平定の際に、かの諸葛孔明《しょかつこうめい》が建てた紀功碑《きこうひ》を発見。その背面に、「万歳の後、我に勝《まさ》る者、此《こ》こを過ぎん」と、自分の名をかけてシャレたつもりのセリフを刻ませた気持ちはまだわかる。が、それを部下に蹴り倒させているのは、孔明ファンには許しがたい所行だ。

その後、敵の本拠を突いて反乱平定に成功した史万歳であったが、首謀者からワイロを受け取って見逃してやったのがバレてしまう。あやうく処刑されるところであったが、余人にかえがたい将器《しょうき》を惜しまれて死一等を減じ、のちに復職を果たしている。

ちなみにある時、楊広が、陳討伐で活躍した賀若弼に、「楊素・韓擒虎・史万歳の三人は、ともに良将と称されているが、その優劣をどう見るかな?」と尋ねたことがあった。すると賀若弼は、「楊素は猛将であって、謀将ではありません。韓擒虎は闘将であって、領将ではありません。史万歳は騎将であって、大将ではありませんな」と答えている。賀若弼が、最上級の「大将」に心中みずからを擬《ぎ》したのはご愛嬌だが、のちにまた触れるように、史万歳は隋代屈指の名将なのである。

その史万歳にしても、勝手の違う江南での戦争には、大いに難渋《なんじゅう》したわけだが、こういう時に頼りになるのが、現地の協力者である。ここでぜひとも登場してもらいたいのが、当代随一の「巾幗《きんかく》英雄」、高涼《こうりょう》の洗夫人《せんふじん》である。

### 巾幗英雄

「巾幗」とは、女性がつける髪飾りを指し、転じて女性をいう。高涼、すなわち現在の広東《かんとん》省陽江《ようこう》市一帯に、部落十余万家を率いる異民族の首領である洗氏がおり、その家に一女子があった。知勇兼備の彼女は信義にも篤かったので、諸洞《どう》(江南原住民の集落のこと)はみな心服していた。

四三六年、五胡十六国の一つの北燕《ほくえん》が滅びた際、王族・馮《ふう》氏の者が、はるばる遼西《りょうせい》(遼河西方の地域)から、南朝宋《そう》の新会《しんかい》郡(広東省江門《こうもん》市)に亡命・移住してきていた。以後、馮氏は代々、高涼西隣にある羅州の刺史などの地方官を務めていた。しかし、しょせんはよそ者ということで、地元住民はその命令に服さなかった。そこで当主の馮融《ふうゆう》が、息子の馮宝《ふうほう》の嫁に洗氏を迎えることにした。洗氏は夫の馮宝とともに裁判に臨み、違反があれば親戚の首領であっても容赦なく罰したので、はじめて馮氏の統治が軌道に乗ったという。

洗夫人はこれほどの人物であるから、侯景の乱の時には、地元ゆかりの陳覇先がただ者でないのを即座に見抜いて協力姿勢を打ち出し、陳にも厚遇されていた。陳が滅びると、嶺南の数郡は、洗夫人を聖母《せいぼ》と呼んでリーダーに仰ぎ、独立の形勢を見せていた。平陳《へいちん》軍の総大将であった楊広は、陳の後主に命じて、隋への帰順を勧める書状を書かせた。これを見た洗夫人は、首領数千人を集めて終日慟哭《どうこく》して陳の滅亡を弔うと、隋に帰順した。

こうして去就を過たなかった洗夫人に、隋は宋康《そうこう》郡夫人の称号を与えている。ところが、一度は隋に従った首領の多くが、翌五九〇年にはさっそく反乱に荷担。広州に進駐していた隋将の韋洸《いこう》が、流れ矢に当たって落命する事態となった。広州救援に派遣した孫の馮喧《ふうけん》までが、反乱軍と通じていると知った洗夫人は激怒。馮喧を牢屋にたたき込むと、もう一人の孫の馮盎《ふうおう》を援軍に差し向けたので、どうにか広州は救われたという。

### 嶺南統治と「羈縻」

乱後、洗夫人はみずから甲冑を身につけ、武装した馬に跨がり、錦のカサを掲げ、兵士を引き連れて、隋の使者の裴矩《はいく》を護衛しつつ、二十州余りを慰撫して回ったので、嶺南地方はようやく平定された。なお裴矩というのは、名族河東裴氏《めいぞくかとうはい》に出る人物で、北斉に仕えた経歴から北周・隋での出世はなかなか難しいところを楊堅が抜擢し、秘書官的役割を担わせて重宝《ちょうほう》していた。彼の報告に接した文帝楊堅は、高熲と楊素に向かって、「韋洸が、二万の兵を率いながら、南嶺山脈を容易に越えられずにいたので、兵力が足りないのだと朕《ちん》はずっと心配してきた。ところが、裴矩はわずか三千のボロボロの部隊を率いて、あっという間に広州に到達してしまった。かくも優秀な臣下がおれば、朕が何を心配する必要があろうか」と賞賛し、民部侍郎《みんぶじろう》（戸籍管理部門の長）に昇進させている。

しかし、これは身びいきが過ぎるというもので、実際にはほとんど洗夫人のおかげである。隋もそれは承知だったようで、洗夫人に、新たに譙国《しょうこく》夫人の称号を与えたばかりか、譙国夫人名義で幕府を開き、長史《ちょうし》以下の幕僚を置き、隷下の六つの州にいる部落の兵馬の発兵権を認め、緊急時には命令を待たず、独自の判断で動くことを許した。

洗夫人は、隋の独孤皇后から賜った宝飾品やドレスをケースに収めて、南朝の梁および陳からの賜り物と分けて、それぞれ倉庫に入れて保管していた。そして、年中行事で一族の者が集まる機会にはこれを陳列し、次のように訓示したという。「私は梁・陳・隋の三代の君主に、ただ忠義一筋にお仕えしてきた。ご覧、これらの賜り物を。その甲斐のものだよ。お前たちも忘れるんじゃないよ。天子様には忠誠を尽くしな」と。

実は、こうした隋の措置は、洗夫人に限ったことではない。隋に帰順した異民族の首領は、それぞれ州刺史や県令に任命され、これまでどおり自身の部落を統率することを許されるケースが、少なくなかったのである。州や県が設置されたというと、ただちに王朝支配がしっかり浸透したかのような印象を与えがちである。しかし、州県制という外皮の下、辺境地帯などでは、地方の実態に見合った統治が選択されるのが普通だったのである。

このような方策は、長らく「羈縻《きび》」と呼びならわされてきた。羈は馬のおもがい、縻は牛のはなづなのことで、異民族を家畜に見立てて鼻面《はなづら》を引き回す、そんなイメージで使われてきた言葉である。ところが、西田祐子《にしだゆうこ》氏（二〇二二）によって、「羈縻」とはむしろ、異民族と付かず離れずの距離を保った状態を表す言葉・概念であることが明らかにされた。「羈縻」を中心に語られてきた異民族統治政策には再検討の必要がありそうだが、手綱を取っているつもりの連中よりも、取られたフリの異民族の方がずっと優秀な場合もある。王朝交代を越えて生き残り、一族の繁栄を勝ち取った洗夫人は、その好例である。

## 南北統一の意義

こうして隋は、陳後主の捕縛後、さらに数年をかけて江南への支配の浸透を図り、一応、中国大陸の南北統一に成功した。では、そこにはいかなる歴史的な意義があるのであろうか。

北宋《ほくそう》時代に編纂された編年体の歴史書『資治通鑑』は、中華を統治すべき正統なる王朝の系譜は、東晋《とうしん》以降は南朝に受け継がれたとする。したがって、陳の後主を「上《しょう》」「帝《てい》」と称する一方、楊堅は「隋主《ずいしゅ》」と記されていた。ところが、陳が滅びる五八九年になったとたん、陳の後主が「陳主」に、楊堅が「上」「帝」へと、百八十度入れ替えられている。撰者《せんじゃ》である司馬光《しばこう》先生の忠誠心は奈辺《なへん》にありや、問い詰めたいほどの手のひら返しである。

本来つながらないものを、無理につなげようとするから、こういう滑稽なことになるのであろう。現実には、漢魏以来の漢人王朝の系譜は、陳の滅亡をもって、ついに途絶えた。そしてこれ以降は、五胡・北朝の胡族《こぞく》国家の系譜に連なる隋、およびこれを継いだ唐が中国大陸全土を治める、歴史の新たなステージに突入したと見なければならない。

ただし、東晋・南朝で育まれた漢文化の精華は、隋の南北統一以前から、北朝に大きな影響を与えていた。そしてむしろ、南朝が滅亡したということによって、かえって「中国の失われた古典」としての地位を揺るぎないものとし、その輝きは時代を下るにつれて増していった。古代ローマの詩人ホラティウスは、「征服されたギリシアは、猛きローマを征服した」という有名な言葉を残しているが、三国呉・東晋・宋・斉・梁・陳の文化を、憧憬《しょうけい》を込めて「六朝《りくちょう》」文化と呼ぶようになるのは、唐代に入ってからのことなのである。

さらに、この六朝文化の起こした波は、書といえば東晋の王羲之《おうぎし》、文章といえば梁の昭《しょう》明太子《めいたいし》の『文選《もんぜん》』といった具合に、奈良・平安以来、現代に至るまで、海を越えた日本にも大きな影響を及ぼしている。もっとも、東晋・南朝の果たした役割を、漢文化の伝承と発展を中心に語るのでは不十分であり、文化面に偏ることなく、もっと積極的に評価すべき点があるように思われる。

## 分離独立闘争としての六朝史

そもそも、西晋末の混乱に見舞われた華北の漢人は、それぞれ集団を組み、それなりの統制を保ちつつ、南方を目指して続々と移住した。緑なす大地に覆われた江南は、華北とは異なる別天地であった。沿岸部や河川沿いを中心に、新たに入植した漢人のコロニーが次第に発展していく。

やがてそれらの点は、交通路の線で結ばれ、六朝諸政権の支配ネットワークを形成する。沿線に住む南方系異民族と漢人との対立と協調は、六朝史の基調をなす。その表れ方は複雑であるが、最も遠い広州から攻め上り、多くの南方系異民族を味方に加えて樹立された陳王朝は、すでに単純な漢人王朝などではなく、蛮漢交流の一つの帰結であったことは、前述したとおりである。

このように、華北中心であった漢人の認識範囲は、江南への移住によって嶺南、さらには南シナ海周辺まで及ぶものへと飛躍的に拡大し、結果、漢人自身が大きな変化を遂げていた。隋による関中への強制連行の噂から、旧陳領で広範囲に反乱の火の手が上がったように、もともと避難先であった江南の地も、いまや完全に彼らの地元・故郷となったのである。

　華北を押さえた遊牧系の五胡・北朝諸政権は、江南にしばしば軍事的な圧迫を加えた。しかし、異民族が借り物の中華の正統観念を振りかざして、来たこともない江南の支配権を主張するなど、考えてみれば笑止《しょうし》千万《せんばん》な話である。その意味では、五胡・北朝と六朝との対立は、本来一つであった「中国」の分裂というよりも、新天地に生活圏を拡大し、言語・風俗・習慣などを大きく変容させた漢人が、華北の異民族政権に対して挑んだ分離独立闘争の軌跡だった、と考えるべきではなかろうか。

　事実、南朝は長く独立を維持することに成功しており、華北と江南に二つの国が並び立つ状況が、そのまま固定化する可能性もあった。しかしすでに見たように、侯景の乱と隋の大軍の前に、独立運動は挫折を余儀なくされる。そして以後、長く発展を遂げてきた江南の高い生産力が産み出す豊かな富は、隋唐はもちろん、歴代王朝を通じて華北に搾取されつづけることになる。中国経済の中心が完全に南方に移った観のある現在も、依然として首都は北《ペ》京《キン》に置かれている。つまり、六朝史の持った可能性と挫折は、千五百年近くを経てなお意味を持つ、現代的課題に通じているのである。

# 第3章　天下統一と隋の国家体制

## 1　北方制覇

### そのころ突厥では

隋による陳平定の衝撃は、当然ながら周囲すべての地域に波及するが、ここでは北方の対突厥関係に与えた影響を見ておこう。

すでに見たように、隋は建国当初から突厥と激しく衝突した。その際、隋の仕掛けた離間策が功を奏したこともあり、五八三年、突厥は大きく東《ひがし》突厥と西《にし》突厥の両勢力に分裂していた。東突厥を率いる沙鉢略可汗こと摂図は、西突厥や契丹の圧迫に耐えかねて、五八五年には隋の援助を求めて、その北辺の白道川《はくどうせん》への移住を許された。白道川とは、陰山《いんざん》（大青《だいせい》山《ざん》）山脈東部の南麓一帯を指し、牧畜・農耕ともに可能な豊かな土地であった（林俊雄《はやしとしお》、一九八五）。

隋の支援が欠かせない沙鉢略可汗は、「天に二日《にじつ》なく、土に二王なし。大隋皇帝こそ真の皇帝である」といって隋への臣属を申し出て、息子の庫合真《こごうしん》を長安に派遣した。誠意を示すための人質といってよい。

これに対して文帝は、「沙鉢略可汗とは、すでに和平を結んでいたとはいえ、なお二つの国に分かれていた。それがいまや君臣一体となった」との詔を下した。隋の東突厥に対する優位が、名実ともに確立した瞬間である。文帝は沙鉢略可汗や庫合真を厚遇したので、沙鉢略可汗の方でも貢ぎ物の献上を絶やさなかった。

五八七年に沙鉢略可汗が死ぬと、弟の処羅侯《しょらこう》が跡を継いで、莫何可汗《ばくか》となる。「勇にして謀《はかりごと》」ある莫何可汗は、即位に際して隋から授けられた軍旗や陣太鼓を、目立つように前面に押し出してライバルの西突厥を攻撃。隋が東突厥に味方したのでは勝ち目はないといって、西突厥からは降伏する者が続出し、莫何可汗は敵のリーダーである阿波可汗《あわ》（木杆可汗の子の大邏便）を生け捕ることに成功した。

莫何可汗は、捕まえた阿波可汗を勝手に処断せず、わざわざ隋におうかがいを立てた。そこで文帝が下問すると、血の気の多い将軍連《れん》は「斬るべし」と息巻いた。一方、突厥対策のエキスパートの長孫晟は、「阿波可汗は隋に反逆したわけではありませんし」と擁護。宰相の高熲も、「ケンカ両成敗、寛大なご処置を」というので文帝はこれに従ったが、長孫晟と高熲二人の腹黒いこと。突厥人同士の仲違いのタネは、なるべく多く残しておくに越したことはないのだ。

このころ、隋の主たる関心は、目前に迫った陳討伐に移っていた。そこで鳥なき里のコウモリよろしく、莫何可汗は勢力拡大に余念がなかったようなのだが、五八八年、不運にも流れ矢に当たって落命。甥の雍虞閭《ようぐりょ》が即位するが、これを都藍《とらん》可汗という。陳が滅亡したのはその直後、年が変わって五八九年正月のことであった。

## 虎と屏風

陳滅亡後、突厥の使者が長安にやってきた。すると文帝は、「その方、江南に陳という国があり、そこに天子がいるという話を聞いたことがあるか」と尋ねた。使者が「ございます」と答えると、文帝は左右の者に命じ、使者を韓擒虎の前に案内させて、「これこそ、陳国の天子を捕らえた者であるぞ」と教えてやった。韓擒虎が、クワっと凄んでにらみつけたので、使者は恐れおののいて、顔を上げることができなかったという。

当時、新年の皇帝拝賀の儀式である元会《げんかい》儀礼や朝廷の評議、そして外国使者との謁見の場などは、公卿《こうけい》・百官《ひゃっかん》が居並んで、かなり厳かなシチュエーションだったと思われる。しかし韓擒虎は、文帝の面前で賀若弼と陳討伐の一番手柄を争ったり、陳から降伏してきた名将の周羅睺《しゅうらこう》に声をかけて、「お前さん、時勢を見誤って遅参《ちさん》したせいで、早々に陳を裏切って来たお仲間より席次が下になって、恥ずかしくないのかい」とからかったり、あまり空気が読めていない感じである。この時は周羅睺に、「江南にいたころから、貴殿の令名を承り、節義を重んじられる立派な方だと思っておりましたのに、そのようなおっしゃりようをなさるとは、まことに残念です」とピシャリと切り返されてしまい、恥ずかしがって退散したという。

こんな具合で、なかなかお茶目な韓擒虎なので、ノリよく突厥の使者を脅かして見せたに違いない。しかしなんの意図もなく、定例の使者に皇帝が直々に声をかけ、天下の闘将にわざわざこんなマネをさせたりはしないだろう。五九一年四月に、雍虞閭がその「特勤《とくきん／テギン》」（王子を意味する突厥の言葉の音訳）を派遣したとあり、翌年十一月には韓擒虎が享年五十五で死去しているので、この時の出来事かもしれない。これが単なる悪ふざけではなく、特勤とその背後にいる大可汗の雍虞閭に対する、恫喝の意図を持つものであることは、いうまでもなかろう。

実は、文帝は似たようなことをほかにもしている。沙鉢略可汗に嫁いだ北周の千金公主改め、文帝の養女の大義公主となっていた女性に、陳後主の使っていた屛風をプレゼントしたのである。むろん、「陳も滅んだぞ、お前もムダな抵抗はやめよ」という警告である。

しかし、親兄弟ことごとく殺された恨み、そう簡単に消えるものではない。公主は筆を執ると、国家の興亡と人の世のはかなさを見つめ、突厥に嫁いだ我が身を匈奴に嫁いだ王昭君に擬《なぞら》える詩を、堂々と屛風に書き付けた。そのいわば公主の肉声は、いまも『隋書』『北史』に書き残されているが、そうと聞いた文帝は気分を害し、公主への仕送りを削ることにしたという。

## 公主の再婚

すでに述べたように、異国に嫁いだ和蕃公主を、単なる悲劇のヒロイン扱いするのは、ステレオタイプな理解に過ぎず、当時の大義公主は、突厥内外に影響力を及ぼす存在となっていた。そのきっかけになったのが「レヴィレート婚」（嫂婚制《そうこんせい》）、すなわち父や兄などの年長者の死後に、その妻（生母を除く）を年少の子や弟などが娶るという、当時の遊牧民の社会に広く見られた習俗である。

当初、沙鉢略可汗に嫁いだ千金＝大義公主は、その死後、弟の莫何可汗にレヴィレートした可能性があり、ほどなく彼が急死すると、今度は沙鉢略の息子の雍虞閭（都藍可汗）とも再婚したと推測される。突厥における女性、特に可賀敦の権力の大きさについても、すでに述べておいたが、大義公主はレヴィレート婚を繰り返す中で、その存在感をいっそう増していったようなのである。

やがて、そのことを示す事件が発生する。五九三年、隋で流罪と決まった楊欽《ようきん》なる男が、どうしたものか突厥に逃げ込むと、「劉昶《りゅうちょう》さまは、奥方の宇文氏とともに反隋に決起されるご所存。それがしを遣わして、ひそかに大義公主さまに申し上げ、突厥軍を動員して隋の辺境までご出陣ありたしとの仰せ」との密命をもたらしたのである。

これは、自分を売り込もうとした楊欽のガセネタなのだが、火のないところに煙は立たない。かつて、西魏の最高権力者であった宇文泰の部下に、劉道徳《りゅうどうとく》という武将がいた。その名将ぶりを評価した宇文泰は、「卿はわが（諸葛亮）孔明である」といって名を賜り、劉亮と改名した。劉昶はその息子で、宇文泰の娘を娶っていたが、文帝とは親しい間柄であったので、隋でも重臣の一人であった。

ところが、その息子の劉居士《りゅうこじ》というのが札付きのワルで、貴族のどら息子で見所あるのがいると聞くと、まずリンチにかけて半殺しにし、それでもツッパリつづけた骨のあるヤツは不良グループに加えていき、ついに総勢三百人。乱暴狼藉の限りを尽くしたが、文帝は劉昶の息子のすることだからといって、大目に見てやっていた。

しかし、やがて悪ふざけでは済まない告発が相次ぐようになる。いわく、「大興城《だいこうじょう》（隋の新都、唐の長安の前身）の北にある、漢代の長安城の未央宮《びおうきゅう》の宮殿跡で、劉居士は南向きに座り、手下どもを臣下のように整列させ、まるで皇帝のような振る舞いであった」と。またいわく、「劉居士は密使を突厥に遣わして南に攻め込ませ、長安でこれに呼応する企てです」と。おおかた日頃迷惑していた長安人《ちょうあんじん》が、その腹いせに広めたものであろうが、ここまでくると、もはや国家反逆罪である。結局、五九七年に、劉居士は斬罪、劉昶には自死が命じられた。

楊欽は、かねて都で持ちきりだったこの噂を利用したのであろうが、劉昶の妻の宇文氏が大義公主のおばに当たるという確かな事実は、この情報全体に信憑性《しんぴょうせい》を持たせるミソの部分である。果たしてこれを信じた都藍可汗は、隋との友好関係を見直し、辺境にちょっかいを出し始めたが、ここで大義公主が動く。公主は、愛人関係にあったソグド人の安遂迦《あんすいか》を送り込み、楊欽とともに都藍可汗をさらに扇動させたのである。

### 公主の退場

大義公主は西突厥とも連繫を図っており、隋にとってその存在はいよいよ看過できないものとなる。そこで文帝は、都藍可汗のもとに長孫晟を派遣して、事態の収拾に乗り出す。まず、「そのような者はおらん」とシラを切る都藍可汗の目の前に、隠密裏に捕縛した楊欽を突き出した上で、公主と安遂迦の不倫も暴いて見せた。

なぜそんなことができるのか？　長孫晟が軍人からなる隠密部隊《おんみつ》、いわばコマンドーを伴って謀略的特殊工作を遂行していたのではないかとする、菊池英夫《きくちひでお》氏（一九九六）の指摘のとおりに違いない。この醜聞には突厥人みな恥じ入り、都藍可汗も楊欽・安遂迦の身柄引き渡しには応じた。しかし、黒幕の大義公主を排除しなければ意味がない。

そこで今度は、莫何可汗の子で、都藍可汗のいとこに当たる突利《とつり》可汗こと染干《せんかん》のもとに裴矩を送り込む。かねて突利可汗が公主の降嫁を求めていたので、「大義公主を殺せ。そうすれば降嫁を許そう」と持ちかけたのである。話に乗った突利可汗が、大義公主のことを都藍可汗に讒言《ざんげん》したので、都藍可汗は怒りを発してついに大義公主を殺害。ここに公主は波乱の生涯を、遊牧民の天幕、ゲルの中に閉じたのである。

隋は、ノドに刺さった骨というべき大義公主殺害の可能性を高めるために、見目麗《みめうるわ》しい妓女《ぎじょ》四人を都藍可汗に贈る念の入れようであった。なお、妓女を賜るのと、公主との正式な婚姻とは別物であったらしく、都藍可汗は新たな公主の降嫁を求めた。しかし、それは聞き入れられなかったばかりか、五九七年、隋は宗室の女性である安義《あんぎ》公主を、突利可汗のもとに嫁がせる。そしてことさらに突利可汗を厚遇して見せたのだが、狙いはむろん、突利可汗を都藍可汗のライバルに仕立て、両者を離間することにある。

案の定、都藍可汗は、「ワシは大可汗だぞ、それがあの染干に及ばんとは」と激怒して隋と断交。辺境を侵し始めたが、突利可汗が逐一、敵の動静をつかんで報告するので、隋は常にあらかじめ備えることができたという。

しかし、大可汗の名はダテではなかった。五九九年、西突厥の達頭可汗と連合した都藍可汗は、長城付近で突利可汗をさんざんに打ち破る。命からがら逃げ出した突利可汗は、「戦い敗れて隋に身を寄せるのでは、降伏した一兵卒も同然。大隋の天子も、ワシを礼遇するまい。今回、達頭可汗は敵方として攻めてきたが、もともと関係は悪くない。達頭を頼るにしくはない」と考えていた。

それを察知した長孫晟は、近くの砦に四つの烽火《のろし》を同時に挙げさせ、何事かといぶかる突利可汗をだまして、「我が国の規則では、敵軍の少ない時は二発、多い時は三発、多くの敵がすぐそこまで迫っている時には四発、烽火を挙げるのです」と脅かした。肝を冷やした突利可汗は、そのまま隋に身を投じ、長孫晟に伴われて長安に至り、ついに文帝と面会を果たす。

## 啓民可汗の擁立

突利可汗の予測に反して、文帝は彼を大いに厚遇する。五九九年十月、突利可汗に新たに「意利珍豆啓民可汗《いりちんとうけいみん》」（中国の言葉に訳すと才知豊かの意という）の称号を与え、居城として大《だい》利《り》城（内蒙古自治区《ないもうこじちく》ホリンゴル県）を築いてやり、配下の男女一万人とともに安置。さらに、先に嫁いだ安義公主が他界していたので、改めて宗室の娘を義城《ぎじょう》公主（義成《ぎせい》公主とも）として妻合わせたのである。

これは、ライバル都藍可汗にしてみれば、目障《めざわ》りなことこの上なく、啓民可汗への攻撃をやめようとしなかった。そこで長孫晟のアイデアで、啓民可汗とその部落は、黄河に囲まれた内側の土地、すなわちオルドス北部一帯に移住し、遊牧生活を営むことを許され、さらに隋軍が守備に当たった。至れり尽くせりである。

さて、すでに述べたように、モンゴリアと華北は、万里の長城のラインでスッパリ切り分けられるわけではなく、その間には、農業と遊牧の二つの生業の入り交じる境界地帯がベルト状に展開していた。北朝末、突厥が他鉢可汗のもとで圧倒的な優勢を誇っていた時代には、この境界地帯は突厥の影響下に入り、他鉢可汗が北斉の高紹義亡命政権を擁立し、北斉復興計画を推し進めていたことも、すでに見たとおりである。

あれから二十年、隋と突厥の立場は完全に逆転した。今度は文帝が、この境界地帯を制圧し、突厥阿史那氏の貴種たる突利可汗を、啓民可汗として擁立するに至ったのである。さらに隋には好都合なことに、直後の五九九年十二月、都藍可汗が突如、部下に殺される。そこで、西突厥の達頭可汗が歩迦《ほか》可汗と名乗り、一応、大可汗となるのだが、突厥国内は統制が取れずにガタガタとなった。

ここでふたたび長孫晟の献策により、啓民可汗の部下が各地に派遣され、突厥部落の懐柔作戦が実行に移された。同じ突厥人のいうことならばと信用されたものか、突厥から隋に降伏する者が非常に多かったという。いまや遠くモンゴリア方面にまで、隋の勢威が及びつつあった。

宰相の高熲は、莫何可汗を臣従させた段階ですでに、「黄帝《こうてい》の昔から、北方の蛮族は辺境を患わせてきましたが、いまやはるか北の海に及ぶまで、みなわが臣下といたしました。これほど盛んなことは、いにしえよりいまだ聞いたことがございません。ここに再拝して陛下のご長寿をお祈り申し上げます」と、隋の突厥に対する勝利をことほいでいた。しかし隋はそこで良しとせず、莫何可汗の息子、突利可汗改め啓民可汗を支援する形で、さらに突厥に対する影響力を強めていったのである。

## 隋軍、強さの秘密

攻める突厥に、守る隋、という立場からの逆転を象徴するのが、猛将楊素の戦いぶりである。これ以前、隋軍が突厥と戦う際には、四角く方陣を組んで守りを固めるのが常であった。ところが楊素は、「これでは守っているだけで、勝利を収めることはできない」といって、開皇十九年（五九九）に達頭可汗と対峙した際、自軍に攻撃用の騎陣を立てさせた。これを聞いた達頭可汗は喜んで、「天からワシへの贈り物ぞ」と天を仰いで感謝を捧げると、ただちに騎兵十万で攻め寄せてきた。

ところが、突厥軍を見やった陣からの降将の周羅睺は、「敵陣はまだ整っておりません。攻撃のご許可を」というや、精鋭騎兵を率いて迎え撃った。これに楊素が大軍を率いてつづいたので、突厥軍は総崩れ。達頭可汗自身が重傷を負い、死傷者も数知れず、突厥兵は泣き叫びながら撤退したという。

ちなみに、隋では隴右地方を中心に、馬・牛・羊・ラクダなどを飼育・繁殖する牧場が置かれていた。ある時、文帝が屈突通《くつとつとう》という剛毅・清廉な部下をやって監査させたところ、未登録の馬二万匹がひそかに飼育されている不正が発覚。激怒した文帝が、監督官署である太僕寺の長官以下、関係者千五百人を全員、斬刑に処そうとしたが、屈突通の必死の説得で思いとどまったという。戦力に直結する軍馬を、隋は相当数、徴発可能であったと推測される。

さて、この大敗がだいぶ薬になったようで、しばらく後に隋軍の攻勢を受けた達頭可汗改め歩迦可汗は、開戦前に「隋の将は誰か」と念のため確認したところ、斥候の騎兵が「史万歳です」と報告。重ねて「史万歳というのはあの敦煌《とんこう》の戍卒《じゅそつ》のことではないのか」と問うと、「そのとおりです」というので、歩迦可汗は恐れをなして、戦わずして退却したという。

史万歳についてもすでに触れたが、彼は隋のはじめ、謀反人《むほんにん》との関係を疑われて一兵卒に落とされ、敦煌の戍卒、つまり辺境警備の守備兵に降格されたことがあった。ところが類は友を呼ぶというのか、ここの戍卒を率いる隊長がとんでもなく強い男で、単騎で突厥領に入り込んでは羊や馬をかっさらってくるのだが、突厥の誰も手出しができないほどであった。

これほどの武辺者《ぶへんもの》の名が伝えられないのは不思議だが、えらく自信家でもあったこの隊長は、配属されてきた史万歳にも罵詈雑言《ばりぞうごん》を浴びせた。あまりのパワハラに辟易《へきえき》した史万歳は、自分も腕には覚えがあると主張。ならばと隊長が騎射をさせてみると、さすがの腕前なのだが、隊長は「小僧め、まあまあだな」と鼻で笑っている。そこで史万歳は、弓と馬を借り受けると、突厥からたくさんの家畜を奪い取ってきて見せた。すると隊長はようやく史万歳に一目置き、以後、常にそろって突厥領深く侵入したので、この最強コンビに突厥は恐れをなすようになった。

五八三年、竇栄定《とうえいてい》という将軍が、隋軍を率いてこのあたりに出征してきた際、いまこそ名誉挽回《ばんかい》の機会と思った史万歳は、竇栄定のもとに出頭。かねてその勇名を聞き及んでいた竇栄定は大いに喜ぶと、突厥に一騎打ちで勝敗を決しようと持ちかけた。これを受けた突厥から一騎が進み出るのを認めた史万歳は、馬を一蹴りして走り寄るや、あっさり首を取って引き上げたので、突厥は驚きのあまり戦わずして逃げ帰ったという。

隋の対突厥政策というと、これまでも見てきたように、公主降嫁を軸にした分断工作が挙げられる。ただ、外交なしの軍事力だけでは紛争は解決できないし、軍事力の裏付けのない外交では心もとない。突厥騎兵には一歩二歩譲るにしても、鮮卑遊牧民の流れを汲むだけあって、隋の騎兵隊はまずまずの強さであった。これに漢家《かんか》伝統の数で勝る歩兵部隊や、戦国時代の墨家《ぼくか》以来の守城戦術をミックスすることで、隋の軍隊はハイブリッドな強さを備えるに至っていたといえよう。

## 2　隋の呈した国家像

### 文帝、可汗となる

以上見てきたように、五八一年に、北周からの禅譲革命によって皇帝に即位した楊堅は、五八九年の陳平定によって新たに江南を支配下に収め、長きにわたる突厥との抗争の末、六〇〇年ごろまでには北方への覇権確立にも成功した。これはユーラシア大陸東部および周辺地域に、大きなインパクトを与えることになった。では、広大な支配領域とそこに住む多様な人々を、文帝はどのように統治しようとしたのか、この点について見ていこう。

さて、隋軍の強力なバックアップのおかげで、なんとか生き残ることのできた啓民可汗は、文帝に対して、これまでの不手際をわびつつ、感謝して次のように言上した。

> 大《だい》隋《ずい》聖《せい》人《じん》莫《ばく》縁《えん》可《か》汗《がん》が、万民を憐れみ養われることは、天が覆わないところはなく、地が載せないところはないように、あまねく行き渡っております。北方の諸部族たちもその威光と恩恵を蒙り、心の底から帰服し、みな部落をこぞって聖人可汗のもとに帰投して参りました。あるものは南下して長城の内側まで入り、あるいは少し北の白道川に住み、人や家畜が、山という山、谷という谷に満ちあふれております。わたくし染干も、ちょうど枯れ木がふたたび枝葉を生じ、死者の朽ち果てた骨にふたたび皮や肉がつくように、よみがえらせていただきました。千万年の後までも大隋のために羊や馬の管理を担いましょう。

この啓民可汗のセリフに示されているように、文帝は進退窮まった突利可汗の染干を啓民可汗として生き返らせ、逆に、「大隋聖人莫縁可汗」という称号を奉られた。これによって文帝は、大可汗である啓民可汗をも傘下に置く、いわば大可汗を超える至上の可汗の地位を手に入れたのである。皇帝が可汗の称号をもあわせ持った例としては、唐の太宗李世民が「天可汗《てんかがん》」となったことがよく知られている。文帝の可汗号の獲得は、その三十年ほど前の先蹤《せんしょう》である。ちなみに、北魏の第三代太武帝が、先祖を「可寒《かかん》」「可敦《かとん》」(可汗・可賀敦に同じ)と称しており、自身も可汗号と皇帝号を併用していたと推測されるので(佐川英治《さがわえいじ》、二〇一八、窪添慶文《くぼぞえよしふみ》、二〇二〇)、そのルーツはさらにさかのぼる。

## 海西の菩薩天子

なお、北魏の初代道武帝について、同時代のある僧侶が、「陛下は英邁にして仏の教えを好まれる。すなわちこれは当今の如来《にょらい》であらせられる。僧侶はまさに礼を尽くすべきである」といって常に礼拝する一方、「自分は天子を拝んでいるのではなく、まさに仏を拝んでいるのである」といったとされる。この発言の裏には、僧侶は帝王を礼拝すべきか否かという深刻な議論の存在がある。

六朝においては、東晋の慧遠《えおん》が論文「沙門不敬王者論《しゃもんふきょうおうじゃろん》」で、出家して俗世を離れて修行する僧侶は、俗界の王者を礼する必要はないと主張して以来、そうした考え方が優勢であった。これに対して、北朝では君主の権力が比較的強かったので、仏教界への管理・統制の度合いも深く、自然、国家仏教の色彩が濃くなった。先に見た僧侶の発言は、この二つの立場を整合しようとする理屈といえる。

そして隋の文帝もまた、「海西《かいせい》の菩薩天子《ぼさつてんし》」と尊称され（礪波護《となみまもる》、一九九九）、仏教の導入を進める倭の遣隋使派遣の動因となったことは著名な事実である。また文帝は、弥勒菩薩《みろくぼさつ》（弥勒仏）など別の尊格《そんかく》や、転輪聖王《てんりんじょうおう》（仏教における理想的な帝王）にも擬えられたらしい。

ちなみに、自身が熱心な仏教信者であった文帝、そして倭で仏教受け入れを主導した蘇我氏、『隋書』倭国伝にいう多利思比孤《たりしひこ》ないし聖徳太子《しょうとくたいし》（厩戸王《うまやとのおう》）らの脳裏には、それ以前の崇仏皇帝、特に「皇帝菩薩《こうていぼさつ》」と呼ばれた南朝梁の武帝の存在があったと考えられる。

インド伝来の仏教を、異国の教えとして排除しようとする動きは、儒教・道教サイドからしばしばなされた。如来と称えられた道武帝の孫の太武帝は、仏教を嫌う漢人貴族の崔浩《さいこう》と、道士の寇謙之《こうけんし》を信任して仏教を弾圧した。また、北周の武帝も、かなり徹底した仏教廃棄政策を断行したのは、すでに触れたとおりである。いわゆる「三武一宗の法難」の前の方二つであるが、隋の文帝はこれとはまったく逆の態度で臨んだのである。

## 楊堅の三つの顔

以上、見てきたことからわかるように、文帝こと楊堅は大きく分けて「三つの顔」を持っていた。

まず第一には、秦漢以来の最高権力者として、北周からの禅譲革命によって得た「皇帝」の顔である。やがて約三百年ぶりに中国大陸を統一した大隋皇帝となると、その顔立ちはいっそう威厳あふれるものとなった。

ついで第二には、本家遊牧帝国ともいうべき、モンゴリアの突厥を臣従させることで奉戴された「大隋聖人莫縁可汗」の顔である。北魏以降の鮮卑系諸政権、いわゆる「拓跋国家《たくばつこっか》」の一つとして隋をとらえれば（杉山正明《すぎやままさあき》、一九九七）、可汗の顔こそ、その素顔ということになろう。

そして第三には、仏教に所縁の深い楊堅に似つかわしく、国や民族の差別を越えて多くの人々にアピールする「菩薩天子」の顔である。旧南朝の地域はもとより、海を越えた倭や南海諸国にも仰ぎ見られる、如来や菩薩のごとき穏やかな表情をたたえていた。

つまり隋の楊堅は、それ以前の君主たちの試みた三つの称号＝顔を一身に兼ねることによって、伝統的な儒教に基づく一元的な支配体制だけではカバーしきれない、多元的なユーラシア大陸東部に君臨したのである。なお、「菩薩天子」とあることに加え、皇帝・可汗はともに天の子とも観念されていたので、「天子」の称号が、全体をゆるやかにまとめる共通項であったかもしれない。

楊堅の大先輩としては、二世紀半ばごろに活躍したクシャーナ朝の王で、インド・イラン・中国・ギリシア・ローマなどに由来する複数の称号を持ち、篤く仏教を信仰したカニシカ王などが挙げられよう。近いところでは、佐川英治氏（二〇二三）が指摘するように、皇帝・可汗に加えて如来と仰がれた北魏の道武帝、道教ゆかりの「太平真君」と称して君臨した太武帝以下の諸帝が、良き模範となったであろう。そして以後の中国を見ると、過大評価に警鐘が鳴らされている点に注意が必要だが（小野響、二〇二二）、唐の太宗が「天可汗」とされたことはもちろん、契丹・遼《りょう》やモンゴル・元《げん》などを経て大清帝国《だいしんていこく》にいたるまで、一人の君主が複数の顔をあわせ持つ伝統が脈々と受け継がれた。

そういう意味においていえば、隋は、漢代以来の儒教を基調とした一元的な王朝支配を超克し、その後長く受け継がれる多元的な統治のあり方を

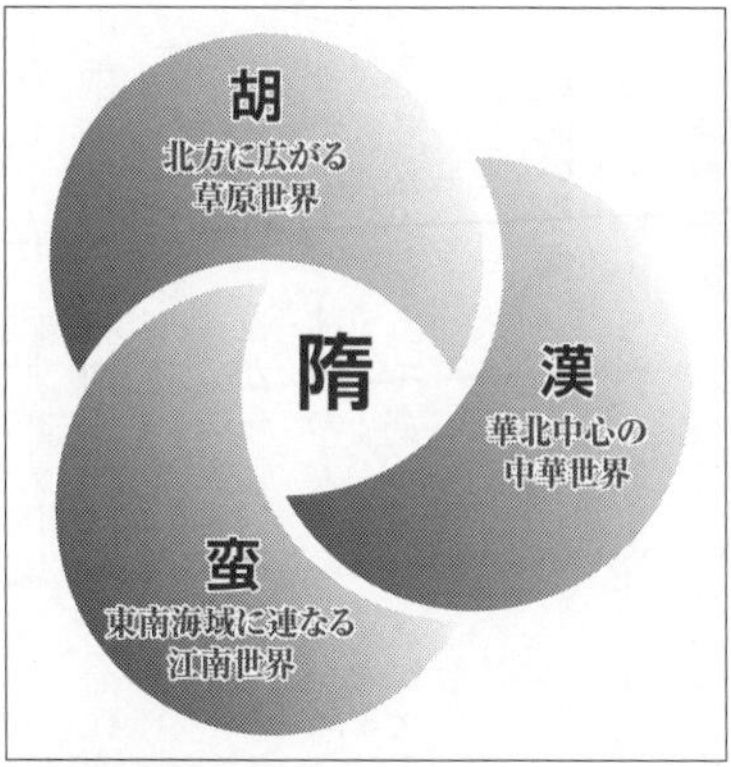


**隋の概念図**
出典：筆者作成

具体化した、画期的な国家であったといえる。隋こそは、北方に広がる草原世界、華北中心の中華世界、東南海域に連なる江南世界に発する三つのストリームを、はじめて束ねた帝国だったのである。

なお、蛇足ながら付け加えると、現在の中華人民共和国は、そのように多元的に統治されてきた広大な地域の大半を、ふたたび単一の原理で統治される国民国家に作り変えようとしているかのようであり、我々はその新たな画期の目撃者ということになる。

### 国制の整備

三つの顔のうち、最も注目され、多くの研究が積み重ねられてきたのは、皇帝の顔であろう。開皇元年（五八一）二月甲子（十四日）、文帝は禅譲革命の手続きを経て皇帝に即位すると、関係官署に命じて長安の南郊《なんこう》で天を祀《まつ》らせ、宗廟《そうびょう》で先祖に即位を報告し、大赦《たいしゃ》・改元（大定《だいてい》から開皇へ）して新王朝の幕開けを宣言した。なお、宗廟とあわせて社稷《しゃしょく》も修築しているが、社とは土地の神、稷とは穀物の神で、王朝が存続するうちはその祭祀が継続し、王朝滅亡とともに祭祀も絶えることから、転じて国家を意味する。

その社稷を隋によって滅ぼされた北周最後の静帝は、介国公の地位と隋の賓客の待遇を与えられるが、わずか三ヶ月後には亡き者とされ、一族の者がその地位を相続した。このように、新王朝が前二代（隋の場合は北魏〔西魏〕と北周）の王室の子孫を礼遇して見せることを「二王《におう》の後《のち》を存す」といい、彼らは旧王朝のしきたりを維持することが許された。具体的には、「正朔《せいさく》」と呼ばれる国家公認の暦《こよみ》や、衣服や乗り物に用いる色、そして儀礼およびその場で演奏される音楽（雅楽《ががく》）などである。ちなみに、陰陽《いんよう》五行説《ごぎょうせつ》では、北周は木徳《もくとく》を標榜し、青色を尊んだ。

逆に新王朝はこれらをみな更新するのであるが、隋は、開皇元年四月に北周の太常散楽《たいじょうさんがく》（音楽担当部署）の要員にヒマを出し（のちに整備・拡充）、同六月に火徳《かとく》を採用してシンボルカラーを赤とし、少し遅れて開皇四年（五八四）正月には新しい暦を導入し、その後も随時、改訂を加えている。

以上のような礼制上の一連の手続きは、国家体制の確立において非常に重要な意義を持つ。これは前漢末以来、皇帝支配のイデオロギーとなった儒教に則ったものであり、隋に限らず、その後の諸王朝でも繰り返し参照し、継承されることになる。渡辺信一郎《わたなべしんいちろう》氏（二〇一九）のいう「伝統中国における古典的国制」である。

もちろん、どの王朝も焼き直しに過ぎないということではない。真上からは同じ円のように見えても、横から見ればらせん状の物体と同じく、人や社会の変化につれて、時代時代で特色を見せつつ、発展をつづけていたのである。

なお、「開皇」という元号は道教にゆかりがあるというし、文帝は名儒《めいじゅ》を招いたり、儒教の学校を訪問したりと、道教・儒教への目配りも欠かさなかった。詳しく述べる余裕はないが、短いながらも隋によって実現した統一と平和のもとで、様々な文化・芸術、あるいは科学技術にも発展が見られた。前代以来のそれらの消長は、各分野の典籍を経《けい》・史《し》・子《し》・集《しゅう》の四部に分類・著録した図書目録である『隋書』巻三十二〜三十五、経籍志《けいせきし》からもうかがうことができる。

## 仏教治国の理想

さて、秦漢とは決定的に異なる隋の特徴はといえば、なんといっても仏教の存在が挙げられる。開皇年間初頭から「重興仏法」を推し進めた文帝の治世二十四年間で、一説によれば、得度《とくど》した僧尼《そうに》二十三万、創建された寺三千七百九十二、写経四十六蔵十三万二千八十六巻、修復した経三千八百五十三部、大小の仏像を造ること十万六千五百八十体、修復した仏像百五十万八千九百四十体余りを数えたという。大興城靖善坊（坊は街区一ブロック）をそっくり寺域とする大興善寺や、文帝ゆかりの各州に建立され、日本における国分寺の起源となったという大興国寺の建立など、北周武帝の廃仏によるダメージから回復するにとどまらず、仏教の隆盛する様が目に浮かぼう。

これほどの大事業は、上からの強制のみではなし得ない。下からの盛り上がる宗教的エネルギーがあってこそ可能となる。北朝期には造像《ぞうぞう》、すなわち仏像を造る行為が大流行し、前掲の数字を信じれば、百万単位で数えるほどであった。

石製・金銅《こんどう》製の仏像の造立に際して、経緯などを彫り込んだ銘文のことを、造像銘・造像記と呼ぶ。隋代に関わるものだけでも数百件が知られるが、そのうちの一つに、開皇五年（五八五）八月十五日作の「隋重建七帝寺記《ずいじゅうこんしちていじき》」（別名「恵鬱《えうつ》造像記」）がある。そこには、北周武帝の廃仏でこぼたれた定州の七帝寺の再建において、同寺の恵鬱ら僧侶が発起人となり、定州界隈の政府関係者の協賛を得つつ、ここが本籍地に当たる名門博陵崔《はくりょうさい》氏の崔子石と、定州在住のソグド人集落を統轄する薩甫府《さつほふ》の役職についていたソグド人何永康《かえいこう》の二人が多額の布施《ふせ》を行ったことが記されており、地元有力者の助力が大きかったことがわかる。一方で、おそらく千人単位で同地に駐屯していた開府府《かいふふ》・儀同府《ぎどうふ》の軍人・兵士たちにも呼びかけがなされた。さらに胡人・漢人の男女の邑義《ゆうぎ》（在地の仏教信仰グループ）千五百人が力を合わせて、同事業が成し遂げられたことも書かれており、官民挙げて寺の復興にいそしんだ様子を彷彿とさせる。

文帝は、晩年にかけて仏教への傾斜をぐっと強めていく。その行き着いたところ、仁寿《じんじゅ》元年（六〇一）六月十三日、文帝還暦の誕生日には、国子学《こくしがく》の学生七十名ばかりを除き、それより格下の太学《たいがく》・四門学《しもんがく》・州県学という儒教の公立系学校の廃止を命じる一方、同日、仏舎《ぶっしゃ》利《り》を収めた容器を諸州に頒布する一大奉仏事業の実施を宣言。以後二回にわたり、全国百十余所に舎利を奉送し、舎利塔を建立するに至った。

文帝が「菩薩天子」の顔を前面に押し出したのはなぜか。それは上に見た造像記の内容によく表れているように、貴賤・貧富・出身を問わずに人々を巻き込んでいく仏教の包容力を、国づくりに活かそうと考えたからにほかならない。ただし、皇帝が宗教を統治に利用した、というのとはいささか趣《おもむき》が異なる。文帝は開皇五年に大興殿《だいこうでん》（宮城の中枢施設、のちの太極《たいきょく》殿《でん》）において、『衆経目録《しゅうきょうもくろく》』の選述で知られる法経《ほうきょう》から菩薩戒《ぼさつかい》（菩薩が受持すべき戒）を受け、翌年には同じ大興殿の御座に、長安・延興寺《えんこうじ》の曇延《どんえん》をのぼらせ、群臣とともに北面して臣下の礼をとり、八関斎戒《はちかんさいかい》（不殺生など八つの戒）を授けられたという。藤善眞澄《ふじよしますみ》氏（二〇〇四）がいうように、これは教皇から王冠を授けられたヨーロッパの君主さながらで、一時的にしても、仏教的権威が皇帝の権威を凌駕しているように見える。

皇帝が支配する世界にせよ、可汗が支配する世界にせよ、複数の異なる世界をそのまま一つの世界に包み込み、多元的なありさまを許容して対立を乗り越える仏教の知恵。文帝はそこに期待して、仏教を基軸として天下を治める理想を抱いたのではないか。その点では、開皇十一年（五九一）に天台宗《てんだいしゅう》の開祖の智顗《ちぎ》から、菩薩戒と戒名「総持《そうじ》（悪を捨て善を持すの意)」を受けて仏教に帰依したものの、即位後は最高権力者たる皇帝として、「菩薩戒弟子皇帝楊総持」の自称とは裏腹な振る舞いが目立つようになった煬帝は、父文帝とは似て非なる道をたどったといえよう。

## 復古と革新

隋代の仏教については、末法《まっぽう》思想に対応した新しい教えである信行《しんぎょう》の三階《さんがいきょう》教や道綽《どうしゃく》の浄土教など宗派の成立や、静琬《じょうえん》の発願による房山石経《ぼうざんせききょう》事業（北京市南西郊の房山で仏典を石に刻んだ刻経事業）の開始など、触れるべき点は多いがここまでとし、その他の諸制度改革について見ていこう。

北周の大定元年（五八一）二月二日、すなわち皇帝即位の二週間弱前に、楊堅は一つの命令を下している。「已前《いぜん》の賜姓は、皆《み》な其の旧に復せ」、つまりみんな旧姓を名乗れというのである。なぜ、わざわざそんな命令を出したのか。それが隋の出身母体となった西魏・北周のいささか特殊な「賜姓」政策と関わることは、すでに述べたとおりである。

楊堅には、名前という大多数の人間が関わる部分に手を入れることで、古い体制との訣別、新王朝の誕生を広くアピールする狙いがあったものと思われる。こうして普六茹堅改め楊堅となった男は、皇帝即位の当日、次なる命令を下す。「周氏の官儀《かんぎ》を易《か》え、漢・魏の旧に依る」、つまり王朝の表看板ともいうべき中央官制を、北周の六官制から、いにしえの漢代や魏晋のそれへと改めるというのである。

それが北魏・北斉を介して、隋が継承・整備したとされる官制である。具体的には、尚《しょう》書《しょ》省（長官は尚書令《れい》、担当は行政全般）・門下《もんか》省（納言《のうげん》、顧問対応）・内史《ないし》省（内史令、詔勅起草）・秘書省（秘書監、書籍管理）・内侍《ないじ》省（内侍、宦官《かんがん》組織）の各省があった。尚書省の下には、吏（人事）・礼（文教）・兵（軍事）・都官《とかん》（司法、のち刑部に改称）・度支《たくし》（財政、のち民部に改称）・工（土木）の六部を置いて行政を担わせた。それぞれの長官は尚書、次官は侍郎《じろう》という。加えて、御史台《ぎょしだい》（御史大夫《ぎょしたいふ》、官吏監察）・都水台《とすいだい》（都水使者、河川管理）の二台、太常《たいじょう》（祭祀）・光禄《こうろく》（食膳）・衛尉《えいい》（儀仗《ぎじょう》）・宗正《そうせい》（皇族）・太僕《たいぼく》（車馬）・大理《だいり》（裁判）・鴻臚《こうろ》（外務）・司農《しのう》（農政）・太府《たいふ》（財貨）の九寺《きゅうじ》（長官の卿《けい》、次官の少卿《しょうけい》以下で各種実務を担当）などがあり、さらに中央軍統轄組織として左右衛《さゆうえい》以下の十二衛《じゅうにえい》が置かれた。

以上に示した文帝期の官制は、革新という名の復古、あるいは復古に託した革新の狭間に、新たに築かれたように見える。ただし実際には、北周の六官制の要素も多分にとどめていたとされる（辻正博《つじまさひろ》、二〇二二）。なお、これに煬帝があちこち手を加え、さらに唐に至って再整備されたのが、教科書などでもおなじみの三省六部《さんしょうりくぶ》を中核とする体制となる。

## 新都・大興城の造営

質素倹約を旨とした文帝楊堅であるが、建国早々に大事業に着手している。すなわち、北周の都だった長安にかわる新都・大興城の造営である。東西約九千七百メートル、南北約八千六百メートルの規模を誇り、天円地方《てんえんちほう》の宇宙の秩序を象《かたど》り、世を統べる王権の正統性を主張する壮大な都城プラン。ここが世界の中心であることを証明すべく、相互に密接に関連しながら機能する様々な舞台装置。なかでも、宮殿から延びる中軸線を挟んで左右対称をなす碁盤状の町割が、そっくり唐の長安城へ、そして日本の平城京などにも受け継がれたことは、よく知られるとおりである。

ただ、それほどの建造物にしては、開皇二年（五八二）六月の着工、翌三年三月の入城とあって、工期が短く慌ただしい。この時は基礎工事のみであったからだともいうが、それにしても突貫工事にせざるを得ない事情があったものと考えられる。

その点、漢長安城を受け継ぐ北周長安城の地勢が卑湿であるとか、何かと手狭であるといった環境・設備に関わる問題は、急ぐ理由としては弱いであろう。ましてや史料に見える、文帝が洪水で長安城が水没する夢を見て嫌気がさしたとか、「鬼妖《きよう》」、つまりお化けがよく出るのを楊堅が恐れたというのも、北周宇文氏を殺戮《さつりく》した悪業の深さからすれば当然の心理にしても、あわてて遷都するほどの理由にはなるまい。

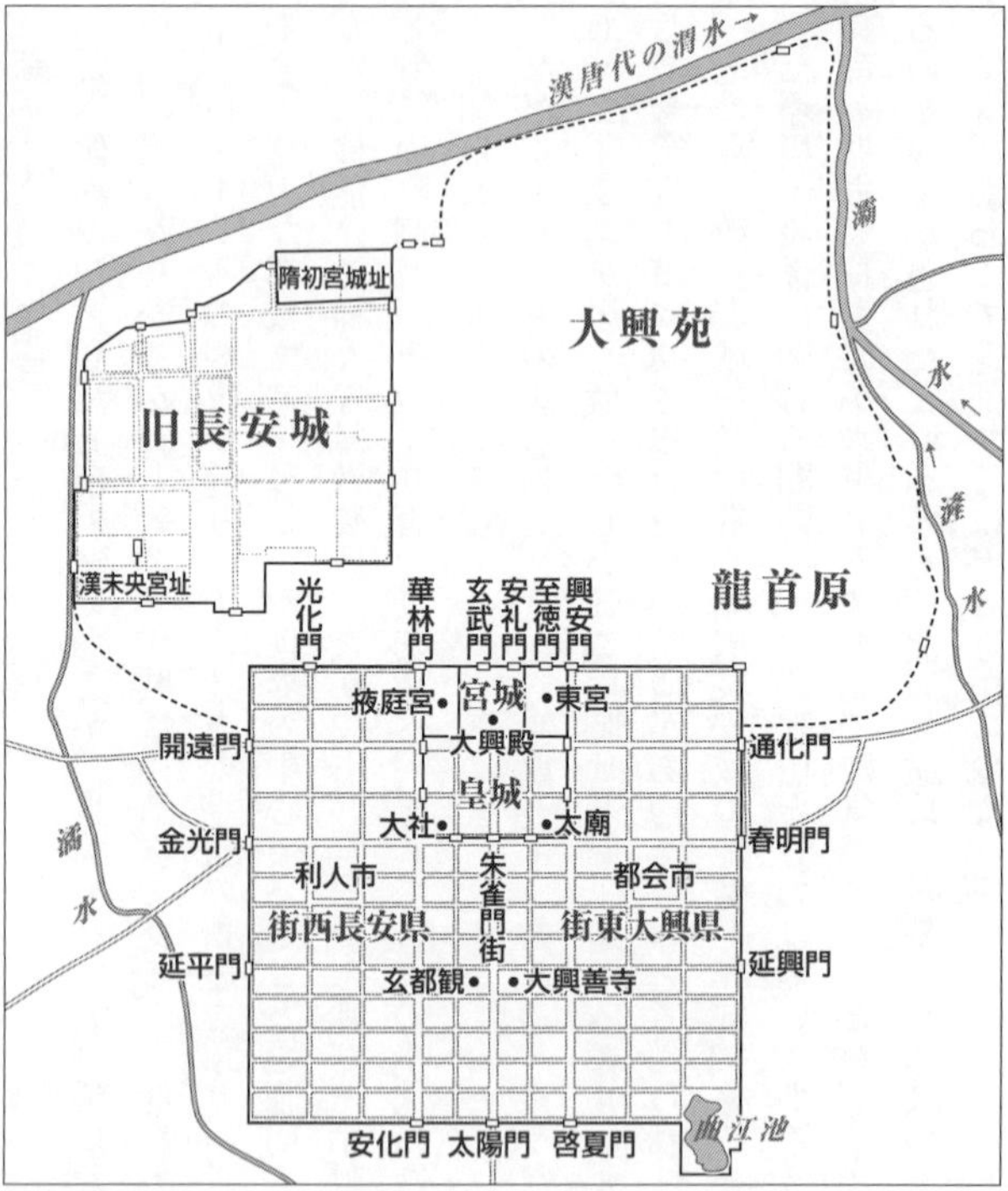


大興城図

出典：妹尾達彦「長安七五一年――ユーラシアの変貌」（三浦徹編『歴史の転換期３　750年　普遍世界の鼎立』山川出版社、2020年）、205頁、「隋大興城の都市プラン（６世紀末）」をもとに作成

するとクローズアップされるのは、建国当初から隋が直面していた突厥との激闘である。文帝は、急ピッチで大興城の工事を進めて防衛力の強化を図るとともに（妹尾達彦《せおたつひこ》、二〇〇一）、不退転の決意を示そうとしたのではないか。事実、突厥の大侵攻を受けても、文帝は新都に腰を据えて動じなかった。そして、開皇三年には離間策によって突厥を東西に分裂させ、翌四年には優勢を確保することに成功しているのである。

## 関中本位政策の推進

文帝は、開皇六年・同七年とつづけて、十万単位の成年男性（丁男《ていだん》）を徴発し、黄河の大屈曲部に当たるオルドス全体を南北に分割するように、新たに長城を建設させている。おおむね北は長城を境とし、南は秦嶺の山並みに挟まれ、東は函谷関《かんこくかん》を、西は散関《さんかん》を固めとする地域を「関中」というが、文帝はこの地を隋王朝の根幹の地と定めた。このような基本方針を、「関中本位政策《かんちゅうほんい》」（陳寅恪、一九四三）と呼ぶ。

そして、関中に西隣の隴右を加えた関隴地方が西魏以来の領土であり、自然、同地域の出身者が、武川鎮など北鎮の出身者とともに、西魏・北周・隋・唐代前半期の支配階層を形成したことから、学界ではこれを「関隴集団《かんろうしゅうだん》」（同前）と呼びならわしている。例えば、周隋革命においてよく楊堅をサポートし、その功で隋初に内史令となり、官界の最上層にあった李徳林《りとくりん》という人物がいる。開皇十年、李徳林は郷里制《きょうりせい》（複数世帯をグループ化した民衆統治上の末端組織）の改革に反対意見を述べたことから、文帝の勘気を蒙って左遷されてしまうのだが、その背景には、彼が旧北斉出身のよそ者で、関隴集団のオリジナルメンバーではなかったことが想定される。

もっとも、李徳林が宰相格に抜擢されている時点で、関隴集団でなければ絶対に出世できなかったわけではないことは明らかである。また、関隴集団といってもいろいろである。例えば、文帝期のトップ4「四貴《しき》」には、楊雄《ようゆう》・高熲・虞慶則《ぐけいそく》・蘇威が挙げられる。楊雄は楊堅の遠縁、高熲は楊堅の腹心中の腹心（次章参照）、蘇威は西魏の宇文泰のブレーン・蘇綽《そしゃく》の子である。後述する隋代の税負担に絡めていえば、財政逼迫《ひっぱく》から西魏で重税政策を実施せざるを得なかった蘇綽が、「これでは張りつめた弓のようで、平時のやり方ではない。のちの君子の誰が、ゆるめることができるだろうか」というのを聞いていた蘇威は、それを自分の役目として減税推進の立場を取り、楊堅の信任を得たという。蘇威は、関隴集団の代表格である。

彼らとはかなり毛色が違うのが虞慶則で、身長二メートルの巨体、鮮卑語が達者で、左右自在に騎射することができた武人タイプである。班超《はんちょう》（後漢時代の西域都護《さいいきとご》、「虎穴に入らずんば虎子を得ず」で有名）を敬慕していたというように、隋初、突厥への使節団代表となり、突厥に臣下の礼を取らせるのに功績があった。

彼の人物像に関して気になるのが、この時、沙鉢略可汗・摂図が従妹（いとこの女性）を妻合わせていること。そして、虞慶則は本姓を「魚」といったが、隋代に活躍したソグド人として知られる虞弘の本姓も「魚」であったことである。つまり、文帝期指折りの権臣・虞慶則は、突厥人女性を娶っても違和感がない、西域にルーツを持つ人物だった可能性が浮かび上がる。一見漢人風だが実は、というケースはほかにもまま見られるが、なかなか正体をつかませないところが、逆に興味深くもある。

## 三位一体の理想

関中は内陸の北寄りに位置しており、比較的乾燥しているため、必ずしも農業生産力に恵まれた場所ではない。開皇四年（五八四）、文帝は黄河から大興城まで、漢代の旧渠を改修しつつ、渭水に沿って全長約百五十キロの運河・広通渠《こうつうきょ》（富民渠《ふみんきょ》とも）を開かせている。それは、農業生産力の高い黄河中・下流域からの食糧供給を確保し、首都周辺の人口を支えるための措置であった。また開皇五年五月には救荒対策として、食糧を備蓄するための義倉《ぎそう》の設置も命じている。

しかし、開皇六年八月には、関中の七つの州でひでりの害が発生して税が免除されているし、開皇十四年の八月にはもっとひどいひでりで饑饉が発生。この時は文帝がゾロゾロみんなを引き連れて、食糧の豊かな洛陽まで避難することになった。これを食に就く「就食《しゅうしょく》」といい、同じく関中に都を置いた唐前半期にも見られる現象である。翌開皇十五年六月に、暗礁が多くて舟運の妨げとなっていた黄河の難所である砥柱《しちゅう》の開削《かいさく》を命じているのは、輸送力アップが待ったなしであったことを示している。ちなみに、前述の就食の際、倉庫には穀物が唸っているのに文帝が民に配給しなかったという批判的文脈においてであり、誇張が過ぎるが、文帝末年時点で隋の貯蓄は、五十〜六十年も持つほどであったという（『貞観政要』巻八、弁興亡 第三十四）。

なお、当時の土地・農業政策の柱は、民に一定面積の土地を割り当てて耕作させる均田制《きんでんせい》で、その生産物から一定量を納入させる税制の柱が租庸調制《そようちょうせい》であり、軍役に従事すれば税が免除される仕組みの軍制の柱が府兵制《ふへいせい》であったとされる。隋唐の支配体制の基幹には、この三位一体《さんみいったい》の制度を置いて理解するのが一般的である。

ただし、広く多様な支配領域の全土で、これらの制度を一律に実施することなどとうてい不可能で、理想と現実に大きなギャップがあったと考えることもまた、常識に属するといってよい。そもそも唐代、ましてや隋におけるこれらの制度の実施状況を伝える史料は非常に乏しいのであるが、わずかな手がかりをもとに、隋代の制度の実態について確認しておこう。

## 三位一体の現実

開皇年間のはじめごろ、戸籍に登録される戸数が増加したため、民に支給すべき土地が足りなくなった。そこで功臣に賜った土地を召し上げて充当する案が出たが、反発を食らってボツになったとの史料がある。これによれば、おそらく関中およびその周辺では、確かに均田制は実施されていたが、規定どおりに運用することは、当初から困難であった実情が明らかとなる。みやこ周辺の広大な土地が、官人個々に支給される官人永業田《かんじんえいぎょうでん》、官職に対して支給される職分田《しょくぶんでん》、役所の経費をまかなうために支給される公廨田《こうかいでん》などとして、有力者層の占有するところとなり、こうした給田の仕組みの全体の中では、一般人民は必ずしも優先的な支給対象とされなかったようである。

税負担については、開皇十年（五九〇）に軽減が図られた。具体的には、百姓《ひゃくせい》（戸籍を持ち税を納める民）のうち、五十歳以上の男性は正役《せいえき》にかえて庸を納入させ、防人の兵役を停止することが定められた。正役（歳役《さいえき》とも）とは、年に二十日間の肉体労働の役務《えきむ》で、そのかわりに納められる絹や麻の布を庸という。実労働（役）から物納（庸）への変更が減税になるということは、肉体的・時間的拘束を受ける前者の方が、後者よりも実質的な負担が重かったことをうかがわせる。

## 隋代の給田と税負担

| 給田規定 | 丁男（成年男性） | 婦人（既婚女性） | 奴婢 | 部曲・客女（奴婢より上級の私賤民） |
|---|---|---|---|---|
| 露田　※要返還 | 80畝 | 40畝 | 良人に準ず | 良人に準ず |
| 永業田（世業田） | 20畝 | — | — | — |
| 園宅地 | 3人で1畝 | | 5人で1畝 | 奴婢に準ず？ |

→のちに、婦人および奴婢・部曲への給田を廃止、土地を支給されない者は租調免除
＝給田額（少ないと20畝程度）にかかわらず納税義務あり

| 税（物納） | 一牀（夫婦） | | 単丁（独身の丁男） | 僕隷（奴婢と部曲・客女） | |
|---|---|---|---|---|---|
| 租（穀物） | 粟3石 | | 夫婦の半額 | 夫婦の半額 | |
| 調（織物・繊維） | （桑生育地）絹絁1疋＋綿3両 | | 同上 | 同上 | |
| | （麻生育地）麻布1端＋麻3斤 | | | | |
| 減税改革後 | 丁男（既婚） | 婦人 | 単丁 | 奴婢 | 部曲・客女 |
| 租 | 粟2石 | — | 丁男に同じ | — | — |
| 調 | 絹絁・麻布半減 | — | 同上 | — | — |

→有品爵者・孝子・順孫・義夫・節婦は課（租調）と下記の役も免除

| 役（肉体労働） | | 丁男 | 婦人 | 僕隷 | 丁男50歳以上 |
|---|---|---|---|---|---|
| 徭役 | 正役（歳役） | 12交代制＝年30日→年20日に減 | 一部負担 | — | 丁男に同じ（60歳以上の老男は負担なし）→正役に代えて庸（1日絹3尺＝麻3.75尺相当?）を納め、防人は停止 |
| | 雑徭 | 年40日未満? | | | |
| 兵役 | 防人など | 1年交代? | — | — | |

※『隋書』巻24食貨志に記載されている内容に一部推測を交えて掲示した。
隋代の単位：1畝＝約7.5a、1石＝約60ℓ、1尺＝約30cm、1疋（匹）＝40尺、1端＝1疋×1.25
1両＝約42g、1斤＝約669g

ただし、これは五十歳以上の年配者への優遇措置であって、壮年男子は実際に労働に従事するのが基本であっただろう。つまり隋代成年男性の負担は、現物で納める租（穀物）と調（絹や麻）に、肉体労働の役を加えた三本立ての「租調役《そちょうえき》」であった。ちなみに、唐代後半期には役を庸で代納するのが一般的となるので、「租調庸」の順番で表記するのも自然である。ちなみに、昭和生まれの日本人にはなじみの深い「租庸調」は、後世の史料に登場する表記を不用意に踏襲したもので、使われなくなってきている。

なお、隋代の農民は様々な肉体労働を課されていたが、命の危険もあるということで、忌避する傾向も強かったと推測されるのが兵役《へいえき》である。兵役の一つである前述の防人、すなわち辺境警備の兵士については、陳との国境付近などに派遣され、交代で警戒任務に当たるものであった（第2章参照）。開皇十年に五十歳以上の者が防人の任務を免除してもらえたのは、前年に陳が滅んで戦線が消滅し、兵力の削減が可能となったからである。

## 戦士たちの帰郷

防人は、基本的には守備専門の兵士である。平陳の名将である賀若弼が、これら防人の交代をダシに陳軍を油断させたこともすでに見たが、賀若弼が率いた長江渡河作戦の主力は、別に存在していた。それが西魏・北周以来の中央直属軍たる二十四軍であり、実働部隊としては、二十四軍隷下の開府府（驃騎府《ひょうきふ》）・儀同府（車騎府《しゃきふ》）と呼ばれる軍府のうち、呉州総管・行軍総管たる賀若弼の指揮下に置かれた軍府に所属する兵士たちであった。彼らもまた、平陳戦の終結によって、長い分裂抗争に終止符が打たれたことで、一つの転機を迎える。その内容を示すのが、開皇十年（五九〇）五月に発せられた兵制改革の詔であった。

北魏末の動乱よりこのかた、天下はバラバラとなり、民の押す荷車は毎年引きも切らず、いまなお休息するいとまがない。兵士や軍人は、あちこちに駐屯して、南へ北へと従軍しており、住まいが定まることはない。家の垣根はボロボロで、桑の木が根を張ることもなく、彼らは常にさすらい人となり、ついに故郷と呼べる地を失ってしまった。朕は非常にこれを不憫に思う。そこで、これらの軍人はみな州県に所属させ、土地や戸籍はすべて民と同じとせよ。軍府の統率を受けることは、旧来どおりとする。山東・河南および北方辺境の地に新たに設置していた軍府は廃止する。

この詔からうかがわれるように、開皇十年以前の主力軍の兵士は、故郷を離れて各地を転戦しつづける職業軍人であった。陳の平定によって戦乱も一段落するので、彼らを州県の戸籍に登録して土地を支給し、一般農民と同じ立場に置こうというのである。しかしながら、ここにもやはり、理想と現実のギャップがあることに留意する必要がある。

というのも、これらの職業軍人は、西魏以来の本拠地である関中の出身者が多かった。彼らは長年行動をともにした軍府の指揮官や戦友たちと一緒に、故郷の関中に帰還したと思われる。彼らは州県の戸籍に編入されたであろうが、前述のとおり、隋初から耕地が不足しており、一般農民にも十分な土地を支給できていなかった。「土地や戸籍はすべて民と同じ」というのは、実現困難であったに違いない。

しかも彼らは、これまで同様に「軍府の統率を受ける」べく定められており、軍務から解放されることはなかった。一方で、詔の末尾にあるように、山東《さんとう》（山西・河北両省の境界をなす太行《たいこう》山脈以東の地域）・河南（洛陽を中心に黄河と淮河に挟まれた地域）および北方辺境の地に新たに設置していた軍府は廃止されたので、こちらの軍府に所属していた軍人は、退役《たいえき》・除隊《じょたい》を認められたようである。人口密度の低い地域であれば、生活保障としての給田《きゅうでん》も比較的よく行われたかもしれない。以上を全体としてみると、軍府兵力の関中への集中が図られているわけであるが、これは前述した関中本位政策と軌を一にし、根拠地たる関中に集中させた軍事力を以て地方を圧倒する、いわゆる「強幹弱枝《きょうかんじゃくし》」による軍事の中央集権化なのである。

彼ら軍府の統率を受ける兵士たち、いわば「府兵」が軍務を担うから、このような制度を

「府兵制」と呼びならわしてきた。上に見たように、軍府は関中に集中的に配置されていたので、「府兵制」も関中中心に実施された制度ということになる。一方で、軍府の置かれていない多数の州県の民が、「府兵制」と直接関わることはなかった。

従来、西魏・北周・隋・唐時代の兵制といえば「府兵制」で、「府兵」が首都の警備・防人としての辺境守備から外征まで、あらゆる軍事を一手に担ったものと漠然と想像されてきた。しかしそれは誤解であるばかりか、そもそも「府兵制」という用語自体が同時代の用語ではなく、宋代以降に普及したものに過ぎない（拙著、二〇二一）。

以上を要するに、隋の軍事力は大きく分ければ二つ、軍府に所属する専門的な性格を持つ兵士と、辺境防備の防人や臨時の外征の際に民衆から徴発される兵士によって分担されていたのである。なお、隋代には繰り返し「刀狩り」のようなことが行われ、一般民衆の武器所有は禁じられていた。一方、軍府所属の兵士は武器の携行が許可されており、そこには「兵民分離」的あり方を見出すことができる（氣賀澤保規《けがさわやすのり》、一九九九）。

## 科挙の創設

租調役の制度から明らかなように、隋代は現物経済がまだまだ優勢の時代であった。開皇元年（五八一）九月に、漢代以来の五銖銭《ごしゅせん》が改鋳され、その後、親王《しんのう》が務める地方総管府にも鋳銭権を認めるなどして普及が図られているが、流通量などの実態はよくわからない。中国では、農本主義《のうほん》的価値観から、商工業に対しては元来、抑圧的な部分があり、商工業者の身分は一段低く見られ、開皇十六年（五九六）六月には、官界への道が閉ざされている。

ここからもうかがわれるように、前代以来、官員として統治に参画する「士《し》」と、統治の対象となる「庶《しょ》」の間には大きな隔たりがあった。さらにその下に、官有・私有の奴婢や部《ぶ》曲《きょく》・客女《きゃくじょ》（奴婢より上級の男女の私賤民）などの賤民を位置づける厳格な身分制が、支配体制の根幹に据えられていた。「士」たることを認められたのは、南北朝時代までは家柄を誇る貴族や有力な豪族たちに限定されていた。

これに一石を投じた隋代の新たな試みが、のちの中国社会で圧倒的な影響力を振るうことになる。すなわち「科挙《かきょ》」の創設である。当時はまだ科挙とは呼ばれていないが、開皇七年正月に、各州に命じて毎年、優秀な人物三名を推薦させることとした。ついで開皇十八年七月に、「京官五品已上、総管・刺史に詔して、志行修謹・清平幹済の二科を以て人を挙げし」めたあたりが、そのはじまりと考えられている。ちなみに、ルーツをさらにさかのぼれば、学問を奨励して試験を課し、成績優秀者から任官させた南朝梁の武帝に至るとされる。

また文帝は、「十羊九牧《じゅうようきゅうぼく》」（羊十四に牧者が九人）と表現された地方行政組織の異常な細分化を是正すべく、開皇三年（五八三）十一月に郡を廃止して、州郡県の三級制を州県の二級制にスリムアップ。開皇十五年（五九五）には、郷官《きょうかん》と呼ばれる地方行政組織の冗員に大ナタを振るい、地方長官の手から属僚の任命権を奪って中央直任とするなど、地方行政改革にも熱心であった。こうして人員・コストを削減し、かつ魏晋以来、貴族政治を支えてきた九品官人法《きゅうひんかんじんほう》（地方の中正官《ちゅうせいかん》が任官希望者を九ランクに分け、政府がその格付けに基づいて官職を授ける制度）を廃し、のちの科挙につながる制度を始めて、人材登用に新たな道を拓《ひら》いた文帝の業績は特筆に値する。なお、中央集権を強力に推進する一方で、複数の州の軍民両政を統轄する、地方の総管府を整理・存続させたことは、地方分権とのバランスの妙であろう。

隋文帝期の官職は大きく分けて三つ、特定の職務を持つ「職事官《しょくじかん》」、実務を伴わずに位階を示す「散官《さんかん》」、そして現役武官の職名から勲章的肩書きに変化した「散実官《さんじつかん》」があり、そのランクは正一品《せいいっぴん》から従九品《じゅうきゅうひん》に至る「品《ひん》」で示された。隋代に科挙で登用され官職を授けられた人数は本当に微々たるもので、家柄や恩蔭《おんいん》、つまり親の七光りや、あるいは戦功で立身出世する者の方がずっと多かった。隋代前半期には、州の長官である刺史には武将が多く任じられており、目に一丁字《いっていじ》もない八十過ぎの武人が州刺史に任じられることになり、さすがにそれはないでしょうと反対の声が上がって、取り消されたことがあったほどである。必要以上に「武」をさげすむこの手の言説を鵜呑《うの》みにすると、「文」に肩入れしがちな中国史料のワナにはまる恐れはあるが、いずれにせよ、科挙官僚制の成熟には、なお百年単位の時間を要したのである。

## 法式備われる国

以上、隋代の制度についてごく基本的なところだけ確認してきた。均田制については田令《でんれい》に、租調役については賦役令《ふえきれい》に、軍隊の運営・管理については軍防令《ぐんぼうれい》に、といった具合で、行政規則は「令《れい》」によってほぼ網羅されていた。そして、もろもろの法令違反があった場合には、「律《りつ》」（刑法）に基づいて罰せられたが、開皇年間前半には、補足規定の「格《かく》」、施行細則の「式《しき》」も姿を現してきて、本格的に律令制が整備されるに至った。

唐代の律は『唐律疏議《とうりつそぎ》』（律の条文とその注釈）の形で現代に伝わっており、散逸してしまった唐令の姿も、碩学《せきがく》・泰斗《たいと》の長年の研究によってうかがい知ることができる。失われた文帝の開皇律令《かいこうりつりょう》と煬帝の大業律令《たいぎょうりつりょう》がどのような内容のものであったかは、推測によらざるを得ない部分が多いが、唐のそれに見ることができるような、一個の整然とした体系が組み上がっていたのは間違いない。

本章では、現実とのギャップをあれこれ詮索したが、そのような齟齬が生じることも織り込み済みとして、巧妙に組み合わされた法体系の全体を提示すること自体に、大きな意味があったと考えられる。この記念碑的な大事業によって、長い分裂抗争に終止符を打ち、数百年ぶりの統一に成功した隋の誕生を、天下と後世にアピールすることができるからである。

なお、隋の律令制の中には、直接の母胎となった西魏・北周、これと敵対していた東魏・北斉、そして南朝の梁や陳の制度も流れ込んでいた。したがって、激しい移動と交流がつづいた南北朝期の国際社会で練り上げられた仕組みの集大成ともいえる隋唐の律令制は、自然、普遍的な性質を持つ。とすれば、背景を異にする外国の社会に持ち込まれたとしても、適用可能な部分が少なくなかったはずである。遣隋使・遣唐使として三度、大陸に渡った薬師恵日《くすしのえにち》は、「其の大唐国《かのもろこしのくに》は、法式備《のりそな》わり定《さだ》まれる珍《たから》の国なり。常に達《かよ》うべし」(『日本書紀』巻二十二、推古《すいこ》天皇三十一年(六二三)条)という言葉を残している。これは過大評価ではなく、彼の実感であったと思われる。

ただし、薬師恵日は六〇八年に小野妹子《おののいもこ》らと隋に渡り、六一八年の隋唐交代を目撃し、六二三年に帰国した際にこう発言したとされるのだが、滞在期間の後半は隋末唐初の乱がたけなわであったし、唐代最初の武徳律令《ぶとくりつりょう》が成立したのは翌六二四年のことであった。とすれば、薬師恵日に「法式備わり定まれる珍の国」との印象を与えたのは、実際には「大唐国」ではなく、煬帝期の隋であったと考えられる。本章で概観した文帝期の諸制度を、煬帝は積極的に改革して独自色を打ち出していくのであるが、つづく第4章では、煬帝が第二代皇帝となる経緯・背景についてみておきたい。

# 第4章　楊家の一族とその相関図

## 1　楊家の家系と家風

前章までに、隋がユーラシア大陸東部地域で支配を拡大する様子を見てきた。そこで浮かび上がってきたのは、文帝楊堅が備えた「皇帝」「可汗」「菩薩」という三つの顔に基づく、多元的な統治体制であった。ところで、ここでもう一つ、検討しておくべき側面がある。すなわち、皇帝家《こうていけ》たる楊氏の家長《かちょう》、ないし家庭人としてみた楊堅の顔である。世襲王朝に御家騒動はつきものである。しかし、皇太子の兄を押しのけて、次男の楊広が二代皇帝となったことが、事実上、隋の命運を決めた。文帝・煬帝父子は、どういう時代、社会、家族的な背景から出てきた個性なのか。少し視点を変えて、楊家の家庭の事情を見ていきたい。

## 楊家の出自

『周書』の楊忠伝は、楊忠の出自について、もともとは「弘農華陰《こうのうかいん》（陝西省渭南市）の人」であり、祖父の祖父である楊元寿《ようげんじゅ》が、北魏の武川鎮司馬《しば》になって以来、この地に根付いたと記している。その部分は『隋書』の高祖紀（文帝楊堅の本紀《ほんぎ》）も同じであるが、楊元寿の父の楊鉉《ようげん》が、「漢の太尉《たいい》の（楊）震《しん》の八代の孫」に当たるとの記述が加わっている。

楊震というのは、後漢時代に実在した人物である。ある人が「誰にも知られやしませんから」といってワイロを差し出したところ、「天知る、神知る、われ知る、なんじ知る」といって退散させた故事でよく知られている。また、その学識の深さから「関西《かんせい》の孔子」と称えられ、太尉（三公《さんこう》の一つ）まで出世している。そんなわけで、楊震は後世長く敬われ、彼を輩出した弘農華陰の楊氏といえば、函谷関以西では指折りの名門とされるようになった。

この漢人儒派官僚の鑑のような楊震が、楊忠のご先祖さまだといわれても、さすがに木に竹を接《つ》ぐような印象が否めない。何しろ楊忠は、幼名を「奴奴《どど》」といい、宇文泰と狩りに出かけた際、単身、片手でトラの舌を引き抜いて退治してからは、鮮卑語でトラを意味する「揜于《えんう》」の異名を取り、鮮卑風の複姓「普六茹」を賜った生粋《きっすい》の武人なのだ。事実、楊震が先祖であったとすれば、漢人も鮮卑化する好例となろう。

ちなみに、「普六茹」とは、草原地帯に生育する「ブルカスン（ブルガス）」という「楊《やなぎ》」の一種の漢字音訳だともいう。果たして、漢人の楊忠が、鮮卑系武人がヘゲモニーを握る政権内での出世を考えて、「普六茹」という鮮卑姓を受け入れたのか。それとも、もともと漢人的な姓は持たなかった「ブルカスン」という鮮卑人が、漢人社会との接触の中で楊姓を名乗るようになったものか、考え始めると切りがない。

いずれにせよ、やはり大切なのは「氏《うじ》より育ち」となろう。多民族社会の様相を呈していた辺境の武川鎮に生まれ育った楊忠は、胡漢双方の風俗・習慣に通じていたであろう。また、遠く南朝梁での生活が八年の長きに及んだことも、すでに触れたとおりである。

言語的な面でいえば、鮮卑系兵士の多い軍隊内では「鮮卑語」を使い、突厥とともに北斉に攻め込んだ際には、「突厥語」で作戦会議をする場面もあったかもしれない。若き日の泰山への放浪時には「漢語」が必要であったろうし、江南滞在中には「呉語《ごご》」にも接したに違いない。この時代に活躍が求められたのは、こうした激しい移動と交流に対応できるハイブリッドな人材だったのである。

## 楊家の親族

楊忠の母は蓋《がい》氏《こう》といい、胡漢双方に見られる姓である。また、妻は呂苦桃《りょくとう》といい、こちらは華北東部出身の漢人だと推測される。楊忠とのなれそめは不明であるが、北周の保定《ほてい》年間（五六〇年代前半）に病臥し、長男である楊堅の三年間にわたる付きっきりの看病むなしく、他界している。楊堅は、少なくとも母方からは漢人の血を引き、母への「孝」を実践している。しかし皇帝即位後、人に命じて下役人《したやくにん》にワイロを贈らせてみて、受け取った者は処刑したというエピソードが残されており、楊震とは真逆のタイプである。

五七七年に北周が北斉を滅ぼして華北東半をも領有し、その後、楊堅が北周の実権を掌握し、皇帝に即位することになると、母方親族の捜索が進められたようだ。結果、済南《せいなん》郡（山東省済南市）で呂苦桃の弟の呂道貴《りょどうき》や、甥の呂永吉《りょえいきつ》らの存在が判明する。長安で呂道貴との対面を果たした楊堅は、感涙にむせんだ。

呂道貴の方も、「おぉ、堅や堅や、血は争えんもんじゃのぉ、苦桃ねえさんにうり二つじゃ」などと口だけは上手であった。ところが、その後も平気で皇帝の本名を呼び捨てにする馴れ馴れしいおじさんのことが、みっともないやら、恥ずかしいやら。たまらなくなった楊堅は、地元の済南郡の長官に任命して、以後の入朝は認めないこととした。呂道貴は「ワシは皇帝のおじであるぞ」といって宴会三昧なので、地元も大いに迷惑する羽目に。呂永吉も一時は任官したものの、人品・能力ともに並み以下で、いつどこで死んだのか事情も知れぬという。

このように呂氏は、名門楊氏の姻戚としては釣り合いが悪く、やはり隋室楊氏と弘農楊氏は、直接つながらないと見るべきであろう。北朝から隋代に活躍した、歴とした弘農楊氏出身者としては、すでに見た楊素の一族がおり、帝室の疑似親族として優遇された。

## 独孤家との姻戚関係

西魏建国の元勲を八柱国・十二大将軍と呼び、楊忠が後者の一席を占め、八柱国の独孤信との密接な関係から、その七女が楊堅の妻として迎えられたことはすでに触れた。我が身を省みた楊忠の、せめて子供には良家との縁組みをという親心もあったであろうか。

八柱国・十二大将軍の中に入ってみると、楊家のランキングは下の方である。その楊家が目上を差し置いて帝位を奪い取り、旧主筋の宇文氏を粛清したのは、八柱国・十二大将軍を中核とする武川鎮軍閥の団結を損なう行為として、眉をひそめる向きもあったかもしれない。

しかし、楊堅の同母弟の楊瓚《ようさん》も、八柱国筆頭の宇文泰の娘である順陽《じゅんよう》公主を娶っている。貴公子の「楊三郎《ようさんろう》」（楊家の三男）といえば有名で、順陽公主の兄の北周武帝にもずいぶん可愛がられている。つまり、八柱国と十二大将軍の間に、通婚を妨げるほどの家格の違いはなかったわけである。

この八柱国・十二大将軍は、長く自明のものとされてきた。しかし、前島佳孝《まえじまよしたか》氏（二〇一三）によって、唐室の祖の李虎の序列が引き上げられていることが解明され、また、山下《やました》将司《しょうじ》氏（二〇〇二）は「八柱国家」という概念そのものが唐初の捏造に関わるものとの見方を示すなど、唐の思惑による作為性が次第に明らかになってきている。

隋の楊氏にしろ、唐の李氏にしろ、もとは武川鎮の取るに足らぬ家柄に過ぎなかった。ところが、たまたま皇帝などになりおおせてしまったために、家系を粉飾する必要に迫られた。そこで、直接の起源を西魏期に求めることや、のちに皇帝をも輩出する家格としての八柱国・十二大将軍という由緒《ゆいしょ》が考え出され、いつしかそれが故実《こじつ》として信じられ、現実にも効力を持つに至ったものではなかろうか。

さて、これらの家の間には、婚姻の糸が幾重にも張りめぐらされていた。なかでも不思議な光を放っているのが、楊堅と独孤皇后を結ぶ糸である。五五七年、父の独孤信が宇文護との権力闘争に敗れて死を賜ったまさにその年、七女の独孤伽羅《から》は楊堅に嫁いだ。当時十四歳の伽羅に対して、三歳年長であった楊堅は、「后と相《あ》い得て、異生の子無きを誓《きゃ》」っている。つまり、夫婦二人の間以外には、子はなさないと約束したという。

実際、五六一年に伽羅十八歳で長女の楊麗華を、また生年不詳ながら長男の楊勇《ようゆう》を出産。その後も、五六九年に次男の楊広、五七一年に三男の楊俊、その後も四男の楊秀《ようしゅう》、五男の楊諒《ようりょう》、さらに女子もあって、五男五女の子宝に恵まれている。新婚時代の約束は長く果たされていたし、それは押しつけではなく、おしどり夫婦双方の願いであったろう。

## 独孤伽羅という女性

伽羅は、北族の名門独孤氏の家柄を鼻にかけるどころか、謙譲を美徳としていた。ある時地方長官が、「突厥との交易で、一箱で八百万銭相当の宝石が売りに出ていますが、皇后さま、お一ついかがでしょう」と勧めたところ、「そんなお金があるのであれば、その突厥らの蛮族と戦う兵士の賞与に当てるべきです」と、はっきり断る質素倹約ぶり。さらに、自分の母方のいとこが死罪に相当した際、楊堅が特別に罪を免じてやろうとすると、「国家の大事に、私情を差し挟んではなりません」と襟《えり》を正させる発言をしている。

公人としても、まずは立派な見識を備えていた彼女は、話が政治向きのことに及んでも有益なアドバイスができ、往々にして楊堅と見解が一致したことから、宮中では二人を「二《に》聖《せい》」と称えたという。まさに良妻にして、賢皇后《けんこうごう》でもあった伽羅だが、まったく欠点のない人間などいない。彼女もいささか感情の勝ちすぎるタイプで、死刑判決が出るたびに涙を流すほど情にもろかった。前述のとおり、いとこの死刑には口を挟まなかったが、異母弟の独《ど》孤陀《こだ》が、伽羅を呪詛《じゅそ》した罪で死刑と決まると、「陀めが、政治を損ない民を害したのであれば、私も何も申しませぬ。しかしこたびは我が身一つのこと。何卒、一命はお助け下さい」

と嘆願するなど、どうも一定しない。

伽羅は、早くに父母を亡くしたことから、臣下の父母にも礼を尽くしたという。娘たちに対しては、「北周の公主（皇帝の娘）たちは、婦人としての美徳を持ち合わせておらず、しゅうと・しゅうとめには礼を失し、よそさまの血を分けた肉親に不和をもたらし、素直に仕えようという気持ちを欠いている。お前たちは間違ってもそうならないように」と、いつも言い聞かせていたという。

当時の教育方針としては穏当であろうが、しかし、ここに見える「北周の公主」とは、前述した楊堅の同母弟・楊瓚の妃である順陽公主の宇文氏を指している可能性が高い。というのも、順陽公主は伽羅と不仲で彼女を呪詛したため、皇室名簿への登録を抹消されている。また、公主との離婚勧告に従わなかった楊瓚と、命じた兄楊堅の間にもすきま風が吹き、楊瓚が急死すると、人々はみな毒殺されたと噂し合ったという。つまり、伽羅は立派なことをいっているように見えて、実はソリの合わない義弟の嫁を、楊家の和を乱す者として、個人攻撃しているのも同然なのだ。

ちなみに楊堅は、北斉平定の際に戦死した弟の楊整との兄弟仲も芳しくなかったが、その夫人の尉遅氏と伽羅の間もギクシャクしていたという。どうも伽羅のいささか自己中心的な家族間における規範意識の押しつけが、不和のタネになっていたように思われてならない。

## 浮気をして天命を知る

そうした傾向は徐々に強まったように感じられるが、その矛先がついに夫の楊堅に向けられる。例の夫婦の誓いもあることから、伽羅の嫉妬を恐れて、後宮の女性たちも敢えて楊堅には近づかないでいたのだが、ある女性が楊堅の目にとまる。彼女は、周隋革命の際、楊堅の最大のライバルとなった尉遅迥の孫娘で、おそらく謀反人の係累《けいるい》として、後宮《こうきゅう》のはしためとされていたものであろう。

事件の始まりは、都の西北にある離宮の仁寿宮《じんじゅきゅう》（陝西省宝鶏市《ほうけい》）に滞在していた楊堅が、彼女を見初めて寵愛したことにある。なお、尉遅迥の孫娘といえば、北周宣帝が人妻であったものを手込めにして、のちに皇后に立てた尉遅熾繁《しはん》なる女性もいたが、両者そろって「美《び》色《しょく》あり」と史料に明記されている。宣帝はともかく、堅物《かたぶつ》で通っていた楊堅がコロッと参ってしまうくらいであるから、よほどの美形だったのであろう。それほどの美人が二人もいるのはやや不自然で、両者が同一人物であった可能性もある。

いずれにせよ、浮気はただちに伽羅の知るところとなり、伽羅は楊堅の執務中を狙って、この女性を殺してしまう。楊堅は怒りに我を忘れて馬に跨がると、単騎で宮殿を飛び出し、道なき道を進んで山谷《さんこく》に分け入ること十数キロ。陛下に何かあっては一大事と、高熲・楊素らがあわてて追いついてお諫めしたところ、楊堅は大きくため息をついて、「ワシは天子などといっても、何一つ自由にならぬ身ではないか！」とふて腐れている。

すると高熲は、「陛下は、たかが一婦人《いちふじん》のために天下のことを軽んじられるのですか！」と説得。この時の文帝はすでに五十を過ぎ、天が与えた使命をかの孔子も自覚した「知命《ちめい》」の歳であった。ハッと我に返った楊堅は、気持ちも少し落ち着いて、夜も遅くなってからようやく宮殿に戻った。寝ずに帰宅を待っていた伽羅が、泣きながら楊堅を恭《うやうや》しくお出迎えし、高熲・楊素も夫婦の仲を取り持ったので、仲直りの酒宴を開く運びとなり、とにかくこの場は収まった。しかし、これにて一件落着とはいかなかった。

## 「一婦人」発言

伽羅が受けた心の傷は相当深かったようで、すっかりしょげてしまったという。以後、彼女の持っていた明暗二つの性格のうち、マイナスの面が悪目立ちするようになる。

例えば、高熲が放った「たかが一婦人のために」というセリフ。この「一婦人」は、「楊堅が浮気した尉遅迥の孫娘」を指すとも解釈できると思う。しかし伽羅は、高熲が自分のことをさげすんで一婦人ごときといったのだと受け止めて、心中、銜《ふく》むところがあったという。

高熲の夫人が亡くなった時、伽羅は楊堅に、「高熲どのもお年を召され、ここで夫人を亡くされました。陛下が良い後添《のちぞ》えを選んでやってはいかがですか」と勧めた。楊堅が伽羅の言葉を伝えると、高熲は「臣もすっかり老いまして、職務が済めば、自室に引き取ってお経《きょう》など読むばかりでございます。陛下のお心遣い、まことに痛み入りますが、後妻《ごさい》を迎える件については、何卒、ご容赦下さい」と涙を流して謝絶するので、沙汰止みとなった。

それからしばらくして、高熲の愛妾が男子を産んだ。それを聞いた楊堅は大喜びしたのだが、横では伽羅がひどく不機嫌な顔をしている。楊堅が理由を問うと、伽羅は、「陛下はまだ高熲のことを信じてらっしゃるのですか。前に陛下が後添えを世話しようとされた時、高熲は本当はこの愛妾のことを気にかけていたのに、もう年だからなどとウソをいって断り、陛下を面と向かって欺《あざむ》かれたのですよ。いまその偽りが露見したのに、どうして陛下はまだ高熲をお信じになるのでしょう」と答えたので、楊堅も高熲を疎《うと》んじるようになったという。

伽羅は、諸王や朝廷の臣下で妾を妊娠させた者がいると、必ず楊堅に勧めてその人物を排斥させたという。やはり夫の裏切りが、影を落としているように思われる。しかし、先に見たような高熲への粘着ぶりの根は、実はもっと深いところにある。

高熲の父の高賓《こうひん》は東魏から西魏に亡命し、これを伽羅の父である独孤信が幕僚に迎え入れた。ほどなく独孤信は誅殺されたが、その後も伽羅は、父のもと部下である高賓の家をよく訪れていたといい、高熲とも顔なじみであったはずだ。

北周末、実権を握った楊堅は、かねて有能ぶりを聞いていた高熲のもとに、遠縁の楊雄（中国史上唯一の女帝として知られる武則天《ぶそくてん》の、母方の大おじに当たる人物）をやって呼び出し、さっそく丞相府の幕僚の列に加えている。帝位簒奪の謀議に関与させるには、単に有能なだけでは不足であり、信頼度の高さが欠かせない。その点で高熲は、妻の里方《さとかた》つながりのお墨付きがあったのである。その後、尉遅迥の反乱討伐などで手腕を存分に発揮した高熲は、楊雄・虞慶則・蘇威と並ぶ「四貴」の筆頭格として、文帝朝の政界に重きをなす。

それはもちろん、高熲の実力あってのことである。しかし、伽羅を介したコネクションがなければ、高熲の出世の階段を登るスピードが、ずっとゆるやかなものになっていたのも、おそらく間違いないのである。伽羅の気持ちを代弁すれば、「恩人の私をたかが一婦人だなんて」となったとしても、仕方ないであろう。

## 鮮卑北族の習俗と姓氏

無理矢理に嫁を世話するマリハラに、女性蔑視発言のセクハラ、はては上司の奥方のパワハラの応酬といってしまえばそれまでだが、それだけ関わりが深かったということでもある。その特別な関係を示しているのが、楊堅が高熲のことを、常に「独孤」ないし「独孤公」と呼んで、名を口にしなかったという事実である。

これは単に、楊堅の個人的な趣味趣向によるものではない。すでに触れたとおり、「賜姓」という北朝後期の社会・風俗の影響を受けて、高熲の父の高賓が独孤信の幕僚になった際に、独孤の姓を賜っていたことが、その背景にある。つまり楊堅は、高熲のことを、皇帝に対して名を名乗るべき一般臣下とは一線を画す存在として、また、帝室楊氏の姻戚たる皇后独孤氏の一族と認識して「独孤公」と呼んでいたのである。これと類似する例を、もう一つだけ挙げておこう。

東魏の高歓の部下に李屯《りとん》なる人物がいた。彼は、五三七年の沙苑の戦いで西魏軍に敗北した際、独孤信に捕らえられた。当時、捕虜にした敵兵を自軍の兵士とすることが少なくなかった。李屯も独孤信配下の士卒とされ、さらに独孤信の家で「給使《きゅうし》」、すなわち雑用係などを務めているうちに独孤信の目にとまり、やがて独孤氏を賜姓され、李屯改め独孤屯となった。そして、その子の独孤楷《どっこかい》は近衛兵を率いて楊堅の護衛を務めたあと、内外の重要な役職を歴任し、次の煬帝にも一目置かれた。また、楷の弟の独孤盛《どっこせい》も煬帝の側近となり、煬帝最期の日に主君を守って壮絶な戦死を遂げ、『隋書』誠節伝に列せられる忠臣となっている。

果たして、西魏の元勲たる独孤信には、独孤氏を他者に「賜姓」することが特別に許されていたのか。あるいは独孤信の部下となった高賓・李屯が、主人の姓に「改姓」する習いに従ったのか。そのあたりははっきりしないが、当の楊堅も普六茹堅を名乗り、周囲からもそう呼ばれていたことをうかがわせる記述があって、西魏・北周において、賜姓・改姓が広く行われていたことは間違いない。もっとも、そうした習俗・慣行には、隋王朝成立直前の五八一年二月に出された「已前の賜姓は、皆な其の旧に復せ」との命令によって、終止符が打たれたはずであった。ところが、そう命じた楊堅自身が、その後も高熲のことを「独孤公」と呼んでいたし、また独孤楷・独孤盛が李氏に復することもなかったのである。

## 奴隷から側近へ

ここで見た独孤信・伽羅と高賓・高熲、および李屯・独孤楷・独孤盛らとの私的な関係は、世界史の上に置いてみれば、古代ローマにおけるパトロヌス（保護者）・クリエンテス（被保護者）の関係などとも比較可能であるかもしれない。ただし、もっと身近なところでいえば、やはり鮮卑北族の習慣、遊牧社会からの影響という観点から、さらに考察を進める必要があろう。ここで紹介したいのが、楊堅の側近であった李円通《りえんとう》という人物である。

李円通の父の李景《りけい》は、楊忠麾下の兵士であった関係で、黒女と呼ばれる楊家の女奴隷と通じ、生まれたのが円通であった。ところが李景が息子だと認知しなかったため、奴隷の子は奴隷ということで、円通はそのまま楊家に「給使」することになった。具体的には、家内労働《ど》の最たる台所仕事の責任者である「監厨《かんちゅう》」（厨房の監督）として、他の奴隷を統率する奴隷頭《れいがしら》となり、その仕事ぶりから楊堅の信頼を得るようになった。

奴隷の社会的な地位は、主人のそれと連動して高下する。庶民所有の奴隷では目も当てられないが、王侯貴族、ましてや皇帝となる人物付きの奴隷ともなれば、庶民などよりはるかに上なのである。楊忠が他界し、楊堅が随国公の爵位を継いだころには、円通は奴隷身分から解放されていたようだ。北周末になって、楊堅が外戚として簒奪の野望を抱くようになると、円通の活躍する場面が多くなってくる。

例えば、簒奪を前に不安になる楊堅を、独孤伽羅が「騎獣の勢い」のたとえで励ました際、メッセンジャーとなったのは円通であったし、楊堅が政敵に命を狙われていた時、ボディーガードとして幾度となく主人の危機を救ったのも、また円通であった。この献身に深く感じ入った楊堅は、円通を表向きの政治にも参与させるようになる。以後、李円通は内外の重要な官職を歴任し、煬帝が即位すると兵部尚書《へいぶしょうしょ》（軍務大臣）まで昇進している。

このように、北朝後期においては、捕虜とか奴隷といった本来は身分いやしき者が、召使いとして主人の信頼を得たのち、軍人・官僚としても活躍する例が散見する。これは上に見た楊家・独孤家に限らず、当時、広く存在した慣行であったと思われる

## 官僚制とケシク

元奴隷が高級軍人や政治家になるというのは、身分制・官僚制を大前提とする中華王朝とは相容れない現象のはずである。もちろん、中華王朝でもコネは大事であって、後漢・魏晋南北朝時代には、門生《もんせい》・故吏《こり》と呼ばれる上司と部下の関係が重視された。後宮の下働きの奴隷であった宦官が、皇帝の寵愛をテコに権力を振るった例も枚挙にいとまがない。

しかし、北朝期の例については、特殊な君臣間の結合関係が、鮮卑北族社会の習慣とつながる賜姓・改姓によって明示されるケースがあることを踏まえれば、巨視的にはやはり、遊牧社会とのつながりにおいて理解されねばならない。その点で注目されるのが、はるか後世、チンギス・カンのとった人材登用制度である。

チンギス・カンは、一一八九年のいわゆる第一次即位直後、もとは人質や養子ながら自分に忠誠を尽くす「ネケル（ノコル）」と呼ばれる側近の部下たちを、十余りの執事班に配属し、この組織が次第に充実して「ケシク」に発展した。ケシクというのは、君主や皇族を輪番制で昼夜護衛する親衛隊であると同時に、君主の身の回りのお世話もする召使いの集団でもあり、執務を通じて主人の目にとまれば、たちまち政権の幹部に抜擢される人材のプールとしても機能した。

このケシクの中には、「バウルチ」（カンの飲食物を調理・供給する者）、「チェルビ」（カンの家僕を監督する者）、「コルチ」（カンの身辺を警護する者）が含まれていた。前述した李円通などは、さしずめ「バウルチ」「チェルビ」「コルチ」に当たる「ケシク」として信頼を得て、隋政権の幹部にまで昇進したのではないかと推測されるのである。

モンゴル・元朝におけるケシクに似た制度が、遊牧系の鮮卑族の建てた北魏時代にも存在したことは、川本芳昭《かわもとよしあき》氏（一九九八）によってつとに明らかにされている。それらは孝文帝の漢化政策によって、姿を消したものと考えられてきた。しかし、文献史料を丁寧に読み返し、墓誌等の新出石刻史料を丹念に押さえていくと、北魏以降も隋唐時代にかけて、ケシクに相当すると思われる官職名や人物が、複数存在することが明らかになってきた。

これまで隋といえば、主立った地方官をみな中央で任命・派遣することとし、必要な人材を確保するための「科挙」を導入し、のちに確立する科挙官僚制国家の基盤を築いた側面ばかりが注目されてきた。しかしそれは、「皇帝」の顔に対応する一面に過ぎない。皇帝は一方で、「カガン」の顔も保持しており、のちのケシクを彷彿とさせるような側近たちを、要所に配置することで、自己の権力の浸透や求心力の維持を図っていたと考えられる。帝室楊氏の血筋にとどまらず、隋王朝自体もハイブリッドな性格を備えていたことに、注意しなければならないのである。

## 2　火宅に住まう人々

### 三車火宅のたとえ

ここで楊堅のもう一つの顔、仏教の護持者としての顔も、改めて見ておこう。「はじめに」で触れたように、楊堅の幼名を那羅延といい、これはサンスクリットのナーラーヤナ、すなわち仏法を守護する金剛力士の漢字音訳であった。楊堅は西魏の大統七年（五四一）六月十三日の夜、華州の般若寺で産まれたといい、そもそも仏教との所縁には深いものがある。

しかも生まれるやいなや謎の尼僧が現れて、「この子は特別な子なので俗世間に住まわせてはならない」というので、楊堅はこの尼僧の手によって、般若寺内で養育されたという。真偽はともかく、このような誕生秘話が伝えられているのは、楊堅が紛れもない熱心な仏教信者であったことの反映であり、実際、在位中の彼は多くの奉仏事業を推進している。

また妻の独孤伽羅も、仏教の信心篤い女性であった。ある晩、北周武帝の阿史那皇后の霊が伽羅の夢枕に立ち、功徳《くどく》を積んで地獄の責め苦から自分を救って欲しいと訴えた。伽羅が翌日すぐ楊堅に伝えたところ、楊堅は一寺を建立し、冥福を祈ってやったという。

数百年ぶりの統一王朝の皇帝として、楊堅が感じるプレッシャーは並大抵ではなかったであろう。また長年、内助の功に努め、その甲斐あって皇帝となった最愛の夫に裏切られて、伽羅の苦悩もまた深かったであろう。そんな二人が、仏教に心の平静を求めつつ支え合っていた姿こそが、この夫婦の、特に最晩年の形だったのではなかろうか。

さて、南北朝から隋代前半期に活躍した天台大師《てんだいだいし》・智顗らによって説かれた法華経《ほけきょう》の中に、「三車火宅《さんしゃかたく》」の話が載せられている。ある長者の家で火事が発生。燃えさかる家の中にいる子供たちは、遊びに夢中で気がつかず、長者の呼びかけにも応じない。そこで長者は、かねて子供たちの欲しがっていた羊・鹿・牛の引く車が外にあるぞといって、子供たちを外に連れ出し、なんとか助けることに成功したという。

燃えさかる家＝火宅とは、衆生が輪廻《りんね》を繰り返す苦しみに満ちた世界をいい、そこからウソも方便で救い出したあと、やがて法華経の正しい教えに至ることができる、というたとえ話である。

楊堅・伽羅のもと、南北朝の戦乱の巷に比べれば、はるかに平穏な世の中がもたらされ、救われた民衆も少なくなかったであろう。ところが、当の隋の帝室楊家の行く先には、親子兄弟そろって権力闘争という火遊びに興じるうちに、その火が隋という国家の屋台骨にも回り、やがて家も人も焼け落ちてしまうという、救いがたい悲劇が待ち構えていた。

親と子

伽羅のやや過剰な規範意識の押しつけが、家族の不和のタネになっていたこと、それが浮気発覚後に皇帝が家出するという珍事を生み、彼女自身もひどく傷つけられたことはすでに見た。しかしその後も、彼女の家族の絆に対するひときわ強い思い入れがかえって仇となり、親子兄弟の関係はズタズタになってしまう。夫の次に標的になったのは、長男であった。

楊堅と伽羅の長男は楊勇、字を晛地伐《けんちばつ》という。楊家待望の跡取りとして、北周期から爵位・官職を授けられ、隋建国とともに皇太子に立てられた。楊勇は学問好きで性格もまずまず。となれば、いずれ帝冠を戴くことになるのは確実で、早めに取り入っておいて損はない。冬至のお祝いに、臣下がこぞって東宮《とうぐう》に参上したのだが、これは楊堅にしてみればはなはだおもしろくない。部下の忠誠はただ一人、皇帝にのみ捧げられねばならないのだ。

皇帝・皇太子の父子関係に亀裂が生じる一方、皇后・皇太子の母子関係も悪化しており、やがて修復不可能な状態となる。独孤皇后は、長男のために名門元氏の娘を皇太子妃に迎えた。しかし、楊勇には側室が多く、なかでも雲《うん》氏が最も寵愛されていた。これら側室には、あわせて十人も男子があったのに、正妻の元氏は寵愛を得られぬまま五九一年に亡くなり、東宮の奥向きは雲氏の牛耳るところとなった。正妻がないがしろにされ、側室が幅を利かせるなど、皇后が最も嫌うところである。皇后は、元氏は楊勇に毒殺されたのではないかと疑い、「睨地伐に、雲氏の小娘めが」と毒づかずにいられなかった。

この兄にかわって株を上げたのが、次男の晋王楊広、のちの煬帝である。母と兄の関係がうまくいっていないことを知った楊広は、母の意に沿うよう、日頃の行動にいっそう気を配る。質素倹約は当然として、晋王邸では歌舞音曲の道具類はホコリをかぶっており、側仕えの女官たちは最少人数でしかも老女ばかり。楊広は正妻の蕭氏とのみ寝食をともにすることで、母好みの慎ましやかな若夫婦を、完璧に演じて見せたのである。

### 奪嫡の陰謀

鍵を握る母の歓心を買う一方、楊広は兄に取って代わる陰謀をいよいよたくましくする。協力者として白羽の矢を立てたのは、楊素である。皇帝・皇后の信頼度、地位・才能・胆力ともに、味方にできればこれほど頼りになる人物は、ほかに見当たらない。

しかし事が事だけに、話を持ちかけたら、必ず引き受けてもらわねばならない。将を射んと欲すればまず馬を射よ、のたとえどおり、楊広は、楊素が全幅の信頼を置く異母弟の楊約《ようやく》に目をつけた。ちなみに、楊約は子供の時に木から落ちて股間を強打し、それで宦官になったというなかなかにクセの強い人物である。そこにまず、腹心の宇文述《うぶんじゅつ》を差し向ける。宇文述は、わざとバクチに負けて楊約にどんどん勝たせ、莫大な金品を贈った上で密事を打ち明けた。心得たとばかりに楊約が楊素に話を持ちかけたが、さすがに楊素は慎重であった。

数日後、宮中の宴席に連なった楊素は、皇后に近づいて楊広の親孝行ぶりをほめそやし、それとなく探りを入れてみた。皇后は、涙ながらに楊広と妻の蕭氏をほめる一方、楊勇と妻の雲氏のことは悪し様にいった。皇后の意のあるところを察した楊素は、尻馬に乗って楊勇のことをこき下ろして見せた。ここにはじめて皇后自身、本気で皇太子の廃立を考えるようになったという。

楊素・皇后を味方に加えた時点で、奪嫡のことはほぼ成った。楊素はわざと皇太子の激発を誘うように振る舞い、皇后はわずかな過失もあげつらい、楊広も皇太子の側近の一人を裏切らせ、その筋から皇太子のゴシップを探り出すのに精を出した。結果、皇太子の過失が、連日のごとく楊堅の耳に達することとなった。楊堅は、「皇后は常に私に廃嫡するよう勧めていたが、高位に登る前になした子であり、また長男でもあることから、悪いところは徐々に改めていってくれるだろうと願いつつ、今日まで隠忍自重してきたのだが」といったがついに折れ、廃嫡を決断した。

開皇二十年（六〇〇）十月、宮中に引っ立てられた楊勇とその子らは、すべての地位を取り上げられて庶民に落とされ、翌十一月、かわって楊広が新たな皇太子に立てられた。そもそも多分に仕組まれた廃嫡劇であったから、軽々しく皇太子を廃すべきではない、訓戒にとどめるべきだ、といった楊勇に同情的な声もあがっており、みなが諸手を挙げて賛成したわけではなかった。楊広の預かりとされ、東宮内に幽閉された楊勇自身も、父帝と直接会って冤罪《えんざい》を晴らしたいと何度も願い出たが、すべて楊広に握りつぶされた。そこで楊勇は、木に登って大声で叫び、なんとか謁見の機会を得ようとした。しかし、そうと知った楊素が、「楊勇の精神は惑乱し、何か悪いものに取り憑《つ》かれたようで、もはや回復は望めますまい」と上奏し、楊堅もそう考えたので、ついに謁見はかなわなかった。

なお、廃嫡騒動と絡んでもう一つ、注目すべき事件があった。宰相高熲の罷免である。高熲には、高表仁という息子がいた。六三二年に唐の使節団の代表として倭国（日本）に渡ったものの、使命を果たせぬまま帰国したことで知られる人物である。その妻が楊勇の娘であったため、自然、高熲は楊勇支持派の最有力者と目されていた。実際、廃嫡をほのめかす楊堅に、長幼の序を説いて反対したこともあった。高熲を説得するのは不可能だと覚った独孤皇后が、高熲の失脚を狙って仕掛けたのが、前述の再婚話であったらしい。

公私入り乱れたドロドロの人間関係の中で、開皇十九年（五九九）八月、高熲は官爵を剝奪され庶民に落とされた。隋成立の立役者の一人であり、朝政を切り盛りすること二十年、「真宰相」の呼び声高かった高熲の失脚。それは朝野の人々に、隋の前途に不安を感じさせるに十分であっただろう。

## いがみ合う兄弟

ある時、楊堅は臣下たちに「前世に鑑みるに、君主が側室を溺愛するのが、太子の廃立が起こる原因だ。その点、朕の側に侍る妃はおらず、五人の男子は同じ母の生んだ子で、これこそ真の兄弟というべきである。寵姫が多く、妾腹の子がいさかい、ついには国を滅ぼした前代の轍《てつ》を踏むようなことはあるまい」といったことがあった。ところが、実際には、実の母が次男をえこひいきして、長男の廃嫡に決定的な役割を果たしたのであるから、皮肉というほかない。そして残り三人の兄弟も、親子兄弟の相克から自由ではいられなかった。

三男の秦王楊俊は、人となりは温厚で、仏門に入りたがったのを、父にとめられたほどであった。彼は無用な殺生を好まなかったので、平陳戦で行軍元帥を務めた際も、陳軍への攻撃を差し控えたところ、かえって名将の周羅睺らを投降させることに成功。そんなわけで楊俊の評判は上々で、楊堅もずいぶんと目をかけていた。ところがその後、急速に堕落。多くの女人を近づけた挙げ句、嫉妬深い奥さんに毒を盛られる。一命を取り留めて、この間の振る舞いを父にわびたのだが、かえって叱責を受ける。そのショックで危篤となり、開皇二十年（六〇〇）六月、長安の秦王邸で死んだ。

四男の蜀王楊秀は、容貌魁偉《ようぼうかいい》で武芸を好み、こわもての皇族として朝臣もたいへん恐れていた。自分とタイプが違うからか、楊堅はやけに楊秀を嫌い、独孤皇后に「秀めはろくな死に方をせぬのに違いない」というのが常であったという。楊勇の廃嫡に楊秀ははなはだ不満であり、のちに背かれることを恐れた楊広の策謀で、仁寿二年（六〇二）、楊秀はあっさり任地の蜀から召還・幽閉されてしまう。幽閉が解かれたのは十数年後のことで、のちに触れるように、煬帝を殺した宇文化及《うぶんかきゅう》の手にかかって世を去った。楊家の三男・四男は、母ではなく、父との関係がうまくいかなかったケースである。

逆に、五男の漢王楊諒は、末っ子ゆえであろうか、父の寵愛を一身に受け、開皇十七年（五九七）には、最重要拠点の一つである幷州の総管に任じられている。同十八年の高句麗への遠征、十九年の対突厥戦の二度にわたって行軍元帥に任じられているのも、箔をつけてやろうという親心あってのことであろう。

楊勇の廃嫡に不満と叛意を募らせていた楊諒は、楊秀が廃位されたと聞いていよいよ心中穏やかではない。そんなところに父の楊堅が崩御し、楊諒も都に召還されたが赴かず、ついに挙兵に打って出た。楊諒の周囲には、暴挙を諫める者は少なく、逆に平時に乱を求める輩が多かった。例えば、侯景の乱討伐で活躍した王僧辯の子の王頍《おうき》や、陳の猛将蕭摩訶など、実力はありながら、隋の新体制下では冷や飯を食わされていた不平分子たちである。

しかし、楊諒は彼らを用いるほどの器量は備えておらず、モタモタしているうちに楊素に攻められ、本拠の幷州城が包囲されると、あっさり降伏してしまった。謀叛の大罪であるから当然、死刑に処されるべきである。ところが、新帝となった煬帝は、「朕の兄弟もいまや少なくなってしまったので、枉《ま》げて死一等は減じたい」との思し召し。実際、一庶民に身分を落として幽閉し、そのまま死なせている。

煬帝は、楊秀も直接手にかけてはおらず、あるいは弟への憐憫の情は真心からのものであったかもしれない。しかし、兄の楊勇やその十人の子は煬帝の意思によって殺されたようであり、兄殺し、甥殺しの罪はやはり免れない。

**畜生め！**

では、父殺しの罪はどうか。仁寿二年（六〇二）八月、独孤皇后が享年五十九で他界する。そして、妻の支えを失った楊堅も、仁寿四年四月に行幸《ぎょうこう》先の仁寿宮で病に伏し、同年七月十三日に崩御した。享年六十四。同年十月、先に埋葬されていた皇后と太陵《たいりょう》に合葬された。「同墳《どうふん》異穴《いけつ》」、すなわち墳丘は同じながら、墓穴は別々とされた。

崩御の三日前、いよいよ病状が悪化すると、楊堅は臣下に別れの言葉を告げ、手を握り合って涙を流したという。『隋書』高祖紀は、この記事につづけて崩御の事実のみを記し、煬帝紀にも「高祖崩ず」とあるだけである。

ところが同じ『隋書』でも、関係者の列伝部分に目を向けると状況が大きく異なる。楊堅の死が、実は楊広の差し金によるものであったとする異説が、かなり詳しく記されているのである。では、殺害するに至った理由が何であったのかというと、それは大きく二つの事件に集約される。

一つは、楊素伝に記される「返信誤爆事件」である。父の死が近いことを察した皇太子の楊広が、死後の段取りを相談する手紙を楊素に送ったところ、楊素からの返事を、配達係の宮女《きゅうじょ》が、何を血迷ったのか楊堅に届けてしまう。勝手に殺された楊堅が大いに憤慨した、という話である。

もう一つは、宣華《せんか》夫人こと陳氏の列伝に記された「強制わいせつ事件」である。被害者となった宣華夫人は、陳の後主の妹である。陳滅亡後に後宮に入った彼女は、聡明にしてたぐいまれな美貌を持ち、独孤皇后の嫉視《しっし》の中、例外的に楊堅の寵愛を受けていたともいう。

皇太子の地位を狙う楊広は、その助力を得るべく、かねて彼女への付け届けを欠かさなかったが、どうやら別の下心があったものか。二人で楊堅の看病をしていた際、彼女が更衣室に向かうと、よりによってこのタイミングで思いを遂げようと、楊広が彼女に迫った。

からくも逃れた夫人であったが、部屋に戻って来た夫人のただならぬ様子を見て、楊堅がその理由を問うと、夫人は涙ながらに「ご無体《むたい》にも皇太子が……」と訴えた。それを聞いて楊堅の怒るまいことか。「畜生め！　きゃつに大事を任せられるものか。独孤め（皇后のこと）が、ワシの判断を誤らせたのじゃ」と吐き捨てた。筆者も口癖になっているが、これが悔しい時に「畜生」と叫んだ最初の例とされる。

この二つの件で怒り心頭に発した楊堅が、「我が子を呼べ」と命ずる。部下が楊広を呼ぼうとしたところ、楊堅は「（楊）勇の方だ」と正した。なんと皇太子を再変更するつもりである。楊素経由で緊急事態を知った楊広は、部下を楊堅の寝室に入らせ、宣華夫人をはじめとして部屋にいた者たちを全員退室させた。するとその日のうちに皇帝崩御のニュースが漏れ聞こえて来たので、人々は皇帝の死の真相について、まことしやかに噂し合ったという。

果たして楊堅は次男によって命を奪われたのか否か。これまでに刊行された中国史の概説書には煬帝による殺害説をとるものも少なくない。楊堅の死後、煬帝が宣華夫人をついにわがものとしてしまったという記事などは、それを支持するようにも思われる。

しかし、宣華夫人の列伝には、楊堅が死に臨んで「畜生」と叫んで責任を独孤皇后になすりつけたように書かれているが、独孤皇后の列伝では、楊堅が病に倒れた原因は、宣華夫人ともう一人の容華《ようか》夫人にのめり込んだことにあり、楊堅は「皇后が生きていてくれたら、ワシもこんなことにならなかったであろうに」と言い残したことになっている。いまわの際に立った楊堅の、独孤皇后に対する評価が正反対となっているのだ。どちらか一方の発言が正しく、もう一方が偽であるのか。あるいはともに正しく、逆にともに偽であるのか。あれこれ穿鑿《せんさく》するのも楽しいが、ここでは骨肉の争いの背後にある事情に目を向けておきたい。

## 殷鑑遠からず

親子兄弟の相克を記した『隋書』文四子《ぶんしし》伝の末尾には、編纂に当たった史臣の言葉が載せられている。そこでは、楊堅の五子に天寿をまっとうしたものが一人もいなかったのは異常事態であると説き起こし、嫡男を廃したことが原因で、一族・国家が滅んだ例は少なくないが、なかでも隋はその最たるものであるとし、『詩経《しきょう》』の「殷鑑遠《いんかんとお》からず」（殷王朝の鑑《かがみ》となるお手本は、同じく悪政で滅んだ直前の夏王朝にある。戒めとすべき例はすぐ身近にあるというたとえ）の言葉を引いて、後世の戒めとすべきことを説き、締めくくっている。

では、『隋書』の編纂が進められた唐初数十年の期間、為政者たちはこの教えを活かせたのか。答えは完全に否である。唐の高祖李淵の三子にして、同母兄弟である李建成《りけんせい》・李世民・李元吉《りげんきつ》は、皇帝の座をめぐって激しく争い、李世民が兄と弟を手にかけた。世にいう、玄武門《げんぶもん》の変《へん》である。その李世民は、太子の承乾《しょうけん》を廃して弟の晋王李治《りち》を後継者と定めた。こうして即位したのが高宗《こうそう》であり、その皇后が、いわずと知れた武照（則天武后《そくてんぶこう》・武則天）である。

楊堅・伽羅と同様、高宗と武后も「二聖」と称えられたというが、高宗ではなく、実質的には武后によって、太子の李弘《りこう》が毒殺されたというほか、のちに即位した中宗《ちゅうそう》・睿宗《えいそう》の首も簡単にすげ替えられている。唐を隋と比べてみると、むしろ「藍《あい》より青し」である。

文帝楊堅は、楊勇の廃嫡に際して、「朕は最近、北斉の歴史を記したものを読んで、高歓がその子に悪逆をほしいままにさせたくだりを見るにつけ、憤懣《ふんまん》やるかたなかった。どうしてその轍を踏めようか」と口にしている。高歓と妻の婁氏の間に生まれた高澄・高洋・高演・高湛の四人は、死後の追贈を含めてみな皇帝となっているが、兄の子を殺して帝位を奪い取るなど、やはり兄弟融和とはほど遠い。楊堅による楊勇の廃嫡は、嫡長子《ちゃくちょうし》相続に比べてむき出しの権力闘争に陥りやすい兄弟相続の端を開き、本人の意図に反して、北斉の二の舞を演じてしまった。

文字どおりの「殷鑑遠からず」で、戒めとすべき悪例は、すぐ近くにゴロゴロ転がっている。にもかかわらず、北朝隋唐期の為政者は、なぜそれに学ばず、何の因果で同じ事を繰り返してしまうのであろうか。

## 骨肉で争うのはなぜか

ここで読者に思い起こしていただきたいのが、すでに見た突厥における可汗位継承と、それに伴う内紛である。突厥初代の伊利可汗の死後、長子の乙息記可汗が跡を継ぐがほどなく死亡し、その後は弟の木杆可汗、さらにその弟の他鉢可汗が継いだ。そして、他鉢可汗死後、後継者指名を受けた木杆可汗の息子の大邏便と、他鉢可汗の実子の菴羅との間に継承争いが起き、そのどさくさ紛れに大可汗となったのが摂図、すなわち沙鉢略可汗であった。こうした突厥における権力継承の不安定さ、いいかえれば有資格者の乱立が、隋が離間策を講じる格好のスキを与え、突厥にかわって隋が国際交渉の主導権を握る原因になったのであった。

それは当の突厥人も自覚していることであった。沙鉢略可汗は、柔弱な我が子の雍虞閭ではなく、葉護《ようご》《ヤブグ》（可汗に次ぐ称号・官職）の地位にあり、勇敢にして知恵ある弟の処羅侯を後継者に指名した。父の遺言に従おうとする雍虞閭に対して、処羅侯は、嫡子相続こそ先祖の法であるが、現実にはそれが守られておらず、今回こそはと雍虞閭に即位を勧めた。ところが雍虞閭は、兄弟関係こそが根本であり、子は枝葉に過ぎず、叔父と甥の尊卑は明らかであるとし、これを拒否。結局、五〜六回も譲り合った末、処羅侯が大可汗に即位し、雍虞閭は叔父にかわって葉護とされた。このやりとりからうかがわれるのは、父子と兄弟のどちらが主でいずれが従かの価値観にはゆらぎがあり、つまるところ、後継者は名分によってではなく、実力によって決まるということである。

敵対部族との抗争や、敵領への侵入・略奪、あるいは自然災害への対応など、リーダーの判断が生死に直結する遊牧世界において、そのような相続方式が選択されることは、ある意味で理に適っている。北朝隋唐期に廃嫡や兄弟相続が頻々として繰り返されたことについては、やはりこの時代の社会に漂う気風、華北に多数の遊牧系の人々が移り住むことによって醸成された、遊牧社会の遺風との関係でとらえる必要がある。

そうした観点からすれば、帝位継承にまで関与した独孤皇后や武后の存在も、遊牧世界における女性の地位の相対的な高さや、可賀敦の権力の強さと通じる部分があろう。ところで、楊広が宣華夫人に「烝《じょう》」したこと、つまり父の夫人たる目上の女性と関係を持った可能性に触れたが、唐の高宗が父太宗の後宮に仕えていた武照を妃に迎えた事実には、疑念の余地はなさそうだ。いずれも儒教的価値観からはとうてい許されない不倫行為であるが、これもまた、すでに見たレヴィレート婚の範疇《はんちゅう》で理解することができるのである。

主として利用できる史料が漢文でつづられたそれにほぼ限られる中で、儒教的倫理観や中華思想から完全に自由であることは、困難というよりも不可能に近い。しかし逆に、そうしたベクトルの存在を前提とし、それを付した者の意図を読み取ることで、事実へのアプローチも可能となるであろう。その点、中国史上、最悪の暴君とされてきた煬帝は、再検討のしがいがある。それについては、章を改めて見ていくことにしよう。

# 第5章　煬帝の即位と世界帝国への野望

## 1　造営する皇帝・煬帝

### 新洛陽城の造営

兄とその子らを亡き者にし、あるいは父をも手にかけたかもしれない楊広。彼はそこまでして手に入れた権力で、いったい何がしたかったのか。その点では、北周の一族を根絶やしにして新王朝を開いた父の楊堅も同じである。しかし、古今東西の権力者を見渡してみれば、つまるところ大事なのは、権力を獲得した方法ではなく、それをいかに行使したかである。

さて、煬帝はどうであったろうか。

煬帝こと楊広は、別名を英《えい》、幼名を阿麼《あま》といった。祖父楊忠が没した翌年、五六九年に生

**隋煬帝楊広**（伝閻立本・歴代帝王図巻）

まれた彼は、容姿端麗・頭脳明晰とあって、父母に特に可愛がられたという。隋が建国された開皇元年（五八一）、十三歳で晋王に立てられ、開皇六年（五八六）には雍州牧《ようしゅうぼく》（長安を中心とする首都圏の行政長官）・内史令に就任。開皇八年（五八八）の年末、二十歳で陳平定軍の総大将を務めると、その後も長く揚州総管として江南ににらみを利かせる一方、裏では奪嫡の陰謀をめぐらせていた。

仁寿四年（六〇四）七月、三十六歳で即位した煬帝は、翌八月、弟の漢王楊諒の反乱をあっさり鎮圧すると、十一月、洛陽に行幸する。そこで下したのが、新洛陽城造営の詔であった。大業元年（六〇五）三月に着工し、翌二年正月にはひとまず竣工を見ている。文帝の大興城と同じくかなりの突貫工事であるが、この間の十ヶ月、毎月二百万という厖大な数の人民が動員されたという。

それもそのはずで、新洛陽城は、漢・魏以来の洛陽城を改修したのではなく、そこから西へ十キロほど離れた土地に、まったく新たに造営しようとするもので、当然、建設に要する

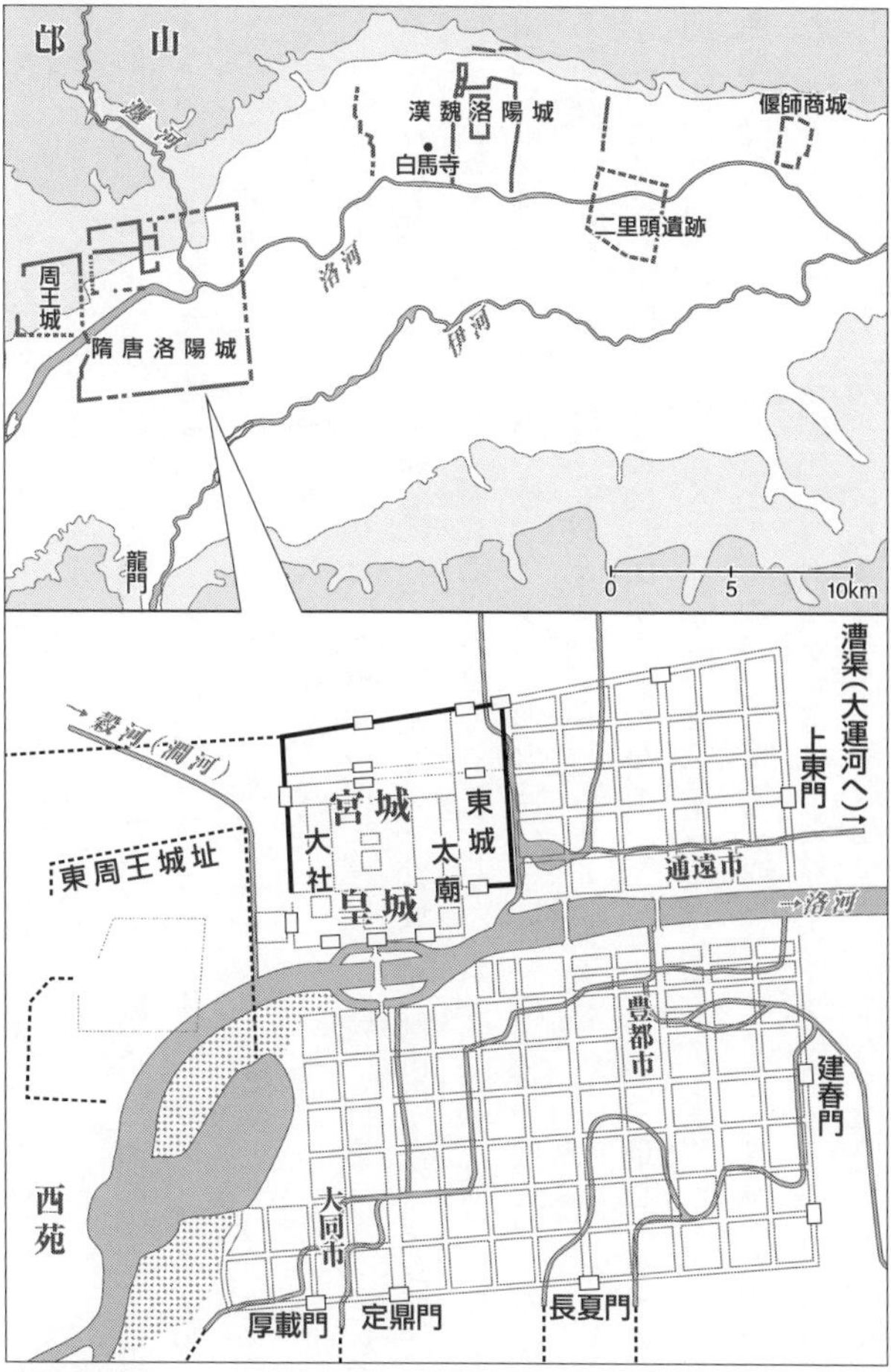


洛陽城図

出典：妹尾達彦「江南文化の系譜―建康と洛陽（二）」（『六朝學術學會報』15、2014年）、85頁、「図８　洛陽都市圏―伊洛盆地の歴代都城の立地―」、86頁、「図９　隋唐洛陽城の変遷―①隋・洛陽（605－618）―」をもとに作成

マンパワーも増大する。建設を命じる詔の中では、「宮殿は雨露《あめつゆ》をしのげれば十分である」などとうそぶく煬帝であるが、そんなもので済むわけがない。

例えば、読書・著述を好んだ煬帝のこととて、新洛陽城の観文殿《かんぶんでん》の前には、皇帝専用の巨大な書斎が造られた。調度《ちょうど》の類いも贅を極めたというが、なんと書斎の扉は足元のボタン一つで開く自動ドアになっていて、しかもドア飾りの空飛ぶ仙人の人形が上下するギミックつきだったというから、他も推して知るべしである。

なお、日中都城の比較においては、碁盤状の南半分のみが図示されることが多いために見落とされがちであるが、大興城では、皇帝が暮らす宮城の北側に広大な「大興苑《だいこうえん》」(皇室庭園)が置かれていた。ここは関係者以外立ち入り禁止とされる皇帝のプライベートエリアで、南北の両区画はセットであった。こうして形成されるのが、隋唐長安城を一つの完成形とする都城《とじょう》、すなわち都市計画に基づき建設されたみやこである。

あいにく、新洛陽城の北には邙山の山並みが迫っていてスペースが足りなかったため、城西に周回数百里に及ぶ「西苑《せいえん》」が開かれ、その南側には離宮として顕仁宮《けんじんきゅう》が建てられた。西苑や顕仁宮には、煬帝お気に入りの貴妃の邸宅が設けられ、珍しい鳥獣や草木で満たされた。ちなみに、現在の洛陽市の一月の平均最低気温は氷点下まで降り、冬になれば草花は枯れてしまう。そこで、色とりどりの絹で作った造花《ぞうか》を飾って常春《とこはる》を演出したという。

実は、即位直後の仁寿四年十一月、意気揚々と洛陽に乗り込んできた煬帝が最初に命じた大規模な土木工事は、新洛陽城建設予定地を大きく取り巻いて、延々千キロの塹壕《ざんごう》を掘らせることであった。現代風にいえば、この塹壕のラインが「環状線」で、その内側が新たな「首都圏」となるわけである。

## 大運河の開削

文帝の築いた大興城（長安）が「京師《けいし》（みやこの意）」と呼ばれたのに対して、煬帝は新洛陽城を「東京《とうけい》」、すなわち東の京《みやこ》と名づけた。この新首都圏構想のスケールの巨大さと真の意義は、煬帝が推し進めたもう一つの大事業である大運河《だいうんが》の開削とセットで考えなければ理解できない。

というのも、文帝の広通渠・山陽瀆につづいて、黄河と淮河をつなぐ通済渠《つうさいきょ》の開削が命じられたのは、東京造営の真っ只中、大業元年三月のことであった。しかも、この通済渠は、単に黄河と淮河の二大河川を結んだだけではなく、後述するように、西苑から東京のど真ん中を突っ切って東流し、やがて黄河に注ぎ込む洛水《らくすい》に乗り入れる区間も整備されて、直通運転が可能な仕組みになっていたのだ（宇都宮美生《うつのみやみき》、二〇二一）。新洛陽城は、まさに「水の都」であった。

防御上や治水上の難点を押してまで、わざわざ水路を東京城内に取り込んだのはなぜか。それは煬帝が新都の経済的繁栄を期して、物流の利便性向上を図ったからにほかならない。東京には、旧洛陽地区の住民に加えて、天下の富民《ふみん》も移住を命じられたほか、官僚やその家族も多く転入した結果、人口が大幅に増加したものと推定される。当然、彼らの口にする食料を安定的に供給しなければならないが、洛陽盆地周辺だけでは生産力に限界があり、他地域からの供給に頼らなければならない。

首都への食糧供給は、文帝のころから問題になっており、前述したように、広通渠を開削したのもそのためであった。このように、水路を利用して食料を首都等に運ぶことを「漕《そう》運《うん》」という。陸上輸送に比べれば、水上輸送のコストはずっと安上がりである。煬帝が大興城（長安）から東京（洛陽）へと軸足を移し、かつ運河を整備したのは、漢代以前から農地の開かれていた黄河下流域や、農業生産力の向上著しい江南との結びつきを強化しようとしたからである。経済的観点からして、はなはだ時宜を得たものであったといってよかろう。

### 大デモンストレーション

ただし、漕運による物資輸送なら、エスカレーターのようにラクチンかというとそうはいかない。渇水期には航行困難となるし、運河によって結ばれる河川の水位は異なっているので、現在のパナマ運河などの閘門《こうもん》のように、所々に水位調節のための施設を設ける必要があった。また舟の航行は、一部風力も利用したであろうが、基本的には運河沿いの道に人夫を配して曳航《えいこう》する人力によった。

大業元年八月、洛陽から小舟で洛水を下った煬帝は、黄河との合流点である洛口《らくこう》で、皇帝専用船に乗り換えた。煬帝の座乗艦を「龍舟《りゅうしゅう》」という。全長約六十メートル、幅約十五メートル、高さは約十三メートルの四層構造で、百数十の船室を備えたというこの巨艦を筆頭に、大小様々五千以上の船が出発するだけで五十日を要し、延々百キロ超の大船団となって運河を進んだという。江都《こうと》（大運河と長江の接点、江蘇省揚州市）まで掛け値無しの千里（五百キロ以上）をゆく様は、さぞ壮観だったに違いない。

一方で、舟の曳き手としてかり出される者は八万人にのぼったほか、運河沿いの四十を超える離宮に滞在しつつ、ゆるりと進む皇帝陛下ご一行さまの食事等のお世話は、すべて沿道の負担とされた。しかも、おもてなし具合で出世が左右されるというので、地方長官は接待に躍起になり、そのしわ寄せを受けた住民の苦労は一通りではなかったという。

晩唐《ばんとう》の詩人・皮日休《ひじつきゅう》「汴河懐古《べんがかいこ》」二首の後段に、

尽《ことごと》く道《い》う隋の亡《ほろ》ぶは此《こ》の河の為《ため》なりと

今に至るも千里通波《つうは》に頼る
若《も》し水殿龍舟の事無ければ
禹《う》と功を論じて較《やや》多からざらんや

と詠われるように、煬帝のつないだ大運河の効能を認めるのはやぶさかでないにしても、この豪遊だけはいただけないと考えるのは当然であろう。

しかし、これを単なる遊びと決めつけるのも、いささか単純に過ぎるのではなかろうか。隋代に整備された大運河は、現代の地名でいえば北京と杭州《こうしゅう》をつなぐという、史上空前の巨大インフラである。その建設に徴発された人民の苦しみ、怨嗟《えんさ》の声が渦巻く中で隋が歴史の表舞台から退場するのは事実である。ただ、大運河は中国大陸東方の低地において、旧河道もうまく利用しつつ通されており、全線人工というわけではなかった。

短期間の突貫工事で完成させることができたのはそのためであるが、これが現実に機能するためには、運河付属施設の保守点検や護岸工事、そして浚渫《しゅんせつ》などのメンテナンス作業が、継続的かつ適切になされなければならない。この点に注意すれば、煬帝が大船団を組んで江都に行幸したのは、地方の視察という本来の目的以外に、大型船や複数の船舶の同時航行に支障がないか、沿線の州県および住民の動員体制が整っているかなどを、実地に点検する試運転を兼ねていたのだと考えられる。

## 新都と大運河のジョイント

大業二年（六〇六）三月に江都を発った煬帝は、翌四月、洛陽南方の伊闕《いけつ》から陸路、正月に完成したばかりの東京に入城すると、通済渠を西の東京城内に延伸する通遠渠《つうえんきょ》の建設を命じている。さらに、同年十月には、黄河と洛水の合流地点に洛口《らくこう》（興洛《こうらく》）倉《そう》を、十二月には洛陽北側に回洛倉《かいらくそう》という穀倉を造らせている。

穀倉といっても、建物を一つ二つこしらえたちんけなものではない。直径も深さも十メートルを超えるような底面のやや狭いすり鉢状の大穴を掘り、表面に防水処理を施し、雨よけの屋根を設けた半地下式の倉庫である。その一つの穴（窖《こう》）当たり八千石《せき》（約四百八十キロリットル）の穀物が保存可能という巨大さであるが、その穴が洛口倉に三千、回洛倉に三百もあったという。

話半分でもすさまじい規模であるが、唐代でも継続使用された倉庫遺跡の考古調査の結果、おびただしい窖の跡が発掘されたほか、厳格な出納管理がなされていたことを示す磚《せん》（レンガ）に刻まれた文字史料も見つかっており、まごうかたなき事実だと判明している。

運河の延伸と穀倉の設置は、運河の開通をみずからの目で確認し終えた煬帝が、東方や南方から東京への穀物の運送・保管に万全の体制を期すべく、命じた措置であったと考えられる。東京周辺の穀倉群の貯蓄二千六百四十万石は、一説には、実に三百十五万人の一年分の食糧に当たるといい、東京の人口増加に伴って食糧不足が問題化することはなかった。食の確保は為政者第一の責務であろうが、その点で煬帝には、合格点を与えても良さそうである。

## 煬帝の愛した江都

隋が短命王朝に終わったのとは裏腹に、この時代、食料をはじめとする物資は意外に豊かであった。逆説的な言い方になるが、それは四百年になんなんとする魏晋南北朝の分裂を経ていたからである。分裂時代には、国都《こくと》という中心が各地にいくつもできて、各勢力がそれぞれ地元の開発を進めるので、全体として見ると、かえって密度濃く開発が進められる結果となる。後に現れた統一王朝は、その成果を享受できるのである。

ただし、手をこまねいていたらダメである。分裂時代は、陸路も水路も途絶しがちであったから、「つなぐ力」、すなわち交通・物流の整備が必須の事業となる。隋は、文帝・煬帝の二代にわたる大運河の整備によって、見事にそれを成し遂げたわけである。

なお、四十一歳という当時としては若くはない年齢で即位したわりに、二十余年という短くない治世を持ち得た文帝のもとで、王朝内部の統治体制についてはかなりの安定を見た。

父の晩年に皇太子となった煬帝は、即位以前から施政について構想を練っていたのであろう。即位早々に東京の造営や大運河の建設を命じているのがその証であるが、やる気満々の煬帝の視線は、父親よりはるかに遠くを見つめていたように思われる。

例えば、長安から東の洛陽に軸足を移して、大運河へのアクセスの向上を図っているのは、北宋の都がさらに東の大運河沿いの開封《かいほう》に置かれたことからわかるように、時代を先取りしている。さらに、そこから東南に向かった大運河が長江と出会う江都（揚州）に、煬帝は離宮として江都宮《こうときゅう》を造営し、長らく滞在した。結果、この地は隋では長安・洛陽両都に次ぐ重要拠点となるが、唐代にはいっそう発展し、「揚一益二《よういちえきに》」（益は益州、四川省成都市一帯）と称えられるほどの経済的な繁栄を遂げた。やはり煬帝の目の付け所には、非凡なところが感じられるのである。

煬帝にとって揚州は、そもそも平陳戦の元帥として出鎮し、あるいは揚州総管として赴任していた思い出深い土地であった。そしてここが煬帝終焉の地となったことは、よく指摘される江南文化への傾倒など、心情的な要素も作用したものと考えられる。しかし、煬帝が揚州を愛した一番の理由は、やはり揚州の占める地政学上の重要性にあったのではないか。

## 煬帝の描いた未来予想図

前述したように、分裂時代は密度濃い発展のきっかけになり得るが、その最たるものが、東晋・南朝の存在である。華北一帯を主たる生存圏にしていた漢人は、五胡の進出を受けて江南に集団で移住した。そして、戸川貴行《とがわたかゆき》氏（二〇一五）が明らかにしたように、長安・洛陽にかわって、建康が新たな中華世界の中心たる都として再設定されることになった。すると、建康を中心にして、江南地域の開発が飛躍的に進み、さらに嶺南や東南アジア方面までもが視野に入ってくる。かくて、梁職貢図《れいめい》で見たような外交使節の往来や南海貿易が次第に盛んとなり、いよいよ海の時代の黎明を迎えるのである。

むろん、南の海ばかりではない。日本の派遣した遣唐使は何度か揚州の地にたどり着いているし、かの鑑真《がんじん》は揚州の生まれで、同地の大明寺《だいみょう》を去って日本を目指した。現代の地図で見ると、揚州は長江河口からかなりさかのぼった地点に位置するが、隋唐時代には海岸線が大きく内陸側に引っ込んでいたため、ずっと海に近かった。つまり揚州は、長江中上流域はいわずもがなであるが、長江以北と長江以南、そして海域世界の交わる場所として、抜群のロケーションを誇っていた。

煬帝がそれを認識していたであろうことは、黄河から北方に向かう永済渠《えいさいきょ》の終点とされた幽州《ゆうしゅう》もまた、モンゴリア・マンチュリア・華北の三つの地域の接点であったことからもうかがわれよう。幽州は、次節で述べる煬帝の高句麗遠征の出撃基地となって以来、徐々に発展を遂げ、金《きん》・元・明《みん》・清の歴代王朝の、そして現代中国の首都である北京に至るのである。

さらにいえば、洛陽と揚州を結ぶ大運河は、地球規模で眺めた時、中央アジアから長安に向かう陸のシルクロードと、東南アジアから広州を経て揚州に至る海のシルクロードを握手させる、最も重要な結節部分を構成していることがわかるであろう。現代の中国政府の唱える「一帯一路《いったいいちろ》」構想は、モンゴル・元のクビライがとうの昔に実現していたことだと考えられるが、この大事業は、煬帝の時には早くも姿を現しつつあったのである。

以上見てきたとおり、煬帝の造営事業は、目的は間違っておらず、またその先見性は図抜けていた。曲がりなりにも完成にこぎ着けた実行力も、十分評価に値しよう。しかし建設計画はあまりに性急で、民に集中的な負担を強いた。それが隋と煬帝の命脈を縮め、その成果を享受することを許さなかった。さらに、そもそもこの大土木事業は煬帝の遊興のための暴挙である、との悪評まで蒙るわけである。

次節では、そんなことになるとはつゆ知らず、煬帝がこの巨大構想を実現するために、せわしなく飛び回る様子を見ていこう。

## 2　親征する皇帝・煬帝

### 北へ

東京洛陽に腰を落ち着けること一年に満たない大業三年（六〇七）三月、煬帝の姿は京師長安にあった。その席も温まらない翌四月、煬帝は北方巡幸《ほっぽうじゅんこう》に出発した。出立に当たり、農地を荒らさないこと、道路敷設のために土地を接収する場合には補償を与えるべきことが命じられている。また五月には、太行山脈を横断する馳道《ちどう》（天子が用いる道）が開かれている。北方巡幸の目的の一つには、街道の整備があったと見て良いが、主たる目的は突厥の啓民可汗のもとを訪問することであった。

すでに述べたように、文帝のバックアップにより、突厥の大可汗となったのが啓民可汗であり、彼は文帝を「大隋聖人莫縁可汗」として敬い、恩義を感じていたようである。漢から唐にかけての中国王朝と周辺諸国・異民族勢力との関わりについては、「冊封《さくほう》体制（爵位や官職の授与を通じて中国と周辺諸国の君主が取り結ぶ形式的な君臣関係）」や「羈縻支配」といった言葉で説明されるが、つまるところ、最高権力者である皇帝といかなる関係を取り結ぶかの問題に行き着く。啓民可汗の存在は隋の北方政策の柱であるから、文帝亡きあと、煬帝が即位したのを受けて、改めて両者の関係を確認・強化する必要があった。

啓民可汗の隋への報恩の気持ちは、代替わり後も変わらなかったらしい。煬帝が北に向かっていると聞くと、まず息子を、ついで甥を立て続けに使者として送り、三度目にはみずからお迎えに参上したいと申し出るなど、たいそうな気の遣いようであった。煬帝がそれを許可せず、自分の方から長城を越えて楡林郡《ゆりん》（内蒙古自治区オルドス市）に至ると、六月二十日、啓民可汗は妻の義城公主を伴って煬帝のもとを訪れた。啓民可汗は馬三千匹を献上し、喜んだ煬帝は絹一万数千段を賜った。とりあえず名刺がわりといったところで、本番はこれからである。

翌七月、楡林郡の城東に巨大なテントが出現した。なんと一度に数千人が着席できるという代物《しろもの》で、大興城や洛陽などの設計を担った天才建築家・宇文愷《うぶんがい》の手になるものである。この「大帳《だいちょう》」に、啓民可汗ご一行さま三千五百人が招待されて大宴会が催された。はじめて見る雑伎・奇術の上演に突厥人は目を丸くし、お土産もたっぷり持たされて、ホクホク顔で帰っていった。

### 秘密兵器投入

大帳で開かれたこのイベントは、さながら現代、世界各地で興行を行う巨大サーカス団のようで、ちょっと信じがたい気もする。しかし、南朝に生まれ、北朝に囚われの身となり、隋に仕えて五九〇年ごろに波乱の生涯を閉じた顔之推《がんしすい》は、その著『顔氏家訓《がんしかくん》』の中で、こう述べている。「自分が江南にいた時には、千人収容可能な巨大な遊牧風テントなどあるものかと考えていたし、江南には二万斛《ごく》積みの巨船（約千二百キロリットル積載）があると教えても、北方人は誰も信じやしなかった。しかし現に存在するのだ」と。

翌大業四年（六〇八）三月から九月ごろにかけて、煬帝は再度、洛陽を発って北方をめぐり、遠く五原《ごげん》（内蒙古自治区バヤンノール市）に至っている。その出発に先立ち、将作大匠《しょうさくだいしょう》から工部尚書へと昇進させた宇文愷に、さらに二つの秘密兵器を製作させている。

一つは「観風行殿《かんぷうこうでん》」といい、移動・組立式の宮殿である。VIP以外に護衛の兵士数百人も収容可能な巨大な舞台が、轆轤《ろくろ》のような機構でグルグル回転し、三百六十度パノラマで風景を楽しめる仕組み。これを目撃した異民族たちは、みなビックリ仰天したという。

もう一つは「六合城《りくごうじょう》」。こちらはプレハブ工法で作られる移動式要塞といったものである。六合という一辺百七十七センチメートルの正方形に規格化された木板を製造・運搬し、現地で横に百二十枚（二百十二・四メートル）並べ、縦に六枚積み重ねた上に、同サイズの姫垣《ひめがき》を一枚載せて（あわせて高さ十二・三九メートル）城壁一面とした。城門や櫓《やぐら》が作られたのはもちろん、周囲には縄をめぐらせてセンサーとした弩《ど》の自動照準発射装置なども備えられ、万全の防衛システムであった。

のちに述べる高句麗遠征の際には、はるかにサイズアップした六合城が再登場しており、この城壁内に行殿（前述の観風行殿？）が収まって合体すると完成形態となるらしいのだが、組立に要する時間はわずか一晩。突如目の前に出現した「一夜城」を見た高句麗兵は、「神と為」したという。

ちなみに煬帝は、最初の北方巡幸中の大業三年七月に成年男性百余万を、また二度目途上の大業四年七月にも二十余万人を徴発して、楡林から東に向かって長城を修築させ、北斉時代に築かれた長城への連結を図っている。前者では、二十日間の過酷な突貫工事で死亡率が五～六割に達したという。

いわゆる「万里の長城」が果たした役割は、これほど有名な構造物にもかかわらず、実はあまりはっきりしない。その気になれば簡単に敵に突破されるのがいつものパターンなので、防御力を過大に評価することはできない。煬帝の行幸は、運河や街道といったインフラの整備という実利的な側面に加えて、龍舟や観風行殿・六合城を使ったデモンストレーションとがセットで実施されている。長城修築はどちらかといえば後者に属するように思われるのだが、あの手この手で異民族の度肝を抜き、力を誇示しなければならなかった背景には、いかなる事情があったのであろうか。

## 湧き出る詩心

大業三年八月、楡林での大宴会を終えた煬帝は、黄河を渡って北へ向かい、陰山の白道川付近の啓民可汗の牙帳《がちょう》（可汗の天幕のある本拠地）まで赴いた。啓民可汗が天幕を飾り道を清めて煬帝を迎えると、当代一との呼び声も高い詩人・煬帝は、大いに喜んで、次のように詠った。

鹿塞《ろくさい》に鴻旗《こうき》は駐《とど》まり
龍庭に翠輦《すいれん》は廻《めぐ》る
氈帳《せんちょう》は風を望んで挙がり
穹廬《きゅうろ》は日に向かいて開く
呼韓は頓顙《とんそう》して至り
屠耆は踵《くびす》を接して来る
索辮《さくべん》は氈肉《せんにく》を擎《ささ》げ
韋韝《いこう》は酒杯を献ず
何如《いかん》ぞや漢の天子の

さかもぎには大旗がなびき
可汗の居所には緑色の車がめぐる
毛織物のとばりは風にはためき
天幕は日に向かって口を開ける
呼韓邪単于《こかんやぜんう》が頓首して来て
屠耆《とき》単于は踵を接して来る
辮髪《べんぱつ》の頭で毛織物や羊の肉を捧げ持ち
なめし皮の弓籠手《ゆごて》をつけて酒盃を献じる
どうであろう、あの漢の天子

空しく単于の台に上ると　彼もただ単于台にのぼっただけである
（『騎馬民族史2』平凡社東洋文庫、一九七二年の山田信夫氏の翻訳を参考にした）

先に末尾の二句から解説すると、ここでいう「漢の天子」というのは前漢の武帝のことで、元封《げんぽう》元年（前一一〇）、武帝が大軍を率いて長城を越え、北方巡幸を行った際に「単于台」に登り、匈奴に使者を送って「天子たる余と戦うか、さもなくばすみやかに臣従せよ」と恫喝したことを踏まえている。なお、匈奴は恐れをなしたものの、武帝に従うことはなかった。これが「空しく上る」の謂《いい》である。

武帝との戦い以後、匈奴は内紛を繰り返して徐々に衰退していくが、五句目の「呼韓」とは、宣帝《せんてい》・元帝《げんてい》期に前漢に降伏し、かの王昭君を娶った「呼韓邪単于」を、六句目の「屠者」とは、呼韓邪単于に敗れて自殺した別の単于を指している。つまり、無駄足を踏んだ武帝なんぞと違って、私は確かに突厥を従えたぞ、とご満悦の煬帝なのである。

実は、大業三年の煬帝の北方巡幸は、新都の洛陽ではなく、いったん前漢の都でもあった長安までわざわざ足を運び、そこから楡林郡に向かったルートを含め、明らかに前漢武帝の行動を意識している。また、臣従後に地位を諸侯王《しょこうおう》の上に置かれたことは、匈奴の呼韓邪単于と突厥の啓民可汗で共通している。煬帝は詩に詠み込める程度には、漢と匈奴の故事に通じており、これを現実の対突厥政策にも援用していたと見て良いであろう。

なお煬帝は、「服装もろもろの礼式を中華風に改めさせて下さい」という啓民可汗の殊勝な申し出に対して、賛成する臣下の意見を却けて、「本来の風俗に従うのが天地の理であって、無理に同化させたりはせぬ。みんな違ってみんな良いのだ」と、なかなか優れた見識を示している。前掲の詩に、遊牧風のいでたちで肉や酒を献上する突厥人が描写されているのは、おそらく野蛮とさげすむ意図からではなく、胡漢を包摂する帝王としての度量を示しているのである。

ちなみに、渡辺信一郎氏の研究（二〇一三）によれば、隋唐皇帝が行幸する際の行列では、鮮卑語の歌辞による鮮卑音楽が演奏され、隋唐政権の根源が遠く鮮卑族に由来することを人々に宣布したという。つまり、中華皇帝の示威行動という外形は同じであるが、川本芳昭氏（二〇〇五・二〇二二）が指摘するように、本来、夷狄であったものが中国の正統王朝、新たな中華となるという逆転現象が生じている点に注意しなければならない。

### 草刈りの屈辱

さて、ここに見たような麗しい煬帝と啓民可汗の関係を、額面どおりに受け取って良いのであろうか。というのも、煬帝は先の発言の舌の根も乾かぬうちに、「粗末なテントに暮らす啓民可汗の心からの願い、無下にはできぬ。万寿戍《まんじゅじゅ》に中国風の家を建てて、生活用品も支給してやるように」と、まるで逆の命令を下している。そして、賑やかに、和やかに友好の宴が開催されている裏では、激しい外交的な駆け引きが繰り広げられていた。

裏方を担ったのは、すでに紹介した隋の突厥対策のエキスパートたる長孫晟である。そもそも、煬帝みずから五十万ともされる大軍を伴って、北方の楡林まで巡幸することは、いたずらに突厥を刺激しかねない。ましてや、さらに進んで啓民可汗の牙庭《がてい》（本拠地）まで乗り込むと聞けば、恐怖に駆られた突厥の激発を誘う心配もあった。

そこで、啓民可汗ともかねて顔見知りの長孫晟があらかじめ派遣され、煬帝の意図するところ、おそらくは「変に警戒して軽挙妄動せぬこと。可汗の天幕まで足を運ぶので、部下ともども謁見して臣従の態度を明らかにするように。お土産ならたくさんあるから」と言い含めておいたのであろう。

啓民可汗は、文帝にはずいぶん助けてもらった負い目もあるし、楡林ではたいそうなもてなしを受けたばかりだし、長孫晟のいうことなら、ということであろう、突厥の諸部落はもとより、奚《けい》・霫《しゅう》・室韋《しつい》など（いずれもモンゴル高原東部から中国東北部に居住した異民族）の首領数十人にも招集をかけ、お出迎えの準備を進めた。

するとここで長孫晟、何を思ったか啓民可汗のテント前の草を指さして、「この草は良い香りがいたしますな」という。怪訝《けげん》な顔で啓民可汗が嗅いでみるが、ただの草なので、「特に香りはいたしませぬが」と返答。すると長孫晟は、「天子が行幸なさるところでは、諸侯みずから辺りをはらい清め、敬意を示すものです。ところが天幕の周囲は草ボーボー、さては香草だから刈らずに残されているのだと思った次第です」という。啓民可汗はハタと悟り、「これはたいへんな粗相をいたしました。やつがれが、いまこうして生きておられますのも、みな天子さまのおかげ。それでこうして元気でおりますのに、草刈りの労ごときを惜しんだりはいたしませぬ。ただ悲しいかな、辺境の田舎者で作法を存じませなんだ。将軍のお心遣いでご教示いただき、何とも幸いに存じます」と応じると、みずから佩刀《はいとう》を抜いて草刈りを始めた。それを見て、部下たちも一斉に草刈りを始めた。隋と突厥の君臣関係を明示し、かつ強化する長孫晟の案じたこの一計に、煬帝も多いに喜んだという。

## 可汗庭での邂逅

かたや掃除の仕方がマズいと意地悪なしゅうとめのようなことをいわれ、いびられた啓民可汗の心中はどうであったろうか。むろん穏やかではなかったろうが、一度、皇帝に臣下と称すれば、可汗といえども草刈りまでさせられる屈辱に耐えねばならぬ、それが現実であった。しかし啓民可汗は、吉良上野介《きらこうずけのすけ》に切りつけた浅野内匠頭《あさのたくみのかみ》ほど直情径行《ちょくじょうけいこう》ではなかった。

その証拠に、大業三年八月、掃除も済んだ可汗の天幕に煬帝を、可賀敦である義城公主の天幕には蕭皇后を無事に迎え入れると、啓民可汗はちょうど自分のもとを訪れていた高句麗の使者を連れて、煬帝の接見を賜っている。

朝鮮半島北部から中国東北部を舞台に、紀元前からの長い活動実績を持つ高句麗は、隋の建国当初こそ友好の使者を送ったが、隋が南朝の陳を滅ぼすと、次は我が身と警戒感を強めていた。そして開皇十八年（五九八）には、高句麗軍が隋の遼西地方に侵入し、激怒した文帝は、愛息の漢王楊諒に腹心高熲を参謀につけて、高句麗征討の軍を起こした。

この最初の高句麗遠征は、全軍三十万のうち、八〜九割の損害を出す隋の大敗で終わった。もっとも、高句麗の側も下手《したて》に出て見せたので、形式的な和議が成立した。しかし、隋と高句麗の関係がギクシャクしているのは、その後も変わりなかった。啓民可汗がみずから高句麗の使者を隋側に引き合わせたのは、史料にいう「境外《きょうがい》の交《こう》」、すなわち隋に内緒で突厥が高句麗と仲良くしたりいたしません、隋に対して二心はございません、というアピールにほかならない。

煬帝は、部下の牛弘《ぎゅうこう》に命じて、高句麗の使者に「朕は啓民可汗が真心から隋を奉じているので、みずからその居所を訪ねた。来年は涿《たく》郡（北京市の南）まで出かける予定だ。お前は国に帰ったなら、国王によくいえ。何も自分から疑って恐怖を抱くには及ばぬ。中国に帰順すれば、受け入れの礼式は啓民可汗と同様に優遇してやろう。だが万一、入朝を拒むにおいては、まず啓民可汗を引き連れてお前の国へ乗り込むぞ！」といわせたので、高句麗の使者は大いに恐れたという。

しかし、高句麗王が入朝することはなかった。そしてこの一連の出来事が、三次に及ぶ煬帝の高句麗親征の呼び水となり、その失敗が直接的な原因となって隋は滅亡する、というのが一般的な理解となっており、それは大筋で正しいといってよい。

### 交錯する思惑

ただし、高句麗使に発した言葉とは異なり、翌大業四年（六〇八）に煬帝が涿郡に向かうことはなかった。一方で同年正月、黄河と涿郡を結ぶ永済渠の開削を命じている。永済渠が対高句麗戦における補給線の確保を大きな目的とすることに鑑みれば、煬帝は高句麗王が命令に従って入朝してくるのを悠長に待つ気などさらさらなく、いずれ準備が整い次第、親征する腹づもりであったようにも思われる。

では、煬帝が対高句麗経略において重視していたポイントはどこかといえば、それは突厥の動向であったと思われる。煬帝が、高句麗使への脅し文句の中で、繰り返し三回も啓民可汗を引き合いに出しているのが、何よりの証である。

隋が怒って見せたところで、高句麗が臣従などしないのは、父の文帝のころにすでに証明されている。ラチを明けるにはあと一押しが必要な状況で、高句麗が使者を派遣して連携の道を探るなど、隋への対抗上かなり頼りにしていた突厥の啓民可汗が、完全に隋サイドだと見せつけることができた。そこでこれ幸いと詔を発して、高句麗使にたたみかけたわけである。

なお、そうするように煬帝に入れ知恵したのは、嶺南経略でも活躍した切れ者の裴矩であった。彼は、「高句麗の地は、古く周・漢の時代から中国の領域でございました。ところがその後、野蛮な異民族の手に帰してしまい、先帝は長く征服を欲されていました。しかしその任を託された漢王の楊諒が不肖であったため、先の遠征はあえなく失敗に終わったのでございます。陛下の御世に当たって、このまま放置して良いはずがありませぬ」とたきつけた。歴史的な経緯とは、多くの場合、自国に都合よく組み立てられた虚像に過ぎず、これを引き合いに出すことで領有権を主張するのは、古くから用いられた陳腐な論法なのである。

さて、ここで改めて注意されるのは、さんざんダシにされた肝心の突厥の啓民可汗、彼の思惑はいかにという点である。高句麗との通交を敢えて隠さなかったのは事実であるが、果たしてそれが忠誠心の発露であったのか、筆者には疑問に思われる。

なぜならば、隋と高句麗との間に紛争が生じたとして、一番得をするのは誰あろう突厥ではないかと考えられるからである。突厥にしてみれば、期待どおりに隋の高句麗攻撃に協力し、恩を売りつつ戦場で財貨を掠《かす》め取るもよし。隋へは面従腹背《めんじゅうふくはい》して裏で高句麗と通じるもよし。いずれにせよ隋初の敗戦以降その下風《かふう》に立たされ、皇帝行幸ともなれば可汗みずから草刈りまでさせられる屈辱的な状況を改善していく上で、政戦両略の幅が格段に広がるのは間違いなかろう。とすれば、啓民可汗はむしろ故意に、煬帝と高句麗使を鉢合わさせた可能性すら生じて来るのではなかろうか。

煬帝の代替わりに合わせて、隋と突厥の友好的な君臣関係は、表面的には無事に更新された。しかし、それが継続性を持ち得たかどうか。まもなく煬帝のもとで頂点に達する隋の対外的発展を押さえつつ、確認していくことにしよう。

## 3　落ち着きのない皇帝・煬帝

### 裴矩と『西域図記』

隋煬帝期の対外政策のブレーンとなったのは、くだんの裴矩である。文帝期において、突厥の大義公主の謀殺、啓民可汗の慰撫、西突厥の達頭可汗の討伐など、裴矩の外交・異民族政策の分野での実績は十分であった。そこを買ったのであろう、煬帝は即位すると、東京の造営に関わらせたのち、裴矩を河西回廊《かせいかいろう》（甘粛省の黄河以西の地、南の祁連《きれん》山脈と北の北山《ほくざん》山地に挟まれて千キロ近い回廊状をなす）の張掖《ちょうえき》（甘粛省張掖市）に派遣し、西域との交易を管掌させることとした。

むろん、裴矩ほどの人物に単なる貿易事務の処理をさせたとは思えない。心中、対外的発展を狙う煬帝の意図を正確に読み取った裴矩は、来訪する西域商人に対して巧みな聞き取り調査を実施。シルクロード沿線にあるオアシス国家四十四ヶ国の国情・風俗から要害・地理に及ぶまで、西方経略に必須となる情報をまとめ上げた。すなわち、大業二年（六〇六）ごろに裴矩が著した『西域図記《さいいきずき》』三巻である。

入朝して裴矩が献上した『西域図記』は、カラフルな絵入りの図鑑に附録の地図までついていた。手にした煬帝の喜ばないことか。毎日、裴矩を召し寄せては質問攻めにしたという。この機をとらえた裴矩は、西域には宝物が極めて豊かであり、通交の妨げとなっている吐谷渾の討伐はたやすい、と盛んに煬帝に吹き込んだ。すっかりその気になった煬帝は、大業四年（六〇八）二月、西突厥に崔君粛《さいくんしゅく》を派遣して汗血馬《かんけつば》を持ち帰らせようとしている。汗血馬といえば西域遠征を実行した前漢武帝がただちに想起されるが、ふたたびいにしえの帝王への対抗心に火がついてしまった煬帝、次なる標的は吐谷渾であった。

## 吐谷渾と地の利

時をさかのぼること三百年、いわゆる五胡十六国の一つ、鮮卑族の建てた前燕《ぜんえん》の開祖と目される慕容廆《ぼようかい》に、吐谷渾なる腹違いの兄がいた。馬同士のケンカに端を発する弟とのトラブルに嫌気のさした彼は、身を引いてはるばる西方に移動し、黄河上流域付近にたどり着く。以来、その子孫が現在の青海《せいかい》地方一帯と地元の羌族などを支配下に置くと、やがて始祖の名を国号として吐谷渾と名乗るようになる。別名「阿柴虜《アシャ》」とも呼ばれた遊牧系勢力である吐谷渾では、君主が可汗を称する一方、農耕も行ったほか、漢字などの中国文化の摂取にも努めていた。

裴矩は『西域図記』の中で、隋代、西域に向かう道筋は、敦煌から先で三つに分かれると説明している。北寄りの伊吾《いご》ルート、中ほどの高昌《こうしょう》ルート、そして南寄りの鄯善《ぜんぜん》ルートであるが、吐谷渾は河西回廊および鄯善ルートのすぐ南にあって交通路を脅かす存在であった。また隋代以前、北朝と対立する南朝諸王朝が、西域やモンゴル高原の勢力と通交する際には、吐谷渾支配下の青海地方を経由せねばならなかった。吐谷渾はこの地の利を活かし、「吐谷渾ルート」ともいうべき交易路を押さえることで、かなりの経済的利益を得ていたようである。

政治的にも、南北朝の間でしぶとく立ち回っていたが、六鎮の乱で北魏が東西に分裂すると相対的に国力を高め、五四〇年ごろには、夸呂《こりょ》という君主が立って可汗を称する。夸呂は遠交近攻の原則に従って、西魏・北周よりも東魏・北斉との結びつきを強め、互いに通婚したほか、交易も盛んに行ったらしい。

隋成立後、文帝の目はまず突厥に、ついで南朝陳に向けられていたので、吐谷渾戦線では不拡大方針が貫かれた。開皇九年（五八九）に隋が陳を平定すると、夸呂は恐れて辺境への侵入を停止した。開皇十一年に夸呂が死んで子の世伏《せいふく》が跡を継ぐと、隋との修好に努めた。文帝の後宮に宮女を献じたいとの世伏の申し出は許されなかったが、逆に同十六年、隋の光《こう》化《か》公主が彼に嫁いでいる。翌年、世伏が部下に討たれ、弟の伏允《ふくいん》が推戴されるお家騒動があったが、吐谷渾側の希望を入れて、光化公主のレヴィレート婚が認められている。

猜疑心《さいぎしん》の強い文帝は、先に見た宮女を献ずる件もハニートラップか何かだと疑い、毎年やってくる朝貢の使者も偵察が目的に違いないといってはなはだ憎んだというので、決して警戒を解いたわけではなかったが、隋・吐谷渾関係は比較的安定していたといってよい。そして、煬帝即位後の大業三年（六〇七）六月にも、吐谷渾・高昌（新疆《しんきょう》ウイグル自治区トゥルファン盆地のオアシス国家）の使者が北方巡幸中の煬帝のもとを訪れており、また伏允は息子の順《じゅん》を事実上の人質として差し出しているくらいであるから、吐谷渾の側は恭順の姿勢を崩していなかった。

## 西方遠征

ところが隋の方が、ひそかに悪巧みをしていたのである。ちょうどこのころ、北の遊牧世界では、突厥と同じトルコ系の鉄勒が、西突厥の泥撅処羅《でいけつしょら》可汗を討って統制を脱し、一時自立の形勢を示していたが、その鉄勒が隋の敦煌方面に侵入する事件があった。一部の跳ねっ返りの行動であったためか、あるいは隋側の抗戦を見て態度を改めたものか、大業三年、鉄勒は改めて使者を派遣して謝罪し、隋への降伏を申し入れてきた。

そこで煬帝は、裴矩を派遣して鉄勒を慰撫し、吐谷渾を討って誠意あるところを示すよう吹き込ませた。おそらく裴矩の企画・立案であろうが、鉄勒はこの話に乗って吐谷渾を攻撃したので、吐谷渾は大ダメージを受けた。窮した伏允は東に向かって逃亡し、隋の西平《せいへい》郡（青海《せいかい》省西寧《せいねい》市）付近に身を寄せて救援を求めた。

これに対し、煬帝は腹心の宇文述らを西平郡の臨羌城《りんきょうじょう》に送り込み、吐谷渾が逃れてくるのを受け入れるそぶりであった。しかし、やけに大軍を引き連れているのを見て、どうも裏がありそうだと見抜いた吐谷渾勢は、改めて西南方面に逃亡を図った。宇文述はこれを激しく追撃して、多数の捕虜を得た。大業四年（六〇八）七月ごろのことである。

お膳立ても整ったところで、いよいよ皇帝陛下のお出ましである。大業五年（六〇九）正月八日、東京（洛陽）を東都と改称した煬帝は、同二十日に西方巡幸に出立する。二月十一日に京師長安に至り、三月八日に扶風《ふふう》（陝西省宝鶏市）にあった楊家の旧宅に立ち寄る。四月九日には狄道《てきどう》（甘粛省定西市《ていせい》）を経て、同二十七日に臨津関《りんしんかん》で黄河を渡河し、ついに西平郡に入った煬帝は、大閲兵式を挙行した。翌五月九日にも抜延山《ばつえんさん》で大規模な狩りを催しているが、ともに軍事的な示威と演習が目的である。煬帝が、西北の張掖を目指して、十四日に長寧谷《ちょうねいこく》、十六日に星嶺《せいれい》、十八日に金山《きんざん》（いずれも西平郡）と進むと、この大きな獲物に狙いを定めたかのように、どこからともなく伏允が姿を現す。

煬帝の進路を遮るように、祁連山脈の南麓付近に進出した伏允の動静をつかむと、煬帝は部下を四方に派遣し、長大な包囲網を築いて逆に伏允を狩りにかかった。危険を察知した伏允は、部下を影武者に仕立てて車我真山《しゃがしんざん》（青海省海北《かいほく》チベット族自治州）に送り込んで注意を引きつけさせると、自身は包囲を脱することに成功。煬帝の差し向けた追っ手を返り討ちにしつつ、党項《タングート》のもとに逃げ込んだ。

こうして吐谷渾を討った煬帝は、大業五年（六〇九）六月十八日、その地に、西海《せいかい》・河《か》源《げん》・鄯善・且末《しょまつ》の四郡（前の二つは青海省、後の二つは新疆ウイグル自治区の地）を設置し、東西四千里、南北二千里の地を新たに隋の統治下に編入した。同地域が中国王朝の支配するところとなったのは、この時がはじめてである。

大盤振る舞い

前漢武帝による河西四郡設置の向こうを張るような成功を収めて、煬帝は得意であった。さらに、祁連山脈を越えて張掖に向かう煬帝を、高昌国王の麴伯雅《きくはくが》と子の麴文泰《きくぶんたい》、伊吾（新疆ウイグル自治区哈密《ハミ》）の吐屯設《とトウとんドウンせシャドつ》（同地のソグド人首領に鉄勒が与えた監察・徴税官の肩書き）のほか、西域諸国の使者・商人たちや地元の張掖・武威の人々が盛大に出迎えた。大喜びの煬帝であったが、実はほとんどが仕込み、いわゆるサクラであった。

大業五年六月二十一日、煬帝は例の観風行殿で大宴会を催し、これら異国の使者たちに饗宴を賜ったが、特に高昌王と伊吾の吐屯設へのもてなしは格別であったという。それは両者が、前述した高昌ルート、伊吾ルートの要衝を占めているからであり、煬帝がさらなる西方経略・西域経営を目論んでいた表れといえよう。伊吾の吐屯設たちも、西域数千里の土地を献上するなどと申し出て煬帝のご機嫌を取っているが、むろん名目的なものに過ぎない。隋の勢力が直接及んだといえるのは、せいぜい伊吾までであった。

上機嫌で河西を後にした煬帝は、九月に長安を経て、十一月に東都の洛陽に帰着した。年が変わって大業六年（六一〇）正月、外国からの使者が大勢集まっているこの機会に、隋の繁栄ぶりを見せつけておきましょうということで、またもや裴矩のアイデアで大イベントが挙行された。

正月明けの十五日から月末までの期間、東都洛陽のメインストリートである端門街に、全国各地から奇術・曲芸のパフォーマー十数万人が大集合。都下の人々もみな着飾って街へ繰り出した。あまりの賑わいにじっとしていられなかったのか、煬帝もしばしばお忍びで見物に出かけ、これがのちの「元宵観灯《げんしょうかんとう》」の風俗につながるのだという。

なお、この「洛陽大道芸大会」とセットで催されたのが、「洛陽国際大見本市」である。洛陽には、豊都《ほうと》市・大同《だいどう》市・通遠《つうえん》市の三市があり、ここに多くの外国商人を案内して商いをさせた。店舗はみな絹の垂れ幕で美々しく装われ、店内に招かれては酒と食事をふんだんに振る舞われたので、異国の人々は感嘆の声をあげたという。

## 隋の全盛

この見本市に参加した外国商人たちの中には、張掖で煬帝を出迎えたあとそのまま、帰る煬帝に同行して上洛《じょうらく》した者も含まれていたと思われる。その意味では、煬帝によるトップセールスであったともいえよう。そのあたりも含めて、洛陽と張掖を往復した煬帝の西方遠征は、どう評価できるのであろうか。

確かに支配の拡大ということでいえば、西方遠征をもって帝国の領土は最大となり、百九十の郡、千二百五十五の県を有し、支配領域は東西九千三百里・南北一万四千八百十五里に及んだという（大業五年の数値）。ちなみに、煬帝は大業三年に州を郡に改め、これまで州の行政長官であった刺史を地方監察官に位置づけ直し、十四名の刺史に全国各地の行政を巡察させることにした。これも前漢武帝期の古制を意識した改革である。

また、当時把握していた戸数は八百九十万七千五百四十六戸、人口は四千六百一万九千九百五十六人とされる。これは漢代の全盛期に迫り、唐代、玄宗の開元《かいげん》年間まで回復できなかったレベルである。なお、煬帝の寵臣「五貴」の一人である裴蘊《はいうん》が、大業五年に実施した「貌閲《ぼうえつ》」、すなわち民の容貌を逐一チェックすることによって、年齢詐称などの不正を暴き、新たに六十四万千五百人を戸籍に載せてたたき出したのがこの数字だと思われ、ある程度の信憑性は認められる。しかし、やはり数字は数字に過ぎず、実態はいささか違ったようである。

まず、吐谷渾を討ったといっても、可汗の伏允は逃亡して健在であった。煬帝は、人質として確保しておいた伏允の子の順を傀儡として送り込もうとするが、吐谷渾人同士の内輪もめで計画は頓挫していた。吐谷渾の問題はいまだくすぶっており、解決を見たわけではなかった。

そんなところに、前漢武帝のひそみに倣って四郡を設置してはみたものの、実際には軍事拠点をいくつか置いて、軽犯罪者を守備兵として送り込んだ程度に過ぎなかったようである。しかも新占領地への補給を押しつけられた西部辺境地帯の諸郡では、重い負担でたちまち百姓が困窮するようになった。一般には、高句麗遠征で主たる徴発対象とされた東方で民衆が疲弊し始め、これが隋崩壊の引き金になったとされるが、実は、西方が一歩先んじていた。

このように、賑わう洛陽の喧噪《けんそう》を離れれば、地方は確実に荒み始めていた。そのことを洛陽の見本市に招かれた、あるソグド商人の慧眼《けいがん》は見抜いていた。木々にまで絹の衣服を着せて、「中国は豊かだから無銭飲食も問題なしです」などとうそぶく連中に、「裸同然の貧しいヤツがゴロゴロいるのに、木に服なんて着せてどうすんの？」とピシャリ。そういわれて返す言葉もなかったというが、隋の国勢は早くもピークを迎えてあとは落ちるのみ。しかもそれは暴落といって良いレベルであった。

### なぜ動き回るのか

以上、造営と親征を繰り返す煬帝の様子を見てきたが、諸氏による検討をさらに精緻に確認した前島佳孝氏（二〇二〇）によれば、十四年弱の治世中、煬帝が新都の洛陽に滞在した期間は五十二〜五十三ヶ月＝四年強に過ぎず、さらに驚くべきことに、隋の都（京師）とされる長安にはわずか八〜九ヶ月しかおらず、長安で新年を迎えたことが、ただの一度もないことが明らかにされている。

まさに落ち着くシマのない移動ぶりであるが、皇帝一人で動くわけではない。官僚・兵士・女官《にょかん》など、みな引き連れての移動である。突厥啓民可汗のもとに行幸した際、蕭皇后が義城公主のテントを訪問しているように、当然のように皇后も同行していた。動きやすさを考えて、大業六年（六一〇）には、行幸に従う文武百官は戎衣《じゅうい》（筒袖の上着に小口の袴を組み合わせた軍服）を身につけよ、との詔が出されている。

道のりも楽ではなく、特に厳しかったのは張掖行きである。平均海抜四千メートルに達し、氷河を戴く高峰も連なる祁連山脈。これを南から北へ越えようと通過したのが、大斗抜谷《だいとばっこく》（甘粛省張掖市民楽《みんらく》県南の扁都口《へんとこう》に比定）であった。人一人やっと通れるほどの隘路《あいろ》を、延々長蛇の列をなして進むうち、急な天候悪化で身動きとれなくなり、兵士も女官も身を寄せ合って暖を取ったものの、士卒の半数以上が凍死する大惨事となった。

もっとも、その手前で浩亹河《こうもんが》（現大通河《だいつうが》）に架橋した際、煬帝が渡った直後に橋が落ちたので、責任者十名が斬り捨てられている。道中の危険を冒しているのは煬帝も同じなのであり、煬帝の姉の楽平《らくへい》公主こと楊麗華（もと北周宣帝の皇后）が、張掖で客死《かくし》していることからわかるように、いかな貴人とて例外ではなかったのである。

ちなみに、単に移動しているだけではない。移動しながら次々と詔を発して、政務を執っていた。ある時など、煬帝が龍舟で移動しながら人材登用を実施せよと命じたので、選考対象者三千余人が徒歩で龍舟にくっついて歩くこと三千余里（千五百キロ超）。ろくに面倒もみてくれないので、十人中一～二人が飢えや寒さで死んだという。隋で始まったとされる科挙に、体力検査は含まれていなかったはずだ。

このように、煬帝期の政府は、さながら「移動宮廷《いどうきゅうてい》」の様相を呈しており、長安なのか洛陽なのか、それとも江都なのか、どこが首都かと問われても、実はよくわからない。巡幸を繰り返して客死した秦の始皇帝。遊牧民の生活サイクルに従って、夏は北の陰山で避暑をし、冬場は南の都の平城に滞在する「陰山却霜《いんざんきゃくそう》」を実施していた北魏前期の諸帝や、遼・金・元の皇帝・ハーンたち。あるいは遠くフランク王国のカール大帝以下、中世ヨーロッパの国王まで、比較の対象には事欠かない。一つだけ確かなのは、どこだろうが煬帝のいるところが中心になる、ということである。

あるいは煬帝の狙いは、拠点都市と運河・街道からなるネットワークのどこにいても、常時政務を執ることが可能なシステムの構築にあったのかもしれない。そのことを裏付けるかのように、洛陽でお正月のイベントを満喫した煬帝は、大業六年（六一〇）三月には江都宮へ二度目の行幸を行う。そして六月には、江都太守《たいしゅ》の俸禄《ほうろく》を京兆尹《けいちょういん》（首都長安周辺を管轄する行政長官）と同じくし、江都の扱いを長安並みに引き上げた。同じ年、江都から先、長江南岸から江南河《こうなんが》を開削して杭州に至る延伸ルートを整備したことと合わせて、江都をネットワーク上の拠点として、いっそう重視しようとする意思の表れであろう。

前漢武帝への憧憬と前代未聞の大事業の推進。古さと新しさをともに追い求める煬帝が、さらに志向した先はどこか。次章で見ていこう。

# 第6章　高句麗征討から天下大乱へ

## 1　高句麗征討計画と「日出ずる国」からの使者

### 超大国・隋の登場

煬帝が北の啓民可汗との君臣関係を更新し、西では吐谷渾の伏允を駆逐するのに成功したことはすでに見たが、それら一連の対外政策を主導した裴矩の調略の手は、さらに遠く西突厥にも及んだ。

煬帝即位当時、西突厥のリーダーを泥撅処羅可汗といい、彼の生母の向《しょう》氏は、中国出身の女性であった。開皇年間の末、向氏が京師長安に入朝していた時に、西突厥と隋が交戦状態に突入したため、人質同然に鴻臚寺（外国使の応接に当たる官署）に留め置かれていた。大業四年（六〇八）、隋は泥撅処羅可汗の母想いにつけ込んで彼を臣従させておきながら、その一方でライバルの射匱《しゃき》（達頭可汗の孫）には、「そなたを大可汗に任命するから泥撅処羅可汗を討て。さすれば望みどおり公主の降嫁も認めよう」といってたきつけた。不意を突かれて命からがら逃走した泥撅処羅可汗は、結局、張本人である煬帝のもとに身を寄せることになった。

悪辣な二枚舌外交で、隋は西突厥に対しても優位を確保したのであるが、このころ西突厥に遣わされた使者の一人に、韋節《いせつ》という人物がいた。以前、彼は部下の杜行満《とこうまん》とともに西域を経て、北インドのガンジス川中流域まで到達し、火ネズミの毛（アスベスト？）などの珍宝を持ち帰ったことがある。またその使節団メンバーかと推定される李昱《りいく》は波斯《はし》、すなわち当時のササン朝ペルシアに至ったという。韋節の手になる旅行記の『西蕃記《せいばんき》』はすでに散逸し、わずかな逸文しか見ることができないが、インド・ペルシアの情報も、煬帝の耳に届いていたと思われる。

煬帝の関心は、東南の海域世界にも向けられる。文帝の仁寿三年（六〇三）ころからベトナム南部にあった林邑《りんゆう》《チャンパ》の攻略が進められていたが、煬帝の大業元年（六〇五）には一時的ながら征服・占領することに成功。ついで大業三年（六〇七）には、朱寛《しゅかん》を流求国《りゅうきゅうこく》に派遣し朝貢を勧めさせている。流求国がどの地に当たるかは諸説あるが、おそらく台湾であろう。

翌大業四年の入朝交渉も不調に終わると、大業六年（六一〇）、煬帝は出兵を命じ、国王を斬り、捕虜数千人を連れ帰らせている。

そして大業四年（六〇八）三月には、赤土国《せきどこく》（インドシナ半島からスマトラ島まで、比定地には諸説あり）の使者がやって来ている。おそらくこの使者の帰国に同行したのが、常駿《じょうしゅん》ら隋の使節で、無事に赤土国に到着した彼らは現地で歓迎を受けている。そして今度は逆に、赤土国の王子の那邪迦《なやか》を伴って隋へ帰国する。接見した煬帝はご機嫌で、常駿・那邪迦らに褒美を取らせている。

大業四年に赤土国と同時に迦羅舎国《からしゃこく》（インドシナ半島中西部？）の使者も到着しているほか、遅れて大業十二年（六一六）には真臘国《しんろうこく》（カンボジア）・婆利国《ばりこく》（バリ島？）・丹丹国《たんたんこく》（マレー半島？）・盤盤国《ばんばんこく》（タイのバンドン湾付近？）の使者も来ている。超大国となった隋の威光は、東南アジア諸国にも及びつつあり、残るは東方のみであった。ところがその東方では、暗雲が漂い始めていた。

### 東方問題

朝鮮半島北部から中国東北部にかけての地域が、地政学上、極めて重要な位置を占めるのは、昔も今も同様である。前一世紀、この地に成立した高句麗は、三一三年、前漢武帝期以来、中国王朝の出先機関的な存在であった楽浪郡《らくろう》（平壌《ピョンヤン》付近に比定）を攻め滅ぼす。一方、楽浪郡の南部を割いて置かれた帯方郡《たいほう》も、半島南部に居住する韓族《かんぞく》などの攻撃を受けて同じころに滅ぼされた。

韓族は大きく三つのグループ（三韓）からなるが、四世紀には南西部の馬韓《ばかん》の中から百済《ひゃくさい》《くだら》が、南東の辰韓《しんかん》からは新羅《しんら》《しらぎ》が形成される。残る南端の弁韓《べんかん》は加羅《から》（加耶《かや》）諸国となり、六世紀半ばに新羅が併合。以後、南北朝後期の中国大陸と同様、朝鮮半島も本格的な三国鼎立時代に突入する。角逐《かくちく》を有利に進めたい三国は、それぞれの思惑を持って、新生隋にアプローチを試みた。

隋文帝が即位した開皇元年（五八一）十月には、早くも百済の使者が祝賀に訪れ、その王である扶余昌《ふよしょう》に、上開府儀同三司《じょうかいふぎどうさんし》・帯方郡公・百済王の爵位が授けられている。わずかに遅れて十二月には、高句麗の使者も朝貢してきたので、王である高湯《こうとう》には、百済よりやや上位の大将軍・遼東郡公・高麗王を授けている。その後も、高句麗の隋への使者の派遣は頻繁で、年に複数回、使者が訪れるほどであった。

ところが五八九年に陳が平定され、南北朝の分裂に終止符が打たれたころから、だんだんきな臭くなってくる。高句麗は、隋と並んで陳への使者の派遣も継続し、いわば二股をかけていたのだが、陳が滅ぼされると、次は我が身と恐れて防衛態勢の強化に動き出したのである。

高句麗のピリピリした雰囲気は隋にも伝わり、そうなると高句麗のやることなすこと、疑わしく思われてくる。いらだつ文帝は、「遼河と長江で川幅が広いのはどっちだ？　高句麗の人口は陳と比べてどうだ？　そのあたりをよく考えてみろ」と、まるっきり脅迫状のような手紙を送りつけたのである。

ちなみに、五八九年の陳滅亡時の戸数は五十万、六六八年に唐に滅ぼされた時点での高句麗の戸数は六十九万余りと伝えられる。高句麗が陳を上回っていたように思うのだが、いずれにせよ脅しが利きすぎたのか、謝罪の使者を派遣する前に高湯は病死し、子の高元《こうげん》が跡を継いだ。親の罪は子にも及ぶ、そういう時代であるが、なぜか大目に見てもらった高元は、父よりワンランク下の上開府儀同三司と、父と同じ遼東郡公の爵位を授けられた。なお、高元が父と同じ「王」の称号も希望すると、これもなぜか許される。厳しい言葉とは裏腹に、懐柔できるものなら懐柔したいというのが、文帝の本音であったかもしれない。

それを見透かした上か、開皇十八年（五九八）、高元が靺鞨《まっかつ》（東北アジアに住んだツングース系民族）の兵士一万騎余りを率いて隋領に侵入。激怒した文帝が三十万の大軍を差し向けるが、壊滅的な敗北を喫したことは、すでに見たとおりである。このように隋の北東《うしとら》に位置する高句麗が、文字どおりの鬼門《きもん》となってきたのである。

## 化かし合い

さて、対立含みの隋と高句麗の間にあって、巧妙に立ち回ろうとしたのが百済であった。百済も高句麗と同様、隋と陳に二股をかけていたが、陳滅亡後の対応は高句麗と対照的であった。平陳戦に参加した隋の兵船が難破して済州島《さいしゅうとう》に漂着したのを手厚く保護して送還したり、開皇十八年の隋の高句麗討伐の際には郷導《きょうどう》（道案内）を申し出るなど、ちゃっかり隋への接近に成功している。

そう書くと節操がないように聞こえるが、そうではない。百済は長く北からの高句麗の圧迫に悩まされており、五世紀には首都陥落の憂き目にも遭っている。安全保障上、隋との連携は欠かせない。しかしすでに見たように、隋の冊封を受けることはその風下に立たされることを意味したし、最悪、隋が直轄支配に乗り出してこないとも限らない。百済の隋への支持と臣従の表明は苦心の一手であり、実は裏で高句麗とも通じ、保険をかけておくことも忘れなかったのである。

百済・高句麗にはだいぶ遅れたが、開皇十四年（五九四）には、新羅の王・金真平が隋に使者を送り、上開府儀同三司・楽浪郡公・新羅王の位を授けられている。この新羅こそが、山川の険を利として独立を保ちつつ、徐々に勢力を伸ばし、やがて朝鮮半島統一に成功し、最終的な勝者となった。主演俳優の新羅が、舞台袖で出番を待っていた感がある。

　このあと七世紀半ば過ぎにかけて、高句麗・百済・新羅が織りなした複雑な動静は、そもそも隋の登場が起因となっている。しかし隋には、これを完全にコントロールできるほどの力はない。むしろ、三国の争いに不用意に関与してしまったことが仇となり、やがて泥沼の戦争に巻き込まれていくのである。そしてここでもう一人、重要なキャラクターとして登場してくるのが、ほかならぬ倭であった。

## 日出ずる国からの使者

　倭の五王《ごおう》以来、ゆうに百年を超える空白を経て、久方ぶりに倭から中国大陸に派遣されたのが、開皇二十年（六〇〇）の遣隋使である。二年前に隋と高句麗が本格的に矛を交えたことへのリアクションかと推測されるが、姓を「阿毎《あめ》」、字を「多利思比孤」という倭王が派遣した使者が、大興城で文帝に謁見を賜ったこと、倭の風俗に関する文帝の下問にトンチンカンな返答をしたこと、それを聞いた文帝が、「たいへん道理のないことである」と訓戒し、倭王の行為を改めさせたことなど、ご存じの読者も多いであろう。

　しかし、開皇二十年の遣隋使について記すのは『隋書』のみで、『日本書紀』には記載がない。このように遣隋使研究の基礎史料というべき両書には相互に出入り、ないし齟齬する部分がある。そのため遣隋使は何回派遣されたのかといったごく基本的な点についても諸説あり、実ははっきりしないのである。

それら個々の疑問についての検討は専門の研究書に譲り、ここでは、倭の遣隋使について考える際に押さえておきたいポイントを、一つだけ挙げておきたい。それは、より広くとらえる、ということである。

倭の遣隋使について、まず倭の狙いを考察するのは手順である。しかし、倭から隋への一方通行の「日中外交」という視点から見るのは論外である。なぜならば、倭と隋の間には高句麗・百済・新羅が存在し、三国にはそれぞれの思惑があって、倭や隋と交渉を持っており、倭がこの三国の頭越しに隋とだけコンタクトを取ることは、想定しがたいからである。事実かどうかはともかく、大使の小野妹子が帰国途中の百済において、大切な隋からの返書を奪われたと証言していることに、それは明らかである。当然ながら、倭の視界に大映《おおうつ》しになっていたのは、近くの朝鮮半島の方で、対外関係の主眼もそこに置かれていた。

一方、文帝から代替わりした煬帝の対外政策は、東アジア情勢をにらみつつ、より広くユーラシア大陸東部全域を視野に入れて立案されていた。すでに見たように、六〇七年、啓民可汗のもとで高句麗の使者を恫喝した煬帝は、六〇八年正月には永済渠の開削を命じて戦争準備を開始。直後の二月に、西突厥の泥撅処羅可汗に臣従を求める使者を送り、のちに射匱との離間に成功し、翌六〇九年には吐谷渾親征を敢行している。

そして、小野妹子が持参した「日《ひ》出ずる処《ところ》の天子、書を日《ひ》没する処の天子に致《いた》す、恙《つつが》なきや」の国書を見た煬帝が、外務大臣に当たる鴻臚卿に、「このような無礼な手紙を、二度と朕に見せるな」と怒っておきながら、帰国する妹子にわざわざ裴世清《はいせいせい》を同行させ、倭王（とされる人物）との面会を果たさせたのは、ちょうどこの間、六〇七年から六〇八年にかけてのことであった。その狙いは、つとに指摘されているように、倭を高句麗から切り離し、高句麗を孤立させることにあったと考えられる。それは西突厥や吐谷渾を討って後方の安全を確保したことと同じく、高句麗遠征に向けた壮大な戦略の一環だったのである。

## 大親征の詔、下る

大業六年（六一〇）正月の二十七日、前章で見た「洛陽大道芸大会」「洛陽国際大見本市」が月末のクライマックスを迎えるころの洛陽に、倭国の使者もやってきたと『隋書』煬帝紀は記す。『日本書紀』に対応する記述はないが、煬帝もお忍びで見物したというこの大イベントに、参加しそびれていたなら損というものである。

同年三月、賑わう洛陽を発した煬帝は南へ向かい、一年近くを江都で過ごしている。落ち着きのないこの男にしては珍しいが、翌大業七年（六一一）二月四日、百済の使者の来訪を受けて休暇は終わる。百済はかねて高句麗討伐の出兵を求めており、この時も重ねて要請したものと推測される。友邦とその人民を救う、侵略戦争には格好の大義名分を得た煬帝は大いに喜び、ついに腰を上げる。

同年二月十九日、煬帝は、龍舟に乗り込んで一路、涿郡を目指した。そして約二ヶ月後の四月十五日、煬帝が涿郡の臨朔宮《りんさくきゅう》に到着しているが、この間、開戦の準備も急ピッチで進められている。例えば、山東半島の北側沿岸では、渡航作戦に備えて軍船三百艘の建造が命じられたが、長時間の水中作業でふやけた腰より下にウジが湧き、死ぬ者が三〜四割に達したという。煬帝の大動員令は、人民の犠牲など斟酌しなかった。

大業八年（六一二）の元旦、準備は整った。涿郡に集結した隋軍は、総勢百十三万三千八百人、号して二百万。輸送等を担う非戦闘員はその二倍。空前絶後の大軍団である。そして翌二日、宣戦の詔は下された。大親征の始まりである。

## 未曽有の大行軍

情報通信技術の発達していなかった当時、大軍は集めるよりも、運用する方が難しかったであろう。煬帝は、遠征軍を左右各十二の全二十四軍に編制。正月三日から一日一軍ずつ、四十里間隔で出立させたので、行軍の列は延々九百六十里（約五百キロ）。そのあとにようやく煬帝の本陣がつづいたが、留守番を残して中央官庁も丸ごと付き従った。ちなみに、各軍を構成する下部組織である団《だん》ごとに鎧兜などの装備の色が変えられ、おおむね百人に一本の旗指物を立てたというから、さぞカラフルかつきらびやかであったろう。「近古《きんこ》、師《し》を出すの盛んなること、未《いま》だ之《こ》れ有らざるなり」という、未曽《みぞう》有の大行軍であった。

しかし、孫子《そんし》いわく、「兵は拙速《せっそく》を聞くも、いまだ巧久《こうきゅう》を睹《み》ず」と。一軍を率いていた名将の段文振《だんぶんしん》は、陣中で発病すると、「とにかくすみやかに進軍して敵の不意に出て、本拠地の平壌を一気に突くのでなければ、やがて秋の長雨に地はぬかるんで足を取られ、兵糧が尽きたところを狙われまするぞ」と言い残して世を去った。煬帝は、その死を非常に惜しんだというが、この貴重な遺言を活かすことはできなかった。

六一二年三月十四日、隋の全軍が遼河の西岸に集結。一方、高句麗軍は遼河を頼みに東岸で守りを固めている。煬帝は天才技術者の宇文愷に命じ、浮き橋を三本造らせて一気に押し渡ろうとした。ところが完成した浮き橋を架けてみると、なんと対岸まで数メートル足りない。弘法も筆の誤りであるが、水に飛び込んで対岸を目指した隋兵はバタバタ射殺され、一時撤退を余儀なくされた。

二日後、橋の延長作業が完了すると、今度は隋が攻めるターンである。東岸の守備を蹴散らし、万余《まんよ》の敵兵を討ち取った隋軍は、勝ちに乗じてそのまま敵方の遼東城を取り巻いた。

野戦《やせん》は不利と見て籠城戦に切り替えた高句麗勢であるが、やはり多勢に無勢、落城は避けがたいかと思われた。

しかし、孫子いわく、「将、軍に在りては君命《くんめい》も受けざるところあり」と。君主の余計な口出しで軍を危機にさらすことを戒める言葉であるが、煬帝はまるで逆に、「逐一、私の指示を仰ぎ、勝手な行動はするな。特に高句麗の降伏は積極的に受け入れよ、攻撃してはならぬ」と厳命していた。そうと知ってか、遼東城の敵兵が苦し紛れに降伏を申し入れてくると、前線の将軍はスキを突いて攻撃すれば良いものを、「いかがいたしましょうか」といちいち、煬帝におうかがいを立てた。ところが、煬帝の返事が届くころには、敵兵は破損箇所の修理を完了させてしまって降伏などしない。こんなことを再三繰り返したが、ついに煬帝はみずからの過ちを察し得なかったという。

## 未曽有の大敗北

六月十一日、いつまでも遼東城を抜けないことにしびれを切らした煬帝は、諸将を激しく叱責。思いっきり行動を制限しておきながら動きが鈍いと激怒されては、部下はたまったものではないが、遼東城は相変わらず落ちそうにない。

そこで煬帝は、包囲をつづける一方、寵臣「五貴」のメンバー宇文述を司令官として、大規模な別働隊を高句麗の都の平壌に差し向けることにした。しかし、高句麗が一枚上手であった。大臣の乙支文徳《いっしぶんとく》が、まず降伏を装って隋陣営を漏れなく内偵した上で、鴨緑江《おうりょくこう》を渡って進軍してきた隋軍に対しては、七度戦い七度敗走する偽装撤退を仕掛け、とうとう平壌まで十数キロのところに引きずり込んでしまう。ここで乙支文徳、「撤退していただければ、王の高元ともども、皇帝陛下の行在所《あんざいしょ》に参上いたします」と、仕上げの殺し文句を投げかけた。

士卒は疲弊の極みにあり、平壌城は堅固でとても抜けそうにない、そう判断した宇文述は帰還を命じる。しかし撤退こそ至難であり、逃げにかかった軍隊はもろいものである。案の定、高句麗軍に追いに追いまくられた隋軍は総崩れとなり、全九軍、三十万五千あった大軍のうち、遼東城に生還したのはわずか二千七百に過ぎなかった。

七月、陸軍が惨敗を喫する以前、来護児《らいごじ》が率いる水軍も、平壌城下に迫りながら敵の伏兵にあって撤退しており、第一次高句麗遠征は、隋の完敗に終わった。ところが煬帝は、帰還途上の八月には、早くも前線基地への食料輸送・備蓄を指示しており、リベンジする気満々である。

翌大業九年（六一三）正月二日、ふたたび天下の兵士に涿郡への集結が命じられた。今回、実戦部隊として新たに編制されたのが「驍果《ぎょうか》」であった。これは一種の志願兵で、腕に覚えの一旗組《ひとはたぐみ》といったところである。二月、「高句麗ごとき小国、何する者ぞ。必ず勝つ」と豪語した煬帝は、三月四日、遼東に向けて出発。四月二十七日には、遼河を渡っている。

秋の長雨、ましてや冬将軍の到来前にケリをつけないといけないという大前提があるので、スケジュールは前回と大差ないが、変えてきたところもある。煬帝は、諸将の「便宜従事《べんぎじゅうじ》」、つまり自己裁量を認めたのである。遅ればせながら、自分が口を出し過ぎたせいで失敗したことに思い至り、同じ轍は踏むまいというわけだ。今回も遼東城をめぐって昼夜分かたぬ二十日余りの激戦が展開され、両軍におびただしい犠牲者が出たが、落城する気配はない。そこにまさかの緊急事態が勃発した。六月、重臣の楊玄感《ようげんかん》が突如、叛旗を翻したのである。

## 2　動乱の始まり

### 楊玄感、叛す

楊玄感は、元勲楊素の跡取り息子で、当時、黄河と永済渠の交差点に当たる黎陽《れいよう》（河南省鶴壁市《かくへき》）で、軍需物資の前線への輸送を担当していた。何不自由ない身であるはずの彼が、なぜ叛《そむ》いたのか。「富貴《ふうき》を極めた私が、一族皆殺しとなる危険をも顧《かえり》みずに立ち上がったのは、ひとえに天下の苦しみを救わんがためである」、とはあくまで本人の口上《こうじょう》である。ちなみに、「日出ずる処」の国書の件で煬帝に叱られた鴻臚卿は、この楊玄感であった可能性があるようだが、その逆恨みというわけでもあるまい。

すでに見たように、楊素は煬帝即位の立役者《たてやくしゃ》であった。しかしひとたび皇帝になってしまえば、即位の陰謀を知り尽くし、またその功で位人臣《くらいじんしん》を極めた権臣など邪魔でしかない。楊素もそこはわかっていて、病に倒れると投薬を拒否し、穏やかに天寿をまっとうすることを望んだという。一方の煬帝は、見舞いのフリをして早く死なないか様子を見ていたとか、死去の報に接すると、「いましばらく生きておったら、一族みな殺しじゃったのう」と毒づいたとか、いやホントに毒殺したのだという異説まである。楊素が死去したのは、大業二年七月のことであった。

楊玄感はそうした事情をよく承知していて、我が身と一族が生き残るには、煬帝を打倒して自分がトップに立つ以外にないと考え、謀叛の機会をうかがっていたのである。実は、先の吐谷渾遠征の際にも、煬帝の身辺警護が甘いところを狙って襲撃を企てながら果たせなかった。しかし、いま黎陽で挙兵すれば、煬帝を兵糧攻めにしつつ、高句麗と挟み撃ちにできる。これ以上のチャンスは、二度とめぐってこないかもしれない。決断の時である。

六月三日、楊玄感はついに挙兵する。基本方針としては「開皇の旧」、すなわち文帝時代への回帰を高らかに標榜した。隋とともに栄えてきた楊玄感と楊一族であるから、隋そのものを批判しては自己否定になりかねない。そこで煬帝と大業年間の治世に批判のターゲットを絞ったわけである。ちなみにこのスローガンは、その後、隋末の反乱勢力の間で流行しており、大方の賛同を得られるものであった。

当時、煬帝のお気に入りの一人に兵部侍郎《へいぶじろう》、つまり軍務副大臣格の斛斯政《こくしせい》なる人物がいた。楊玄感と親しい間柄であった斛斯政は、反乱後も、楊玄感にひそかに便宜を図ってやっていた。煬帝が楊玄感との内通者がいないかあぶり出しにかかると、不安に駆られた斛斯政は、六月二十六日、よりによって高句麗陣営に逃げ込んだ。斛斯政から楊玄感の乱のことが漏れ、いま高句麗に攻められたら、それこそ前門のトラに後門のオオカミ、袋のネズミである。二十八日夜、煬帝は諸将に撤退を命じた。厖大な物資もせっかくこしらえた陣地も、何もかも放り出しての退却である。

かくして、二度目の遠征も隋の完全な敗北で終わった。一方、楊玄感の乱はわずか二ヶ月で鎮圧され、八月、楊玄感も敗死している。味方の人的損耗を抑えつつ撤兵に成功し、楊玄感の乱もすみやかに鎮圧した煬帝の手腕には見るべきものがある。しかし、帰還途上の上《じょう》谷《こく》郡（河北省保定《ほてい》市）で、おもてなしがなっていないと激怒して、郡太守を突如罷免したかと思うと、次の定州改め博陵郡では、自身八歳のみぎりに、父楊堅の総管赴任に従って同地で過ごしたことを思い出して、急に追憶の涙にむせんだりしている。自信満々、強気で押してきた煬帝の精神は、明らかに変調をきたしつつあった。

**見せかけの勝利**

大業十年（六一四）二月三日、煬帝は三度目の高句麗遠征について議論するよう臣下に命じたが、数日間、誰も口を開かない。いや開けないまま、第三次高句麗遠征の実施が決まった。

同二月二十三日、天下に兵士の徴発を命じ、三月十四日、煬帝が涿郡に到着。その後、同二十五日に臨渝宮《りんゆきゅう》（河北省秦皇島市《しんこうとう》）、四月二十七日に北平（同前）を経て、七月十七日、煬帝はようやく遼河西側の懐遠鎮《かいえんちん》（遼寧省遼陽市《りょうよう》の西）に至っている。旧暦の七月といえば、すでに秋冷《しゅうれい》の候《こう》。前二回の遠征ではもう撤退している時期なのに、やけにモタモタしている。

それもそのはずで、このころすでに、煬帝率いる直属軍からも兵士の逃亡が絶えず、涿郡への集結を命じられた兵士も、各地で反乱が相次ぐ中で、期日までに到着できないありさまだったのである。かたや高句麗の方も、三度目ともなればさすがに疲労困憊《こんぱい》。来護児率いる隋の水軍が平壌に向かう勢いを示すと、恐れをなした高句麗王の高元は、七月二十八日、降伏を申し入れ、手土産として裏切り者の斛斯政を送還してきた。煬帝は大喜びで、八月四日に懐遠鎮を引き払って帰途についた。

十月三日に東都洛陽を経て、二十五日に長安に到着し、太廟《たいびょう》（天子の先祖の位牌を祀るおたまや）に戦勝報告を行った。いけにえに供されたのは、斛斯政である。十一月二日、処刑台に縛り付けてハリネズミのように射殺したあと、五体を引き割いて鍋に放り込んで烹《に》て、文字どおりの割烹《かっぽう》料理を臣下に食らわせた。満腹するほど食べて煬帝におもねる者がいたというから浅ましい限りだが、残った骨も燃やして跡形も残らなくする念の入れようであった。

十二月九日、煬帝は東都に向けて出発し、同二十五日に到着。明けて大業十一年（六一五）元日には、臣下と大宴会を開催した。この新年の祝賀に合わせて、隋代では最多の二十六ヶ国の使者も来訪していたので、同二十二日、またもや大道芸大会を開いて彼らをもてなし、それぞれ褒美を取らせている。

ちなみに『日本書紀』には、前年の六一四年六月に倭が遣隋使を派遣し、翌六一五年九月に帰国したことが記されている。倭も、この新年祝賀行事への参列を目指していた蓋然性は認められるものの、『隋書』等に記録がないことを踏まえると、出発はしたが何らかの理由で洛陽に到着できなかったのかもしれない。

いずれにせよ、倭が不在でもかまわない。問題は高元が入朝しないどころか、高句麗の使者の姿すらこの場になかったことである。煬帝は懲罰の軍を起こそうと考えたようであるが、もはやその力は残されていなかった。第四次遠征は幻に終わり、隋の高句麗遠征の失敗が確定した。ちなみに、隋が滅んだ六一八年、高句麗が隋への勝利宣言を行い、証拠として倭に捕虜二名などを献上してきたという（『日本書紀』巻二十二、推古天皇二十六年八月の条）。煬帝の見せかけの勝利に比べれば、まだしも実質的といえるだろう。

### 戦争を生み出すメカニズム

それにしてもなぜ、隋は未曽有の敗戦を喫することになったのか。逆に、高句麗もなぜ、ここまでつっぱったのであろうか。実は隋の東北辺境では、隋初以来、高句麗の攻撃を受けて隋に身を寄せた粟末靺鞨《ぞくまつまっかつ》の首領である突地稽《とっちけい》が、亡命政権を樹立して高句麗への抵抗をつづけていたらしい。辺境の小競り合いが、やがて全面戦争を引き起こす過程に注目された菊池英夫氏（一九九二）の卓見を踏まえつつ、さらに検討してみることにしよう。

まず、「開皇の末、国家殷盛《いんせい》にして、朝野《ちょうや》みな遼東（高句麗のこと）を以て意《い》と為す」と史料が述べるように、空前の好景気の中で、無礼な高句麗を討つべしという好戦的な雰囲気が、文帝の開皇年間の末ごろから、隋代の社会を覆っていたことがある。『撫夷論《ぶいろん》』を著して高句麗遠征の不可を説いた劉炫《りゅうげん》のような人物もいるにはいたが、わずかな例外に過ぎなかった。平和となれば手持ちぶさたの中下級将校のガス抜きや、高級将領《しょうりょう》に昇進の機会を与えるためにも、むしろ戦争が求められたのであった。

それにしても三度はやり過ぎであるが、なぜ愚かな戦争を繰り返したのかという問いは、裏を返せば、なぜ繰り返すことができたのかということになる。これは大運河がかえって仇となった。兵站の問題がある程度クリアーされたことによって、大規模な動員やリターンマッチが可能となったのである。

すでに見たように、洛陽近くの洛口倉や回洛倉には厖大な量の穀物が備蓄されていた。しかし、穀物はいつまでも保存できるものではなく、十年ともたずに変色して味が落ちてしまう。そうなる前に、新しいものと順次入れ替えていくのが望ましい。ただ、それはそれで手間だし、結局、古いものは食べなければゴミになるだけである。うまく収支のバランスが取れれば良いが、それこそ至難のワザであろう。一番手っ取り早いのは、物資はどんどん取り立てて、どんどん使うことである。

ここで注意されるのは、煬帝が、「人が多すぎる。だから集まって不法行為を働くのだ」という趣旨の発言をしていることである。余っているのは、物だけでなく、人も同じ、そんな認識が煬帝の脳裏をかすめた時、彼は戦争による蕩尽《とうじん》という解決法を見出したのではなかろうか。大量生産・大量消費のシステムとしての戦争。高句麗遠征には、何やら近代の戦争を思わせるような部分すら感じられるのである。

### 苦しむのはいつも民衆

とはいえ、千四百年も昔のことである。大運河が通じたとはいえ輸送量には限界がある。しかも涿郡から遼東城まで直線距離で六百キロはあるが、この間はすべて車両による人力輸送であった。史料には、六十万人の人夫《にんぷ》が、二人で米三石（脱穀した穀物約百八十リットル）を手押し車で運んだが、道中であらかた自分たちが食べてしまうので、前線基地の懐遠鎮等にはいくらも運び入れられなかったという。人的・物的資源を非効率的に浪費するという、あまりにバカげた戦争遂行計画。そのしわ寄せは、すべて人民にのしかかった。

なかでも特に苦しんだのが、現在の河北・山東両省一帯の人々であった。六〇八年に開通した永済渠は、距離が長いぶん負担も重く、労働力不足から婦人も徴発されたのは、煬帝の悪政の一つに数えられる。さらに、六一一年の秋には大洪水が発生し、黄河の中下流域の三十余郡が水没し、身売りをして奴婢となる民が続出するほどであった。加えて、翌六一二年に高句麗遠征が始まるとあって、戦場に比較的近いこのあたりは、特に大きな負担にさらされた。いよいよ困窮して逃げ場を失った民衆は、ついに究極の選択を迫られることになる。すなわち、座して死を待つか、反乱勢力に身を投じて露命をつなぐか、である。

そんな世情を反映して、一つの流行歌が生まれた。反乱勢力のリーダーの一人、斉郡《せい》（山東省済南市）の王薄《おうはく》の手になる「無向遼東浪死歌《ろうしか》（高句麗にいって無駄死にするなの意）」である。みずから「知世郎《ちせいろう》」などと気取り、多少の学があった王薄は、「遼東に向かいて去《ゆ》くことなかれ」とまず語りかけ、ついでその理由を述べるキャッチーなフレーズを、何度もリフレインする反戦テーマソングをリリースしたらしい。当時、「福手」「福足」といって、わざと手足を傷つけて兵役を拒否する者も相次いでいた。この歌はそうした人々の心に刺さり、彼らを反乱へといざなったのであった。

## 地に落ちた常勝の令名

王薄「無向遼東浪死歌」は、舞台といい内容といい、筆者には与謝野晶子《よさのあきこ》の詩「君死にたまふことなかれ」を連想させる。文学史的には、トルストイの非戦論の影響を受けた作品で、非国民との批判を受けたことで有名であるが、筆者が注目するのは、「すめらみことは、戦ひに おほみづからは出《い》でまさね」の一節である。というのも、煬帝はこれとまったく逆に、常に戦陣に身を置き、陣頭指揮に当たったからである。つまり煬帝は、高句麗遠征をみずから企画・実行・失敗したのであり、敗戦に関する批判はすべて自身が甘受せねばならない。

それまでの人生において、煬帝はいつも勝者であった。南朝陳の平定戦では総大将を務めて勝利し、その後、旧陳領で起こった反乱の鎮圧にも成功。兄を追い落として次男から皇太子の座をつかみ、やがて皇帝として至尊《しそん》の冠《かんむり》を戴《いただ》いた。外には東西突厥の可汗を臣従させ、吐谷渾をみずから討って青海地方を領土とした。つまり高句麗遠征は、才能にも運にも恵まれたこの男にとって、はじめてのごまかしの利かない失敗であり、挫折であった。

即位の正統性に疑問の残る皇帝は、実績を積み重ねることで、人々を引っ張っていく必要がある。煬帝が矢継ぎ早に実施した東京洛陽の造営、大業律令の制定に示される行政改革、大運河の開削などは、即位以前から温めていたプランであろう。また煬帝が落ち着きなく繰り返した行幸は、すでに見たように、後宮・臣下・兵士を引き連れて進む、いわば「行軍」である。皇帝が最高司令官となって、実際に大軍を率いて、はるか遠方まで出かけていくのは、寄せ集めの軍隊を皇帝直属軍とし、自己の権力基盤を強化する一番の方法である。そしてその延長線上にある戦争で勝利すると、「軍事的カリスマ」というボーナスがついてくる。煬帝が親征を繰り返したのは、こうした皇帝権力確立の問題が背景にあるわけだ。しかし負ければ逆効果になり、負けは取り返さないといけない。つまりはバクチである。

### 早く武帝になりたい

中国では古くから「馬上《ばじょう》に天下を得ても、馬上から天下を治めることはできない」という言葉がある。一面の真理を突いた警句《けいく》ではあるが、いつでも当てはまるわけではない。煬帝は宮殿の奥深くに端座《たんざ》するのではなく、馬上から天下に君臨しようとした。煬帝には「武」を過度にいやしむところはなく、むしろ軍事行動が詩人としての彼の「文」才も刺激し、いくつもの作品を生み出させた。その姿は、北宋の著名な文人である蘇軾《そしょく》が、「槊《ほこ》を横たえて詩を賦《ふ》す」と詠った三国志の英雄、魏の武帝曹操と重なる。

しかし、赤壁の戦いで敗れた曹操は、ファンの方には申し訳ないが、江南併呑《へいどん》に成功した煬帝が私淑《ししゅく》するには、いささか役者不足だ。やはり煬帝の目に大映しになっていたのは、武帝は武帝でも、曹魏ではなく前漢の武帝劉徹《りゅうてつ》の方であった。武帝はその名に恥じない大規模な遠征を繰り返し、東西南北で境域を切り拓いた。これに対して、東突厥を臣従させ、西突厥に汗血馬を献上させ、東南アジア諸国の入朝も受けたいま、煬帝が武帝を越えるために果たさねばならないミッションはただ一つ、高句麗を屈服させることだけである。

紀元前二世紀末、武帝は衛氏《えいし》朝鮮の不臣の態度をとがめて攻め滅ぼし、その故地に四つの郡を置いた。煬帝も高句麗王の高元が入朝しないことに非を鳴らして高句麗遠征を始めたが、朝鮮半島の直接支配にはこだわっていないように見える。本来、秘匿すべきところを、これ見よがしに派手派手しく出陣したのは、軍事的な威圧によって、戦わずして高句麗を服従させられればベストであると考えていたことを示すのではないか。

また、第三次高句麗遠征の際、高句麗の偽装降伏には何度も煮え湯を飲まされているのに、敢えてそれを信じて撤兵し、戦闘継続を訴えた水軍提督・来護児にも撤退を命じている。これもまた、高句麗の殲滅・領土の拡大が目的ではないことを示していよう。つまり、高句麗遠征は、まずは煬帝の心情、なんとか武帝を越えたいという願望によって引き起こされたのではないか。具体的には、父文帝のあと、死後、自分は武帝とおくりなされたいので、その実績を積むことにあったのではなかろうか。

## 高句麗遠征の真の狙い

中国王朝の伝統的な政治手法に、「夷《い》を以て夷を制する」というのがある。隋も、大業元年には啓民可汗麾下の二万騎を動員して契丹を討っているし、大業四年には、事前に鉄勒に吐谷渾を攻撃させたあとで親征を敢行して成功を収めている。高句麗遠征でも事情は同じであったことは、「必ず啓民を将《ひき》いて彼の土を巡行せん」と、高句麗への脅し文句すら突厥だのみであったことに明らかである。

ところが、高句麗遠征への突厥の協力が確認できないのである。六〇九年に肝心要《かんじんかなめ》の啓民可汗が死去したのが原因のように見える。しかし、実は亡くなる少し前に、啓民可汗は薛《せつ》世雄《せいゆう》とともに伊吾を討伐することになっていたにもかかわらず、「約に背《そむ》きて」すっぽかしたという。六〇九年正月には、啓民可汗みずから洛陽にやってきて、以前にも増して礼遇を受けたとあるし、隋が違約をとがめた様子もないのだが、どうもしっくりいっていない感じである。隋には個人的な恩義もある啓民であるが、前章で述べたように、やはり心の中では隋の下風に立たされるのを、必ずしも潔しとしていなかったのではないか。

一方、これもすでに見たように、この時期の隋は西突厥の離間を試みており、それが奏功《そうこう》した結果、高句麗遠征開始直前の六一一年十二月、進退窮まった西突厥の泥撅処羅可汗が、臨朔宮の煬帝のもとに参上している。煬帝は、彼に曷薩那《かっさつな》可汗の称号を賜り、美食・美女にお宝攻勢で、下にも置かない歓待ぶりであった。しかし、当の曷薩那可汗は怏々《おうおう》として楽しまなかったというし、率いる兵力はわずか五百で、戦力としてはほとんど意味がない。

むしろ注意されるのは、曷薩那可汗のことを聞き及んでいたであろう、啓民可汗の子の咄《とっ》吉《きっ》、すなわち始畢《しひつ》可汗の動向である。隋の義城公主もレヴィレートするなど、表面上、隋との関係は維持されてはいた。しかし、始畢可汗にしてみれば、隋と西突厥との関係強化は、当然おもしろくなかったであろう。また、曷薩那可汗のようになってはおしまいだ、次は我が身ではないか。始畢可汗がそんな不安に駆られたとしても不思議はない。

以上から、東突厥・始畢可汗の隋離れが進んでいたように思われる。ここで想起されるのが、前漢武帝が衛氏朝鮮を滅ぼしたことを、班固《はんこ》の『漢書』が「匈奴の左臂《さひ》を断つ」ものであったと記していることである。つまり、煬帝の高句麗遠征は、前漢の盛時を再現し、みずから武帝になろうとする煬帝の衝動から始められたが、そこに啓民可汗から始畢可汗へと代替わりした東突厥を、再度、威圧・牽制する意図が込められていた点でも（谷川道雄《たにがわみちお》、一九七七）、重なり合う部分があると考えられるのである。

## 3　江都に落ちのびる煬帝と李淵の挙兵

### 策士、策に溺れる

突厥抜きで高句麗遠征を実施し、狙いとは逆に弱体ぶりをさらしてしまった隋。なんとか劣勢を挽回すべく、裴矩がまたぞろ悪辣な離間策を考え出した。始畢可汗の弟の叱吉設《しっきっせつ》に宗室の女性を妻合わせ、彼を南面可汗に任じることで、東突厥の内部対立を煽ろうとしたのである。ところが、そうは問屋が卸さなかった。叱吉設は隋の申し出を断り、それを知った始畢可汗は、隋に恨みを抱いたのである。

さらに裴矩は、始畢可汗の部下で謀略に長けた知恵袋であったソグド人の史蜀胡悉《ししょくこしつ》に、互市を持ちかけ、利益に目がくらんだのかノコノコやってきた彼を馬邑郡《ばゆう》（山西省朔州市《さくしゅう》）付近で謀殺してしまった。始畢可汗には、「史蜀胡悉が可汗に背いて隋に降伏してきたので、当方で可汗にかわって斬り捨てた」と伝えたが、始畢可汗は事件の真相を知って、隋の朝廷に参上するのをやめたという。

本書で見てきたように、隋の国際的地位の上昇と安定を支えてきたのは、隋が東突厥に対して優位を確立し、君臣関係も構築していたことであった。裴矩の打った手は完全に裏目に出てしまったが、それが招いた結果は、極めて深刻であった。

### 雁門攻囲の衝撃

大業十一年(六一五)、各地で反乱が相次ぐ中、煬帝は洛陽を発って北へ向かい、太原を経て汾陽宮《ふんようきゅう》(山西省忻州市)に入って避暑をした。そして秋に入った旧暦八月五日、煬帝はさらに進んで長城付近を巡幸中であった。その目的はおそらく突厥への示威にあり、啓民可汗にしたように、あわよくば始畢可汗と対面して臣従姿勢を取らせようとしたものであろう。ところが八月八日、呼んでもいないのに始畢可汗の方からやってきた。なんと騎兵数十万を率いて煬帝を襲撃しようというのだ。義城公主からの急使でそれを知った煬帝一行は、十二日、大急ぎで雁門城に逃げ込むと、翌十三日、タッチの差で現れた突厥の大軍に完全に包囲されてしまった。

当時、雁門郡(山西省北部)には四十一の城塞があったが、うち三十九が突厥の手に落ち、残るは雁門城と、煬帝の次男の斉王暕《せいおうかん》が立てこもる崞《かく》県城のみ。突然、煬帝麾下の者が多数入城した結果、城中の人口は十五万に膨れあがり、備蓄食糧はわずか二十日しか持たない。突厥の攻撃は激しく、目の前に飛び込んで来た矢に肝をつぶした煬帝が、末の息子、趙王の楊杲《ようこう》を抱いて号泣し、目を真っ赤に腫《は》らしたというエピソードが残されている。

中国史上、北方から攻め込んできた騎馬遊牧民に、皇帝が捕縛・連行される事件は現に起こっており、この時もかなり危なかった。ただ、こうなれば背水の陣であるから、みんな知恵を絞って考えた。

煬帝お気に入りの宇文述は、「精鋭数千騎を選んで包囲を突破しましょう」というが、慎重派の大臣の蘇威は、「陛下をそんな危険にさらせるか」と反対。樊子蓋《はんしがい》もこれに同調し、「まずは守りを固め、外に援軍を求め、二度と高句麗遠征はしないこと、働きには厚く報いることを、陛下が士卒に約束なされば必ず助かります」と主張。そして煬帝の蕭皇后の弟である蕭瑀《しょうう》は、「突厥では、可賀敦が軍事にも関わるといいます。ダメもとで義城公主に救援を求めてみましょう」という。

結局、これが一番の妙案で、義城公主はさっそく始畢可汗に、「北方の辺境に不穏の気配がございます」と、もっともらしいことをいって寄越した。それを聞いた始畢可汗は、九月十五日、包囲を解いて引き上げていった。

ほぼ同じ手で助かった前漢の高祖《こうそ》劉邦《りゅうほう》と白登山の戦いを彷彿とさせるが、ともかく窮地を脱した煬帝は、十月三日、東都洛陽に無事に帰還することができた。すると、雁門城では煬帝みずから将士に声をかけ、「奮励《ふんれい》努力して敵を討て。褒美ははずむから心配するでない」と約束していたのに、急にケチケチし始めたかと思うと、懲りずに高句麗遠征のことを蒸し返してきたので、みな憤懣やるかたない様子。さらに命の恩人といっても良い蕭瑀には、彼がふだんから一言多い性格だったこともあって、「突厥に包囲されたくらいでガタガタいいよって、あやつ許せぬ」と逆恨みして、即日、辺境の地方官に左遷してしまった。まさに、のど元過ぎれば何とやらである。

## 反逆者の多彩な顔ぶれ

この雁門事変の前年、六一〇年の元旦に、奇っ怪な事件があった。葬儀でも始めるかのような全身まっ白のいでたちをした連中数十人が、香を焚きながら仏花《ぶっか》を手に、洛陽の建国門に近づいてきた。「我は弥勒仏なり」というので、思わず門番の兵士が頭を下げると、いきなりその武器を奪って城門突入テロを敢行。たまたま通りかかった斉王暕が斬り捨てて事なきを得たが、洛陽で一味の大捜査を行ったところ、逮捕された家が千軒を超えたという。

これが、実に全人口の九割が荷担したとされる大乱勃発の序曲であった。氣賀澤保規氏の研究（一九七八）によれば、その後に姿を現した反乱集団は知られるだけでも二百を超える

隋末唐初の乱関連地図

出典：郭沫若主編『中国史稿地図集 下冊（第1版）』（中国地図出版社、1990年）をもとに作成

といい、小は十人単位から大は数万~数十万にいたるまで、大小様々であった。

　乱の主要な舞台の一つは、黄河下流域一帯であった。同地域には大小の沼沢地が点在し、アシが生い茂って見通しも利かないことから、官憲の手を逃れたアウトローたちが逃げ込むには、うってつけの場所であったからだ。反戦テーマソングで名を売った王薄も、鉅野沢《きょやたく》（「水滸伝《すいこでん》」で有名なのちの梁山泊《りょうざんぱく》）から流れ出る済水《さいすい》流域で活動したが、ほかにも個性豊かな反逆者が顔をそろえている。

例えば、清河《せいが》郡鄃《ゆ》県（山東省徳州市）の張金称《ちょうきんしょう》は、盗賊仲間もお構いなしに、一日で男女万余人を殺害し、「諸賊に比して最も残暴」とされる。結局、市場ではりつけにされ、仇に生きながら食べさせる極刑に処されたが、死ぬまで放歌してやめなかったという極悪人である。

似たタイプに、済陰《さいいん》郡（山東省菏沢《かたく》市）の孟海公《もうかいこう》がおり、衆数万を擁した。学者面した偉そうなヤツが大嫌いで、儒学や史学の文句を引き合いに出したらすぐ殺したというから、筆者など命がない。

逆にインテリ風の者もいて、呉郡（江蘇省蘇州《そしゅう》市）の朱燮《しゅしょう》は還俗した道士で、儒学・史学も修め、また兵法にも通じていた。同郡の崑山《こんざん》県で学問を教授する博士となった彼は、学生数十人と挙兵したが、先生と生徒の反乱は中国史上でも珍しいとされる。朱燮は風采の上がらない小男であったが、晋陵《しんりょう》（江蘇省常州《じょうしゅう》市）の管崇《かんすう》は長身の美男で、みずから「王者の人相である」といって、衆十万人を集めている。

中国大陸で大をなすには、容貌魁偉かイケメンか、見た目はかなり大事なのであるが、中には見た目を変えられる者もいる。博陵郡唐県（河北省保定市）の宋子賢《そうしけん》は幻術が得意で、当時人気の弥勒仏に変身し、多くの人々を惑乱したという。仏事にかこつけて挙兵し、煬帝襲撃を企てたが、事前に計画が漏れて殺された。

なお、奇術使いの崔履行《さいりこう》という男がおり、「ワシが祈れば敵は自壊すること必定《ひつじょう》」といって、自分は喪服を着て激しく泣き声をあげてお祈りをする一方、なぜか女性たちを建物の上に登らせて、四方に向かって裙《くん》（スカートないし下着）をヒラヒラ振るよう命じた。みないわれたとおりにして、敵が攻めてくるのを待っていたら、案の定そのまま落城してしまった。しかし、陥落後も祈りつづけていた崔履行は、味方ともども抵抗せずに素直に降ったと認めてもらえたようで、生き延びることができた。なかなか霊験あらたかというべきである。

通常、人々の日常生活のような当たり前のことは、かえって記録に残りにくい。そのような中にあって、民衆が主役となる数少ないニュースが民衆反乱であり、そこにはバラエティ豊かな民衆の生《せい》が息づいているのである。

## シンボルなき大乱

反逆者たちは、やや控えめに「将軍」とか「王」を名乗る勢力も多かったが、ちょっと格好良いネーミングをする者もいる。譙《しょう》郡城《じょう》父《ほ》県（安徽省亳州《はくしゅう》市）の朱粲《しゅさん》は、「迦楼羅《かるら》王」と名乗って衆十余万を擁する勢力となった。「迦楼羅」というのは煩悩を食らう霊鳥のことで、仏教の守護神とされた。

ところが、朱粲が好んで口にしたのは人であった。朱粲は、「肉で一番うまいのは人の肉だ。どこにいっても人さえいれば飢え死にの心配はないぞ」といって、長江中下流域を荒らし回り、通過した場所では人影が消えたというから恐ろしい。ある時、接待を受けた者が、だいぶ酒の入った勢いで、「いったいどんな味がするんだい?」と尋ねたところ、非難のニュアンスを感じ取った朱粲は、「酔っ払いを食うと、ちょうど酒粕漬けのブタ肉みたいだぜ」と脅かしたという。

これに対して、肉は口にせず、野菜と粟飯で過ごしたベジタリアンに、清河郡漳南《しょうなん》県(山東省徳州市と河北省衡水《こうすい》市の境界付近)の竇建徳《とうけんとく》がいた。彼は義侠心に篤く、部下と労苦をともにし、また恨み重なる隋の官吏や、威張っていた士族の子弟もむやみに殺めなかったので、人々は争って従ったという。

竇建徳以外にも、頬に刺さったヤジリを麻酔なしで摘出させて平然としていたという、三国志の関羽ばりの豪傑であった河北の高開道《こうかいどう》。背中に傷を受けた部下は臆病者として即処刑することで、戦死する時は必ず前のめりという、三河武士のような無敵の部隊「上募《じょうぼ》」五千人を組織し、淮南で勢力を振るった杜伏威《とふくい》。南朝梁の皇帝の血を引く毛並みの良さで、兵力四十万を擁するに至った蕭銑《しょうせん》など、ひとかどの人物も少なくなかった。彼らには彼らの大義があって、反乱勢力というのは、あくまで隋側からの呼称に過ぎない。

戦乱や饑饉などで、死ぬか生きるかの状況に見舞われた時、人々はどう行動するか。古来、中国の大地に暮らす民衆は、座して死を待つよりは、流民《りゅうみん》となって他郷《たきょう》に難を避けた。そしていよいよ食糧不足となれば、富豪や官府の食料庫を襲い、これを乱として鎮圧しようとするならば、時の王朝に対して叛旗を翻した。こうした荒ぶる民の記録は、秦を崩壊に導いた陳勝《ちんしょう》・呉広《ごこう》の乱、前漢末・王莽《おうもう》期の赤眉《せきび》の乱、そして後漢王朝を実質的な滅亡に追い込んだ黄巾の乱などの民衆反乱として、史書に書き残されている。

隋を滅亡に追い込んだ反乱も、これらとまったく中身が異なるわけではない。しかし、指導者の名前や反乱軍の装いなどの特徴を以《もっ》て呼ばれて来た反乱と違って、そのような特定の呼称を持たないという点で逆に特徴的なのが、この隋末の乱、ないし隋末唐初の乱と漠然と呼ばれるものである。その多彩さといい、面的な広がりといい、とうてい一つのシンボルで代表することなどできない、それはまさに「シンボルなき大乱」なのであった。

## 逃避行

反乱の火の手が激しさを増す中で、煬帝は洛陽西苑の水辺で大宴会を催したり、約六十リットル入りの箱で数個分という大量のホタルを捕まえておいて、夜に一斉に放つホタル狩りに興じてみたり、表面上は楽しげに過ごしていた。

ところが、心中は違っていたようである。その証拠に、六一六年四月一日に宮殿の一角で失火があった時、すわ盗賊の侵入かと勘違いした煬帝は、驚いて西苑に駆け出し、草むらに身を潜めて様子をうかがい、鎮火を確認してから戻ったという。実は何年も前から、煬帝は不眠症に悩まされていた。夜、床に就いても胸がドキドキ、やっとウトウトしても、「くせ者じゃ」と寝言をいってすぐに目を覚ましてしまう。お側仕えの女性数名で身体を揺すったり撫でたり、赤ん坊のようにあやしてもらって、ようやく眠りにつけたという。

昼間も不安でならない煬帝は、部下に反乱の様子を確認した。宇文述が「だんだん少なくなってきました」というので、煬帝が「以前に比べてどのくらい少ないんだ」と重ねて尋ねると、「十分の一にもなりません」とウソ八百。それを聞いた蘇威は、指名されないようにスッと柱の陰に身を隠そうとした。宿題を忘れた生徒のようであるが、かえって教壇からは目につく。案の定、煬帝に見つかってしまった蘇威は、「担当部署が違いますので、多い少ないは詳しく存じませんが、だんだん近づいてきたようです」と言い方を工夫しつつ、反乱に関する報告が事実に反することを伝えようとした。

蘇威のいうとおりであるとすれば、どうやら洛陽も危ないことになる。これに先立って煬帝は、楊玄感の乱で焼失してしまっていた龍舟以下数千艘の再建を江都に命じていた。それらが洛陽に到着すると、六一六年七月十日、煬帝は江都に向けて出発した。「いったん江都にいかれたら、もはや天下は陛下のものではなくなりますぞ」と、忠義の者が代わる代わる現れては諫め、引き留めた。ところが煬帝は道々、ある者はたたき殺し、ある者はあごを外してしゃべれなくしてから斬り捨てて、一路、江都を目指した。

煬帝の江都行幸は、これが三度目である。以前の二回は、煬帝みずから「龍舟を泛《うか》ぶ」の詩の中で、「舳艫《じくろ》千里、帰舟《きしゅう》を泛べ」と詠ったように、前一〇六年の前漢武帝の南方巡幸の故事を意識しつつ、これを上回る輝きに満ちていた。三度目に煬帝の座乗した龍舟は、以前のものよりも大きく作り直されていたが、かつての栄光はどこにもなかった。「我、江都の好《よ》きを夢み、遼を征するも亦《ま》た偶然、但《た》だ留《とど》めて顔色《がんしょく》在り、離別は只《た》だ今年のみ」と詩を贈って、洛陽に残す宮女たちとの別れを済ませたばかりの煬帝であったが、江都に着いて間もない十月六日、宇文述が死んだ。煬帝の身辺は、寂寥《せきりょう》の感を濃くするばかりであった。

### 李氏、まさに天子となるべし

中国には古くから、「君主は舟であり、人民は水である」という言葉がある。水は舟を浮かべてスルスルと進ませるが、時には舟をひっくり返すこともある。君主と民衆の関係を巧みにとらえた比喩である。煬帝の乗った龍舟は、民衆反乱の巨大な流れに押され、辛うじて江都に漂着した。一方、あるじを失った華北では、混乱にいっそう拍車がかかることになった。

六一六年以降、反乱勢力の統合が進んでいくつかの大集団が生き残る。ただし天下取りをうかがうほどの大勢力となると、前に述べた竇建徳以外では李密《りみつ》と李淵、二人の李氏あたりに絞られる。

この時代、迷信や占いの類いが持つ影響力は、我々が想像する以上に大きかったが、方士《ほうし》(占いや不老長生の術士)安伽陀《あんかだ》の「李氏、当《まさ》に天子となるべし」という謎の予言は、思いがけない効果を生むことになった。例えば、この予言を警戒した煬帝は、西魏・北周以来の繁栄を誇る原州《げんしゅう》の李氏一族を、謀叛の咎で取りつぶしている。第1章で触れた楊麗華の一人娘の娥英とその夫の李敏が死んだのは、この時のことである。とはいえ、「李」は一、二を争うポピュラーな姓であるから、ほとんどお手上げである。

そんな数ある李氏の中から、まず頭角を現してきたのが、李密であった。李密の曽祖父は李弼《りひつ》といい、いわゆる八柱国の序列上位の大物であった。当時、武門の子弟は、皇帝警護の近衛兵からキャリアをスタートすることがよくあったが、李密も煬帝の宮殿警護をしていた。ところがある日、「あの色が黒くて目つきの悪いのはどこの家のガキだ? 近衛兵から外せ」と煬帝に目をつけられ、首にされてしまう。

しかし拾う神ありで、牛の背に揺られながら『漢書』を読むという器用なことをしていたところ、宰相の楊素に見出され、子の楊玄感の知遇を得る。その縁もあって六一三年の楊玄感の乱では参謀役を務めるが、献策を受け入れてもらえず、敗北後はお尋ね者となる。いったん捕縛されるが、ポケットマネーで酒を買い、護送係と一杯やって仲良くなり、スキをついて脱走。偽名を使い、塾講師と身を偽り、素性がばれそうになると辛うじて逃亡に成功。その後は、反乱集団をあちこち渡り歩きながら、天下取りの計略を説いて回るようになる。はじめのうちはまったく相手にされなかったが、ここで例の予言と、転んでもただでは起きない来歴が「王者は死せず」、つまり将来、王となるような者は何があっても死なないタフガイであるとする俗信とうまく符合した結果、一目置かれるようになる。

こうして時勢にも後押しされた李密は、黄河下流域の群盗の中では一番強そうだと目をつけた翟譲《てきじょう》の集団に入り込むが、しばらくすると主客転倒し、李密の方がトップに立った。なお、李密の統率は厳格そのもので、士卒はみな真夏でも霜や雪を背負っているようにシャキッとしていた。一方、李密自身は質素倹約、戦利品は残らず部下に配ったので、彼らは李密のためならよく働いた。

李密は、祖父煬帝の名代として越王《えつおう》の楊侗《ようとう》が鎮守する洛陽攻略を目標に据え、まずは大運河沿いの洛口倉を攻略。その後、洛陽城の北側の一角を占める回洛倉、楊玄感が蜂起した黎陽倉も手中に収め、一番重要な戦略物資である食糧を確保した。ため込まれていた米は、民衆にもふんだんに分け与えられ、こぼれ落ちた米が道に積もり、とぎ汁で川が白く変色するほどであったという。よそでは人が相食《あいは》む状況であったのとは真逆でたいへん結構であるが、飽食した民衆に、命をはって戦う理由などない。李密の勢力もこのあたりがピークであった。

## 李淵と李世民

では、待望された真の李氏とは誰を指すのか。結果論であるが、それが李淵、のちの唐の初代皇帝高祖であった。李淵の祖父は、八柱国の一人であった李虎《りこ》。李淵もまた西魏・北周以来の支配者集団、いわゆる関隴集団の本流に属している。加えて、第1章で述べたように、李淵の母と煬帝の母の独孤皇后は実の姉妹で、煬帝にとっては血のつながったいとこに当たる。煬帝の李淵への態度は、信頼と猜疑が半々といったところかと思われるが、六一六年十二月に、李淵は太原の留守《りゅうしゅ》に任じられている。太原は山西一の重要都市で、突厥の侵入を防ぎ止める要衝の地である。

雁門事変以来、意気上がる突厥はしばしば辺境地帯に侵入し、隋側は苦戦を強いられていた。それは李淵も同じであったが、騎射の得意な者二千人を選抜し、飲食起居をそっくり突厥風に仕込んだ特殊部隊を編制し、遊弋《ゆうよく》中に遭遇した突厥の部隊を討たせたので、突厥もこれには手を焼いたという。一見、奇策のようであるが、騎馬軍事力が重要であった当時、軍隊の「突厥化」は合理的な選択といって良いだろう。

この作戦を命じたのは李淵であるが、アイデアを出したのは誰か。いかにも言い出しそうなのが、李淵の次男である李世民、のちの唐第二代の太宗である。雁門事変の勃発した六一五年八月、当時十八歳であった李世民は、募集に応じて雁門救援の軍に加わると、旗や太鼓で賑々《にぎにぎ》しく援軍の到着を装えば、突厥は恐れをなして撤退するでしょうと献策し、指揮官もそれを採用したという。

ところが、それから二年もたたない六一七年には、李世民は隋に反逆する根回しに余念がない日々を送っていた。煮え切らない父をとうとう反乱に担ぎ出したという李世民は、君に忠でも親に孝でもない、むしろ「乱臣賊子《らんしんぞくし》」というべき男だ。しかし、平時の価値観に縛られず、なすべきと思う事をなす、それが乱世《らんせ》の英雄に与えられた仕事ともいえる。

こうして六一七年七月五日、兵力三万で晋陽を発った李淵軍。攻略目標は長安大興城であったが、いくらも進まないうちに隋側に阻まれ、晋陽への一時撤退も考えた。この時、李世民は「ここで引き返して太原の城一つ守っていたら、賊軍の汚名を蒙るのみで、お先真っ暗です」と主張。李淵が聞く耳を持たずに撤退を命じ、とっとと寝てしまうと、寝所の外で号泣して翻意させるのに成功したという。

李淵が李世民にかけたとされる、「この家を滅ぼすのも、国家となすのも、そなた次第だ」とか、「成功するも失敗するもおぬしにかかっておる。もはや何もいうまい。思うようにやってみよ」という言葉は、あまりに李世民に都合が良すぎる。とうてい、額面どおりに受け取ることはできない。しかし、「勝てば官軍、負ければ賊軍」だと知るリアリストにして、稀代の軍事的天才たる李世民なくして、唐の創業はなかったのである。

### 強すぎる娘と長安入城

当初の困難を乗り越えた李淵軍が、九月十二日に黄河を西へ渡り、長春宮《ちょうしゅんきゅう》（陝西省渭南市大茘県《だいれい》付近にあった隋の離宮）に入る。李淵は、長男の李建成ら数万人を関中の東の玄関口である潼関《どうかん》の押さえに送る一方、次男の李世民ら数万を西に向かわせたところ、隋の官吏や民衆はもちろん、各地の反乱集団も続々と味方に加わってきた。さらに、長安に残留していた李淵の三女の平陽《へいよう》公主も、首尾良く合流を果たしているのだが、彼女が糾合したとされる兵力はなんと七万。公主は引き続き幕府を開いてみずから一軍を率いたが、その名も「娘子《じょうし》軍《ぐん》」。血は争えないというべきか、男に生まれていたら、同母兄弟の李世民と皇帝の座を争うライバルとなったかもしれない。

十月四日、李淵が長安に着陣した。いまや総勢二十余万の大軍の総大将である。李淵は、長安城中に繰り返し使者を派遣し、みずからの行動は隋室を尊んで起こした義挙である旨を伝え、開城を求めた。結局、城方からの応答はなく、十四日に城を包囲し、二十七日に総攻撃を命令。翌十一月の九日、長安はあえなく陥落した。

長安の主は、煬帝の孫の代王楊侑《だいおうようゆう》で、当時まだ十三歳の少年に過ぎなかった。六一三年の第二次高句麗遠征に先立って、煬帝が長安の押さえとして送り込んでおいたのであるが、実務は陰世師《いんせいし》・骨儀《こつぎ》らの部下が担っていた。李淵は開城要求に応じなかったという罪で、これらの首脳部十数名のみを処刑し、他は不問として人心の収攬《しゅうらん》を図る。

なお、前島佳孝氏（二〇二〇）が指摘するように、長安という都城の重要性は、唐の都とされたことから、唐代に編纂された史料の中で、前代にさかのぼって強調されている部分が感じられる。ただ、この都城とそこに埋め込まれた統治のシステムとノウハウ、そしてため込まれた財物をそっくり手に入れられたことが、李淵の集団が群雄割拠のレースから頭一つ抜けだし、やがて覇業を成就させるのに、大きなアドバンテージになったのである。

十一月十五日、李淵は、身柄を押さえていた代王侑を皇帝に即位させ、隋の大業十三年を義寧《ぎねい》元年と改元し、江都に存命中の煬帝を勝手に太上皇《たいじょうこう》に祭り上げてしまう。十七日には李淵自身が長安に入城し、仮黄鉞《かこうえつ》・使持節《しじせつ》・大都督内外諸軍事《だいとととくないがいしょぐんじ》・尚書令・大丞相を授けられ、唐王に封じられた。皇帝はお飾りで、実権がすべて李淵の手中にあったのはいうまでもない。

突厥詣で

以上が、事実上の唐の創業とされる一連の出来事である。しかし、長城より南だけを見ていてはダメなことは、すでに述べた北周と北斉が争っていたころと変わらない。この両国を天秤《てんびん》にかけて、突厥の他鉢可汗は「二人の従順な子」と子供扱いにしたのであったが、華北が二つに分裂しただけで、このありさまである。ずっと多くの群雄が割拠した隋末唐初の乱では、華北の群雄はみな突厥の鼻息をうかがい、よしみを通じようと努めたのである。

例えば、朔方郡《さくほう》（オルドス北部）で鷹揚郎将《おうようろうしょう》（千人将クラス）であった梁師都《りょうしと》は、反乱を起こすと大丞相から皇帝へと進み、国号を梁、元号を永隆《えいりゅう》として、いっぱしの君主を気取っていた。ところがその一方で、始畢可汗から、突厥可汗一族である阿史那氏のトーテムのオオカミをあしらった「狼頭纛《ろうとうとう》」という旗に加え、「大度毗伽《たいどびか》《タルドゥビルゲ》可汗」という称号を授かっている。史料の別の箇所には「解事天子《かいじてんし》」とされたとあるが、「毗伽」とは「賢い」を意味する突厥の言葉の漢字音訳で、「物事を理解する」のと同義であり、また可汗と天子は互用されることがあるので、同じ称号と考えて良いだろう。

また、馬邑の下級将校であった劉武周《りゅうぶしゅう》は、上司の侍女との密通がバレるのを恐れて反乱した変わり種である。彼は汾陽宮を占拠して宮女を始畢可汗への贈り物とし、お返しに馬をもらって勢力を増大させたという。女奴隷と馬の交易ともいえるが、劉武周も始畢可汗から

「定楊可汗《ていようかがん》（帝室楊氏を平定する可汗）」に立てられ、狼頭纛を授かっている。自分の部下に対しては皇帝を名乗り、妻を皇后とし、天興《てんこう》という元号まで立てていたが、劉武周の正体は「胡に事《つか》うる者」であった。

そのほかにも、梁師都・劉武周に準じて、始畢可汗から「平楊天子《へいようてんし》」にしてやろうといわれたが、いえいえ私などはと固辞し、ランクが下の「屋《おく》（屈《くつ》）利設《りせつ》」とされた郭子和《かくしか》。隋の五原通守《ごげんつうしゅ》（通守は煬帝が新設した郡の次官、太守の下）であったが、突厥に服属して「割利特勤《かつりとくきん》」の称号を授けられた張長遜《ちょうちょうそん》など、枚挙にいとまがない。

このような状況について、『隋書』突厥伝が「（華北に本拠を置く群雄たちは）皇帝を僭称する一方で、みな北方の突厥を仰ぎ見て臣下を称し、可汗の称号を授けられていた。派遣された使者が往来して、道で出くわすほどであった」と表現しているのは、おそらく誇張ではないのである。

### 乱がもたらしたもの

煬帝の治世後半、数多《あまた》の反乱勢力が、四川地方をわずかな例外として、中国大陸全土に雨後の竹の子のように出現した。その活動は、それぞれの地域に根ざしたものであり、いうなれば、隋が推し進めた統一政策への反発、そのほとばしるエネルギーの発露であった。つまり、隋末唐初の乱は土着性の強さ、ローカルな性格を一つの特徴とするのである。

ただし一方で、この内乱を国際化させたのが、非漢族の存在であった。華北の群雄を手駒として介入していた突厥はもちろんのこと、関中・隴右の氐・羌、また蛮と総称される南方の原住民が群雄割拠の間で活動し、南流する黄河両岸の山岳地帯に住む稽胡《けいこ》や離石胡《りせきこ》は、土地柄、突厥との連携を見せていた。その他、煬帝に臣従して内地に移住した西突厥の曷薩那可汗と、弟の闕達度設《けったつどせつ》、そして特勤の阿史那大奈《あしなだいな》らの活動も見落とせない。

なお、突厥可汗の知恵袋・懐刀としてソグド人が活躍していたことはすでに触れたが、河西の群雄・李軌《りき》政権の成立と崩壊には、ソグディアナのブハラ（ウズベキスタンのブハラ市、隋唐時代の歴史書では「安国《あんこく》」）にルーツを持つ安修仁《あんしゅうじん》らの「諸胡」が重要な役割を果たしていた（山下将司、二〇〇五）。さらに出世頭の一人となったのが、王世充《おうせいじゅう》である。王世充の祖父は西域の胡人で支頽耨《したいどう》といい、その死後、彼の妻が王氏と再婚した際、連れ子の支収《ししゅう》も王収と改姓した。王収の子が王世充であるが、目端が利く彼は、昇進を重ねて江都郡丞（太守・通守に次ぐ官）となり江都宮監（離宮管理の長官）を兼任。江都に入り浸る煬帝に取り入って、重用される。ところが、次章で見るように、結局は隋を裏切り、竇建徳・李密らと肩を並べる一方の雄にまでなっているのである。

このように、ローカルな性質を持つ隋末唐初の乱は、かたやグローバルな側面も備えていた。そんな世界で主導権を握っていたのは、むろん突厥であった。さしもの李淵も、挙兵に先立って始畢可汗に書状を送り、「大いに義兵を挙げて、遠く江都の皇帝陛下（煬帝）をお迎えし、また突厥とは、開皇のころのように和親を結びたいと存じます。私どもと一緒に南進して下さるようでしたら、民衆には手出し無用に願います。あるいは和親して、居ながらにして当方が差し上げる贈り物を受け取るのみとされるのも選択肢ですが、いずれにせよ可汗のお考えのままです」とへりくだって見せねばならなかったのである。

なお、これに対して始畢可汗が、「隋の君主（煬帝）の性格はワシもよく知るところだ。あの人を迎えたりしたら、まずそなたを殺してから、自分にも攻めかかってくるに決まっておる。それよりそなたみずから天子となるならば、真夏の暑さもいとわずに、兵馬を送って軍事支援を惜しみませぬぞ」と返書を送り、煬帝の人となりまで把握した上で、李淵の天子即位を使嗾《しそう》してさえいることに、筆者は驚きを禁じ得ない。

しかし、当時の識者には自明であったらしい。例えば、隋前半期の名宰相とされる高熲は、「この虜《えびす》（突厥）はいまや、中国の裏も表も、山や川の地理もすっかり知ってしまった。おそらく後の患いとなるでしょう」と早くから指摘していた。また、高句麗遠征で陣没した前述の段文振も、「陛下は突厥を厚遇して、長城内に置き、兵糧を支給しておりますが、西晋を滅ぼした劉曜《りゅうよう》（匈奴系）や、南朝梁を滅ぼした侯景のように、国家に災いをもたらすに決まっています」と警告を発している。

段文振の予言が杞憂ではなかった証拠に、「大度毗伽可汗」「解事天子」こと梁師都が、始畢可汗の跡を継いだ処羅《しょら》可汗に、「唐が天下を取る前に、北魏の道武帝（孝文帝とも）のように南下して中原《ちゅうげん》を手に入れるのが一番です。私が道案内を務めましょう」と提案し、処羅可汗はこれに従って、大規模な侵攻を企図してすらいるのである。

六世紀半ば、柔然にかわってモンゴリアに覇を唱えて以来、すでに半世紀以上。突厥は華北の諸王朝と和戦両様の交流を重ねる中で、南方に関する知識と対応のノウハウを着実に蓄積していった。その突厥が、可汗・設などの官称号《かんしょうごう》を授けて、幾人もの群雄を遠隔操作しつつ、華北に大きな影響力を行使したのを見る時、のちの「征服王朝」登場の兆しを、早くもこの時期に見出すことができるのではなかろうか。

# 終章　煬帝のためのレクイエム

## 1　江都の乱と隋の滅亡

### 引きこもる煬帝

六一六年八月ころ、洛陽から落ちのびてきた煬帝一行が、江都に到着した。ほどなく他界した宇文述にかわって、煬帝一の側近となったのは、虞世基《ぐせいき》であった。彼は煬帝のご機嫌を取りながら、次々と届く敗報や救援要請はことごとく改竄、ないし握りつぶしてしまった。

そんな中、李密の攻撃を受けていよいよ危なくなった洛陽の越王侗は、部下の元善達《げんぜんたつ》を直接、江都に派遣して助けを求めさせた。涙を流して訴える元善達の様子を見て、煬帝もさすがに居住まいを正した。

ところが、そこに虞世基が割り込んで、「越王さまはまだお若く、部下どもが欺いているのです。言葉どおりに洛陽が包囲・落城の危機にあるならば、善達めはどうやってここまで来られたのでしょうか?」と揚げ足を取った。この屁理屈に乗った煬帝は、「下郎め、満座の朝廷で朕を辱めるか!」と激怒。あわれ元善達は、危険な輸送任務を命じられ、群盗に殺害されてしまった。

この一件以来、敢えて煬帝にご注進する者もいなくなり、ついに煬帝は反乱の実態を知らぬままであったともいう。しかしながら、煬帝は六一七年の五月には関中の兵士を動員し、また同年七月には江都からも精兵を送って洛陽を救援させているし、そもそも何も知らないでいられるはずがない。煬帝の「はだかの王様」ぶりを強調するこの手のエピソードを、鵜呑みにするわけにはいかない。

ただし、煬帝が江都に引きこもり、少し前には天下狭しと各地を飛び回っていたころと、すっかり別人のようになってしまったのは事実で、その生活はすさむばかりであった。江都宮に百を超える部屋をしつらえて、それぞれに美人を置き、一日交代で酒宴を主催させた。連日のはしご酒で、杯が煬帝の口を離れることはなく、ついて回る宮女も常に酔っていたという。

しかし、そのような豪遊も、すべては心配事から目を背けようとする逃避行動にほかならなかった。煬帝は、朝廷から退出すると、ラフないでたちで杖をつきつき宮殿じゅうを歩き回り、夜になるまでやめなかったという。年齢はまだ四十代後半であるから、認知症というよりも、ストレス・不安から来る徘徊《はいかい》行動だと思われる。そんな煬帝がふと本音を吐露するのは、決まって皇后の蕭氏であった。

## 二月に生まれた娘

蕭皇后は、西魏・北周・隋の傀儡国家である後梁第二代の明帝《めいてい》・蕭巋《しょうき》の娘である。皇帝のご息女といえば聞こえは良いが、その生涯は誕生当初から波乱に満ちていた。

当時の江南では、二月に生まれた赤ん坊は取り上げない風習があった。二月生まれの蕭皇后は、間引かれこそしなかったものの、父方の叔父夫妻のもとで養育されることになった。ところがほどなく夫妻がそろって他界してしまい、今度は母方のおじさんに引き取られたのだが、暮らし向きの良くない家であったため、蕭皇后も苦労を重ねることとなった。

文帝楊堅は、次男の晋王楊広、のちの煬帝の妃を、名門たる梁の帝室から迎えようと考え、一族の娘の誰がふさわしいか、片っ端から占ってみた。ところが、結果はみな「不吉」。そこで、蕭巋が蕭皇后を呼び戻して占ってみたところ、これが「吉」と出た。もとより蕭皇后は、性格は柔和で穏やか。学問や文才もあったことから、楊堅はすっかり気に入った。かくて、華燭《かしょく》の典《てん》が挙げられたのであった。

煬帝もまた、優美な南朝文化を具現化したような蕭皇后に対して終生、愛情と敬意を失うことはなかったようで、彼女を前にすると、煬帝は「呉語」、つまり皇后の故郷の南方方言で、ふと本音を漏らした。「あちこちで人が集まって、儂《わし》（南方人の自称）をどうこうしようと画策しておろうが、どう転んでも儂は長城公（陳の後主のこと）、そなたはその皇后の沈氏《しん》ぐらいの余生は送れよう。ともに楽しく飲んで過ごそうではないか」。そういうと、なみなみと注いだ酒を飲んで酔いつぶれた。

またある時は、しげしげと鏡をのぞき込んでいたかと思うと、「この首、誰が斬るのかのぅ」と突然いうので、皇后が驚いて「何をおっしゃいますか」と問うと、煬帝は少し笑って、「貴賤苦楽はこもごもめぐるもの、いちいち思い悩むことはあるまい」と、力なく答えるのであった。

『隋書』の蕭皇后の伝記には、唐の史官の論評を載せて、「煬帝は父と子の間柄ですら猜疑心を抱いていたのだから、夫婦の間ではなおさらだ」というようなことをいっているが、煬帝と蕭皇后には、若いころから培ってきた、確かな絆があったのではないか。なお、煬帝の悪徳の一つに荒淫が挙げられる。母の独孤皇后の目をはばかって、側室に子ができると間引いてしまったともいう。ただ、独孤皇后死去時点で煬帝はまだ三十代半ばであったが、記録に残る側室との間になした子の数は、李淵や李世民の方がずっと多いのである。

## 江都の乱

蕭皇后には弱音を吐く煬帝も、玉座にあれば皇帝然として、群臣に協議を命じたりしている。このころ議題になったのが、丹陽《たんよう》への遷都計画であった。丹陽というのは、南朝の都であった建康のあたりを指し、平陳戦の後、さら地にされていた。

すでに見たように、各地に拠点都市を整備しながら、それに縛られない「移動する皇帝」である煬帝にしてみれば、遷都といっても親王時代に出征してなじみもある建康の地に御座所を移す程度のことに過ぎず、ハードルはそれほど高くはなかったとも考えられる。北方が騒乱状態にあるのを見て、帰還する気をなくした煬帝は、存外、本気で陳の後主になるつもりであったのかもしれない。もしこの計画が実現していたら、「西隋《せいずい》」と「東隋《とうずい》」、あるいは「北隋《ほくずい》」と「南隋《なんずい》」という王朝名が、中国史年表に書き加えられていたであろうか。

しかし、そう自由にはいかない。当時、煬帝に付き従って江都までやってきた軍隊は、第二次高句麗遠征を機に集められるようになった志願兵「驍果」であったが、彼らの多くは関中出身者であった。すでにホームシック気味で脱走する兵も出ていたところに、江南遷都の話を聞いて、いよいよ関中に帰る望みは薄いぞと気づいた彼らは、徒党を組んで逃亡し始めた。これに焦ったのが、かねて煬帝の覚えめでたく、驍果の指揮官を務めていた司馬徳戡であった。

彼は、これまた晋王時代から煬帝に仕えた股肱《ここう》の臣下である裴虔通《はいけんとう》と、もう一人の同僚である元礼《げんれい》に、「監督不行届で処罰される前に、我らも驍果と一緒に逃げてしまおう」と持ちかけると、あとの二人も二つ返事で同意した。

この三人が中心になり、さらに仲間を集めて、日夜、逃亡計画を練るのに余念がなかった。そして、宇文述の子の宇文智及《ちきゅう》にも打ち明けたところ、「陛下は無道ではあるが、その威令はまだ行われている。貴公ら、逃亡したところで捕まって処刑されるのがオチではないかな。いままさに天が隋を滅ぼすべく、英雄たちが立ち上がり、心を合わせて蜂起しようとする者はすでに数万人。これによって大事を決行すれば、まさに帝王の業である」という。要するに、「逃げるくらいなら、いっそのこと陛下の御首級《みしるし》を頂戴してはどうかな」というのである。

あっさりこれに賛成した司馬徳戡らは、皇帝を弑逆《しいぎゃく》するクーデターの旗頭に、宇文智及の兄の化及を担ぎ出し、いよいよ謀議をたくましくする。成否の鍵は、実働部隊をいかに確保するかにかかっている。そこで司馬徳戡らは、「陛下は、お前たちが反乱を企てていると いって、宴会にかこつけて毒入りの酒で全員始末してから、南方人とこの地にとどまるつもりぞ！」と驍果たちに吹き込んだところ、効果はテキメン。たきつけられた驍果も叛心勃々、かなり乗り気になってきた。

ラストステージ

所帯が大きくなると、気も大きくなるのであろう。みんな大っぴらにクーデターの相談をするものだから、その情報はダダ漏れであった。聞きつけた宮女が、まず蕭皇后に申し上げると、「そなたが陛下に奏上するのに任せます」という。そこで、お恐れながらと言上したのだが、煬帝は、「貴様の口にすることではないわ」とキレて、斬り捨ててしまった。その後、また別の宮女がいってきたので、蕭皇后は「事ここに至っては、もはや打つ手もありません。わざわざ申し上げたところで、いたずらに陛下を悩ませるだけです」と制止したので、それ以上いいたがる者は出てこなかったという。

六一八年三月十日、この日は土が舞って昼なお暗く、気味の悪い空模様であった。司馬徳戡はクーデターの実施を驍果に予告し、その同意を得ると、夕方から馬や武器の準備を始める。そして夜更けに至って、江都宮の東城に数万の兵を集め、たいまつを掲げて城外と呼応して決起する。いよいよクーデター計画の発動である。

東の方で炎がゆらめき、喧噪がするのに気づいた煬帝が、「何事か」と尋ねると、かたわらにいた裴虔通が、「失火がございましたので人手を集め、現在、消火中とのことです」と素知らぬ顔で答えた。この日の夜の宮殿警護は、裴虔通らが当番であった。クーデター派の工作は、とうの昔から煬帝の身辺にまで迫っていたのだ。

日付が変わって十一日の未明、あらかじめ内鍵を外しておいた門から味方を引き入れると、裴虔通は数百騎を率いて、煬帝のいる成象殿《せいしょうでん》に乱入。殿内の警護の者は、あらかた武器を捨てて逃げ出してしまった。内通者の手引きで、後宮エリアに入った裴虔通らが、「陛下はいずこにおわすか」と問うと、一人の美人が出てきて煬帝のいる方向を指さした。

ちなみに、煬帝はこの時あることを見越して、お気に入りの女性たちには常に毒薬を携行させ、「もし賊どもが侵入してきたら、その方らがまずこれを飲め。そのあと私も飲む」といいつけておいたらしい。ところが、いざ毒を仰ごうとした時には、みな逃げ散ってしまっていた。こうして自死の機会すら失った煬帝は、そのまま捕縛される羽目となった。

自分を取り巻く人垣の中に、裴虔通の姿を認めた煬帝が、「そちは、私の古いなじみの友ではなかったのか。何の恨みがあって背くのだ」と問うと、裴虔通は「臣は、背いたわけではありません。ただ将士ともに、とにかく帰りたいのです。陛下を奉じて京師長安に戻りたい、それだけです」と答えた。わずかに生き残る可能性を見出したか、煬帝は「朕もまさに帰ろうと思っておったところだ。ただ、ちょうど、長江を下ってくる食糧船の到着が遅れていたのだ。いま、そなたとともに帰るまでだ」と受け、そうこうしているうちに、夜明けを迎えた。

## 我、百姓にそむけり

「臣下はみな朝廷の広間に集まっております。陛下にはお出ましあって、労をねぎらっていただかねばなりません」と裴虔通に促され、煬帝は馬に跨がり宮殿を出た。馬具が壊れているといって、わざわざ新しいものに取り替えさせたのは煬帝らしいが、手綱を引く裴虔通は刀を持ったままであり、明らかに不穏である。煬帝が姿を現し、反逆者の群れがドョめくと、そこに乱の首魁《しゅかい》・宇文化及が大声で呼ばわった。「グズグズするな、さっさと殺してしまえ!」と。要は、クーデターが成功した証拠として、吊し上げられただけであった。

宮殿内に引き戻された煬帝は、白刃を提げて立つ裴虔通・司馬徳戡らに、「私に何の罪があって、このような目に遭わされるのか」と尋ねた。その声には嘆きと、憤りが込められていた。しかし、「陛下は、先祖の御霊屋《おたまや》のある長安を捨て、あちこちへ行幸して回り、外では遠征を繰り返し、内では豪奢淫蕩《ごうしゃいんとう》な生活を送り、男は戦場で皆殺しになり、老人や子供、女たちはのたれ死に、民はみな生業を奪われ、次々と盗賊が蜂起しているのに、おべっか使いばかり重用し、過ちは粉飾し、臣下の諫言には耳を傾けませんでした。どうして罪がないといえましょう」と、スラスラと立て板に水の返答。

これを聞いた煬帝は、「私は、確かに天下の民衆は裏切った。ただ、その方らは高位高官へと出世を極めたではないか。それがなぜこのようなことをするのか。いったい首謀者は誰なのだ」と問いかけた。司馬徳戡は、「天下はみな、陛下を恨んでおります。誰か一人が首謀者ということではありません」と、言い出しっぺだけに、さりげなく自己弁護した。「溥《ふ》天同怨《てんどうえん》」、皮肉にもこれが煬帝の成し遂げた「天下統一」の姿であった。

やりとりの間、煬帝の側で泣きわめいていた末子の趙王杲を、裴虔通がやにわに斬り捨てると、吹き出す血が煬帝の服に降り注いだ。まだ十二歳に過ぎない愛息を斬殺され、煬帝もさすがに覚悟を決めたか、「天子の死には、しかるべき方法というものがある。刃物で斬り殺すという法はない。毒酒を持って参れ」と命じた。しかし、煬帝が生涯最後に発した命令は無視された。頭を押さえてひざまずかされた煬帝は、手ずから解いて渡した白い絹のスカーフで縊《くび》り殺された。享年五十であった。

### 後継政権の乱立

江都の乱後、「隋氏の宗室・外戚、少長《しょうちょう》と無くみな死す」との記述があるが、必ずしも正確ではない。蕭皇后は、宮女とともに、漆塗りの寝台をバラして小さな棺を作ると、趙王杲と煬帝の遺体を納めて、西院の流珠堂《りゅうしゅどう》に安置し、殯《かりもがり》を行っていた。彼女は静かに夫らの死を悼みたかったであろうが、皇帝が不在となると、皇后の存在は政治的に極めて重要となる。その皇后の命令という形をとって、宇文智及と親交のあった秦王の楊浩《ようこう》が皇帝に即位させられた。むろんお飾りに過ぎない。

実権を握る宇文化及・智及、そして士及《しきゅう》の三兄弟らと麾下の十万人は、当初の望みをかなえるべく、長安を目指して出立するが、道のりははるかに遠い。その途上、仲間割れを起こして司馬徳戡が殺されたほか、李密と戦って大敗。何事もうまくいかない責任をなすりつけ合って、やがて三兄弟がケンカを始める始末。進退窮まった化及は、「一日くらいは皇帝になりたい」という子供じみた欲求から、六一八年九月、秦王浩を廃して即位。国号を許、元号を天寿としたが、天寿をまっとうできる道理はない。翌年、竇建徳に捕縛され、弟の智及らとともに処刑された。

西の長安にあった唐王の李淵は、皇帝まであと一歩のところに来ていた。六一八年四月、煬帝の凶問が届くと、頃合いも良しとばかりに五月二十日、李淵は皇帝に即位し、武徳と改元。傀儡とされていた代王侑は、皇位を退いて酅国公《けいこくこう》とされ、翌年に薨去《こうきょ》。唐が手にかけたと断定して差し支えない。謚は恭帝とされた。

一方、東の洛陽にも、煬帝の訃報が届いた。六一八年五月、洛陽在留の官僚たちは、越王侗を皇帝に即位させた。元号を大業から皇泰《こうたい》と改めたので、これを皇泰主と呼ぶ。この洛陽政権は、洛陽にまとわりついている李密といったん講和し、李密を北上する宇文化及にぶつけることで、その共倒れを画策した。宇文化及と洛陽政権に挟撃されたら袋のネズミとなる李密は、和平の申し出を喜んで受諾。いままでの激闘は何だったのかと思うような、電撃的な和解が成立した。

ところが、これを受け入れがたいのが、先に少し触れた王世充である。王世充とその部下は、煬帝の命で洛陽に救援に来て以来、李密と死闘を演じてきた。これまでのところ連戦連敗であったが、李密に洛陽政権に乗り込んできてデカい顔をされたら、さらにどんな目に遭わされるかわかったものではない。そういって部下をたきつけた王世充は、先手を打って和平派を排除し、皇泰主の身柄を押さえると、事実上、洛陽政権を乗っ取ってしまった。

西域人の血を引く生い立ちのせいか、あるいは持って生まれた性格か、王世充の話は繰返しが多くてまとまりがなく、聞かされる部下はうんざりさせられたという。しかしこの時ばかりは、「本日の戦いにかかっているのは、単なる勝ち負けではない、我々が死ぬか生きるかなのだ」と、文字どおり必死に兵士を鼓舞し、六一八年九月十二日朝、李密軍への攻撃を開始した。王世充軍は、「出入りすること飛ぶが如し」とされる長江・淮河流域出身の勇者で編制されていた。この精鋭部隊が突入して、ここが勝負の分かれ目という場面で、あらかじめ確保しておいた李密のそっくりさんを陣頭に引き出して、「すでに李密を捕えたり」とワイワイ騒がせ、同時に伏兵を発したので、動揺した李密軍は総崩れとなった。

たった一度の敗戦でここまでかと思うのだが、李密は本拠地の洛口倉も維持できず、二万ばかりの衆を率いて、関中へ向かった。西魏以来の八柱国の家柄同士、また同じ李氏ということで、表面的にはよしみを通じていた李淵を頼ったのである。十月八日、長安に到着した李密を、李淵は弟と呼んで目をかけたというが、一度はトップに立った男である。ほどなく口実を設けると、東の旧勢力圏に戻って再起を図ろうとしたが、その途上、唐の武将に討ち取られた。ナンバーワンにもナンバーツーにもなりきれなかった男、李密の最期である。

## 楊正道亡命政権と義城公主

李密を倒して意気上がる王世充は、しばらくは猫を被っていたものの、やがて皇泰主に禅譲を迫り、六一九年四月、皇帝に即位した。国号は鄭《てい》、元号は開明《かいめい》。そしてすぐ翌月、潞国《ろこく》公《こう》に降格させていた皇泰主を毒殺してしまう。眉目描けるが如き美男であった皇泰主は、香を焚いて仏像を拝むと、「これから冥土に参りますが、願わくば、このあと来世において、二度と帝王の家に生まれることがありませんように」といって毒を仰いだ。ところがそれでは死にきれず、最期は祖父煬帝と同じく絹の布で縊り殺されたという。諡は代王侑と同じ恭帝であった。

そのころ河北一円に支配を広げつつあった竇建徳は、実質的には、河間《かかん》郡楽寿《らくじゅ》県（河北省滄州《そうしゅう》市）を都とし、五鳳《ごほう》と改元し、国号を夏とした独立勢力であった。しかし、宇文化及が北上して来ると、「私は隋の民であり、隋はわが君である。弑逆を行った宇文化及は、すなわち私の仇である。私は仇を討たないわけにはいかない」といって、これを撃破。宇文化及以下を捕らえて処刑すると、煬帝の喪を弔い、伝国《でんこく》の玉璽《ぎょくじ》を回収した。

さらに竇建徳は、化及が連れてきた蕭皇后や、煬帝の娘で宇文士及の妻である南陽《なんよう》公主の身柄を保護している。なかでも特に重要なのが、煬帝の次子・斉王暕の遺腹《いふく》の子、つまり忘れ形見の楊正道《ようせいどう》（楊政道とも）である。まだ乳飲み子とはいえ、煬帝の血を引く数少ない、ほどなく唯一の男子となる楊正道を、竇建徳は鄖公《うんこう》として礼遇する。ただし、やんごとなさすぎて、正直いささか持てあましていたようである。

そんな六一九年四月、突厥の義城公主の使者がやってきて、蕭皇后らを迎え入れたいといってきた。まさに渡りに船というのか、竇建徳にしてみれば、突厥との関係を強化する良いきっかけになり、体よく厄介払いもできる。竇建徳は千の騎兵を護衛につけて丁重にお送りし、おまけに宇文化及の首も義城公主に献上した。

翌六二〇年二月、突厥の処羅可汗は、楊正道を隋王に擁立し、隋の北辺に当たる定襄《ていじょう》

（内蒙古自治区ホリンゴル県）の地に置き、隋から突厥に逃れていた人々一万人を配属し、官僚制度などはみな隋のそれを踏襲させた。隋の亡命政権の成立である。処羅可汗は、「わが父の啓民可汗は、国を失ったところを、隋を頼ることで大可汗となることができた。この恩を忘れることはできない」といって、さらに華北に侵攻して幷州太原を占領し、ここに楊正道を置く腹づもりであった。

ところが、臣下の反対を押し切ってまさに出陣しようとした矢先、処羅可汗が急死してしまったため、この計画が実行に移されることはなかった。ただ、あとを継いだ頡利《けつり》可汗の支援のもと、楊正道亡命政権はその後も活動を継続する。

時はめぐって六三〇年の正月、唐軍の攻撃を受けて崩壊する突厥から、頡利可汗側近のソグド人・康蘇密《こうそみつ》が蕭皇后と楊正道を連れて唐に寝返ってきた。こうして命運が尽きるまでの約十年間、亡命政権の活動を真に支えたのは、歴代四人の可汗にレヴィレートし、政治・軍事にも及ぶ影響力を保持していた義城公主である。唐が、蕭皇后と楊正道はおろか、頡利可汗の命すら取らずに礼遇しながら、義城公主だけは即刻、処刑しているのは、それだけ彼女の存在が大きかったからなのである（石見清裕《いわみきよひろ》、一九九八）。

本書で述べてきたように、皇后として著名な独孤伽羅と楊麗華あってこその隋であったが、実のところ、建国期の千金（大義）公主と幕引きにおける義城公主、この和蕃公主二人の存在抜きには語れないのである。

## 2　次男坊ふたり、煬帝と太宗

### 隋が滅びた日

前節までに、高句麗遠征を契機として各地で反乱勢力が崛起《くっき》し、混乱の中で煬帝が死に、その後継を標榜する政権が複数成立し、やがて滅亡する様子を見てきた。戦争から内乱へ、内乱から革命へ、という激動の過程であるが、それをごく簡単に整理すると、次のとおりである。

①　六一八年三月：江都の乱と煬帝の死
②　六一八年五月：長安の代王侑（恭帝）が、李淵に禅譲、唐の成立
③　六一八年九月：秦王浩を殺害した宇文化及が、許を建国
④　六一九年四月：洛陽の越王侗（皇泰主・恭帝）が、王世充に禅譲、鄭の成立
⑤　六三〇年正月：唐が東突厥を攻撃、楊正道亡命政権の崩壊

こうして見てみると、隋は都合五回滅びたということになる。その中で、中国史の年表などで、六一八年が隋の滅亡＝唐の成立とされているのは、隋にかわって天下を統一したのが唐であったため、②の継承を正統と見なし、それ以外は閏統《じゅんとう》として無視するからに過ぎない。なお、②の時点では、唐は数ある反乱勢力の一つに過ぎなかったので、「勝てば官軍」流の、完全に跡づけの理屈に過ぎない。

ところで、隋の滅亡についていえば、「はじめに」でも触れたように、王朝名に使う漢字の問題がある。本来、楊忠が封建され、楊堅が世襲した「隨」国公にちなんで「隨」と表記すべきところ、楊堅が、「辶《しんにょう》」＝「辵《ちゃく》」＝「走」が、東魏・西魏・北斉・北周と同様の短命を連想させるのを憎んで除去したという説が、古くから存在している。確かに隋代の史料では、「隋」が大多数を占めている。しかし、そのように命じる詔などは残されていないし、「隨」あるいは「随」なども混在しており、本当のところはわからない状態であった。

ところが、一九八〇年代以降、中国大陸で開発の波が広がると、各地で古墓の発見が相次ぎ、その中から「墓誌」が続々と出土した。墓誌というのは、故人の家系や官歴、人柄などを記したあとに、その死を悼む韻文（銘）を刻みつけた石版をいう。紙媒体の史料では、書き間違いやミスプリントが当然起こる。しかし、墓誌などの石刻史料は一度、字を刻んだら上書きは基本的にできない。たまに、石を削って文字を修正した痕跡が見出されることもあ

唐太宗李世民（台北国立故宮博物院）

るが、石刻史料は、千数百年前の作製当初の原貌をとどめる、タイムカプセルのように貴重な史料なのである。

では、その石刻史料には、隋の国号は、どう刻まれているのであろうか。高橋継男《たかはしつぐお》氏による精緻な統計的調査（二〇一五・二〇一六）から、結果のみを示せば、隋代～唐高祖期までは、「隋」（辶なし）が圧倒的多数の九十％以上を占めていたのに対し、唐太宗李世民の時に「隨」（辶あり）が激増し、「隋」は十％台にまで低下している。つまり太宗治下の短期間に、「隋」と「隨」の比率が大逆転しているのである。こういう鮮やかな変化は自然に起きたものではありえず、人為的なものだと推測される。とすれば、「隋」に「隨」であって欲しいと願った（呪った？）のは、ほかならぬ太宗ということになる。

### 「煬帝」は唐がはったレッテル

国号と同じようなことは、「煬帝」という諡についてもいえる。「煬」というのは、「礼を行わず、民を虐《しいた》げる」という最悪の部類の諡である。そう名づけたのは唐であり、六一八年九月のことであった。しかし、それに先立つ六一八年五月、祖父にかわって即位した洛陽の皇泰主は、「煬帝」の廟号は世祖《せいそ》とし、「明帝《めいてい》」と追諡したし、群雄の竇建徳は、六一九年四月に諡を「閔帝《びんてい》」としている。

ちなみに、「明」は上等、「閔」は中等の部類である。「煬」の該当者は片手で数えられるほどであるが、南朝陳の後主・陳叔宝の諡が、やはり「煬」である。後主は、仁寿四年（六〇四）十一月に洛陽で死去したが、同年七月に文帝が崩御し、煬帝が即位しているので、諡の選定は煬帝治世のことである。すでに紹介したように、煬帝が、江南の丹陽の地に遷都して陳の後主くらいにはなれるだろう、と口にしたというエピソードが伝えられている。どうも後主と煬帝をひっくるめて、同じタイプの暴君のレッテルをはろうとする悪意が、唐にあったかのように感じられる。もっとも、追諡するというのは、その存在を公認する政治的な行為でもある。煬帝が望んだであろう「武帝」は手に入らなかったが、悪名は無名に勝る。「煬帝、以て瞑すべし」といったところである。

なお、李密の部下で、名文家で知られた祖君彦《そくんげん》は、煬帝を厳しく批判して、「南山《なんざん》の竹を取り尽くして、そこに罪を書いても書ききれるものではなく、東海の波が押し流そうとしても、その悪事を流しきれるものではない」との名フレーズを生みだした。その東海に浮かぶ島国日本では、古くから「煬帝」を「ようてい」ではなく、「ようだい」と特に読みならわしてきた。もとの漢語にそんな区別はないのに、敢えて「だい」と濁る読み癖で、批判の意を明らかにするわけである。

その由来については、松下憲一《まつしたけんいち》氏（二〇一八）によれば、平安時代末期、学問の家である藤原南家が、『貞観政要』を天皇に進講する際に、暴君である煬帝を、それまでの漢音ではなく、呉音で「ヤウタイ」と読んで区別したのが始まりで、それが『日本書紀』などのふりがなにも影響し、やがて広く認知されるようになったものと推測されている。

ところで、『日本書紀』といえば、本来、「隋」と表記すべきところもみな「唐」として、隋を完全に無視するかのようである。煬帝に国書の件で怒られた仕返しでもあるまいが、「隋」を「隨」とした太宗の措置と一脈通じる部分があるかもしれない。国際的に悪評を蒙ることは、かえって煬帝のスケールの大きさを示しているようにも思うが、いずれにせよ、これらはあまり公平とはいえない、あくまで後世の評価に過ぎないのである。

## 暴君誕生のからくり

では、現実の煬帝はどうであったか。本書で見てきたように、煬帝は休みなく行幸を繰り返す「移動する皇帝」という属性を持っていた。そこには、いわゆる「関隴集団」の本拠地の長安を離れることで、関東（裴矩ら）・江南（虞世基ら）の出身者をも取り込んで、より広い基盤に立脚した国家体制を確立するという、政治目的があったものと推測される。しかしその一方で、宮殿の大広間に君臣一堂に会して討議する機会は少なくなり、物理的条件に制約されて、常に煬帝の移動に付き従って周囲を固める一握りの側近が、自然と重用されるようになる。

彼らが立派な人物ならそう問題にはならないが、煬帝は、「選挙で決めても天子になるのは私だ」とか、「人の諫めを聞くのが何より嫌いだ」と公言するほどの自信家である。当然、お気に入りとして残されるのは、イエスマンばかりになる。現代の国家や企業にも、いくらも類例が見出せそうなワンマン体制の完成である。

父の文帝期に見られたような、関隴集団を基盤とした集団指導的な要素を残す体制は、まどろっこしいが衆知が集められ、臣下の不満も出にくいし、何か失敗した時には責任も分散するので、平時に穏やかに政治を進めるには、良い体制である。

しかし、政治・経済・文化・軍事とあらゆることに口も手も出し、思うがままに大事業を推し進めたい煬帝には、これが気に入らなかった。即位すると、皇帝からのトップダウン式の意思決定へと大きく舵《かじ》を切り、事実、建国の功臣を次々と誅殺していった。例えば、皇太子廃位の件も絡んで、文帝に免官処分とされていた高熲。煬帝は即位すると高熲を太常卿に復職させておきながら、朝政を誹謗した咎で大業三年七月に誅殺。南朝陳の張貴妃をめぐる遺恨を、いまさら晴らしたわけでもあるまいが、同じ日には、高熲と同罪として平陳の名将・賀若弼も殺されている。ちなみに一足早い大業二年七月には、煬帝の嫡男で、まだ若い皇太子の楊昭と、楊勇からの奪嫡に功のあった楊素がともに死んでいる。死去したタイミングの偶然の一致から、煬帝の命令で宮女が楊素にサーブした毒酒を、楊昭が誤って飲んで死んだとの俗説もあり、何とも因果なことに感じられる。

所帯が大きくなるにつれ、トップダウン式が求められるようになることは、共和政から帝政へと進んだ古代ローマの例があるとおり、一定の合理性を備えている。しかし、そうしたやり方は、うまくいっているうちは良いが、何かでつまずいたら、すべての責任が降りかかってきて、トップは失脚する危険がある。現実には失敗することは避けられないので、結果、失敗してもそれを認めず、糊塗してつっぱるしかなくなる。

集団指導的な体制に立った文帝が、それなりに明君の評価を得た一方で、トップダウンで押し通した煬帝は、高句麗遠征の失敗を認めず、ついに国家を滅亡に至らしめ、その責任を一身に背負わされ、大運河の開削などの功績は顧みられない結果となった。こうした政治体制の違いが、歴史上の「暴君」煬帝が誕生するメカニズムなのではないかと思われる。

では、同時代の人々は煬帝をどう見て、どう行動したのであろうか。『隋書』には、「誠節《せいせつ》伝《でん》」という編目が立てられている。文字どおり、隋に忠誠を尽くし、節義に殉じた人々の伝記を集めた部分である。そこに登場する十数名の中でも、極めつきの人物が堯君素《ぎょうくんそ》である。

地方軍府《ぐんふ》（兵士千人程度を擁する軍事拠点）の指揮官であった堯君素は、河東（山西省西南部の郡）の通守として黄河の渡河ポイントである蒲坂《ほはん》の守備に当たっていた。唐軍に完全包囲されると、木造のガチョウの首に密書を仕込み、これを黄河に流して外部との接触を試みたりと、あくまで徹底抗戦の姿勢であった。ちなみに、お風呂に浮かべるあひるちゃん風のこのメッセージボトルは、はるばる数百キロ流れ下って洛陽近くの川辺で拾われ、奇跡的に皇泰主の手元に届けられた。しかし、皇泰主は嘆きのため息を漏らすのみで、とても救援する余裕はなかった。

堯君素に手を焼いた唐側は、隋指折りの将軍で、すでに唐に降って重用されていた屈突通を送り込み、堯君素に降伏を勧めさせた。二人は隋の臣僚同士、涙を流して再会を喜んだ。しかし堯君素は、「貴公は、隋の大臣となり、陛下に関中の差配を委ねられ、長安の代王さまにも国家の存続を付託された。にもかかわらず、期待に背いて生きながら敵に降り、あまつさえその使いっ走りになって降伏を勧めるとはなんたることか。貴公の乗っている馬は代王さまの賜ったもの。どのツラさげて乗っておるのか」と罵った。屈突通は、「ああ、君素よ、私はもはや力尽きてここに来たのだ」というと、「当方はまだまだ力尽きておらぬ、これ以上の問答は無用である」と応じたので、屈突通は恥じて退いた。

長い籠城戦の間に、今度は堯君素の奥さんも現れて、「隋はもう滅んだのよ。なのになぜ、あなたはそうやって自分を苦しめているの？」と呼びかけた。ところが堯君素は、「天下の大義名分は、婦女子の知るところではない」というや、射倒してしまった。とはいえ堯君素も、もう望みがないことは感づいていた。結局、最後は部下の裏切りで殺された堯君素であるが、ここまで節義を貫いた理由を、彼自身が述べている。「吾、昔、主上に藩邸《はんてい》に事《つか》う。大義、死せざるを得ず」と。つまり、自分は煬帝の晋王時代から恩顧を蒙った旧臣であり、陛下のために死ぬことが大義である、というのだ。

国家にとって、忠義の士を称揚することで得られるメリットは少なからずあり、誠節伝自体がそれを狙ったものには違いないのであるが、堯君素のように煬帝に殉じる者もいたのである。

### 忠誠心の向かう先

さて、つづいて見ておきたいのが、沈光《しんこう》という男である。南朝で呉興の沈氏といえば名門で知られたが、陳滅亡後、父に従って関中に移住した沈光は、「長安の悪少年《あくしょうねん》」として肩で風を切っていた。ワル仲間と連れだって、驍果として高句麗遠征に参加したらしいが、勇戦ぶりが煬帝の目にとまって大抜擢され、戦後、驍果の指揮官となった。

その驍果が中心になったのが江都の乱であるから、沈光が関わらなかったはずがないのであるが、史料は黙して何も語らない。ただいつのころからか、沈光が率いていたのが、「給《きゅう》使《し》」と呼ばれる特殊部隊であった。生前、煬帝は、国家所有の奴隷から特に戦闘力の高い者数百人を選抜し、宮女をお嫁さんとして賜るといった破格の厚遇をしていた。こうして、いざというときに備えて編制され、宮殿の北門である玄武門に配されたエリート奴隷軍人部隊《どれいぐんじん》こそが、給使であった。

しかし、クーデターを起こすにしても、給使の護衛があってはマズいと考えた宇文化及らは、偽の詔を書いて、クーデターの決行当日、給使を全員非番にしておいた。そのため、給使はまったく役割を果たせなかったのである。乱後、宇文化及から引き続き指揮を任された沈光と麾下の給使たちであったが、内心、忸怩《じくじ》たるものがあったのであろう。やがて煬帝の厚遇に応えるべく、宇文化及への復讐を企てるに至る。ところがこの時も、宇文化及を殺害する計画が事前に漏れてしまう。どうも情報戦に弱い沈光と給使数百人は、一人残らず全員が壮絶な討ち死にを遂げたのであった。

以上のように、堯君素や沈光、あるいは給使たちにとっての煬帝は、決して「暴君」ではなく、身命を投げ出して忠誠を捧げ、命がけで仇を討つに値する主人であった。そしてここで一点、注意しなければならないのは、彼らとはまったく逆に、煬帝を弑逆した者たちも、部下としての性格は似通っていたという事実である。

主犯格の司馬徳戡は、屠畜業で生計を立てていたが、のちに侍官《じかん》（兵士）となって軍功を立て、堯君素と同じく地方軍府の指揮官に任じられた。やがて驍果の統率を任され、煬帝とは昵懇《じっこん》の間柄であった。また、煬帝にとっての裴虔通は、晋王時代からの「親信《しんしん》」であり、殺される直前に「私の古いなじみの友」と煬帝が呼びかけた「藩邸の旧臣」でもあった。これも堯君素と共通するのである。

隋では科挙が始まり、官僚制度の整備を見たとされるが、どうしたって人間のやることである。ドライとはいえないウェットな君臣間の人間関係が、けっこう大事なのである。それは、いつの時代、どの地域にも当てはまることではある。しかし、すでに第4章で見たように、遊牧社会の気風が息づく北朝隋唐時代には、君主と臣下との距離感、さらにいえば近しさが、特にものをいったのである。ただし、その表れ方が違う。主人の恩義に感じて殉じる者がいる一方で、手を伸ばせば届くがゆえに弑逆に及ぶ者がいる。まったく対照的な行動に見えるが、実は根っこは同じ、紙一重なのである。

### 立ち回りのウマいヤツら

さんざんお世話になった皇帝を弑逆するのも、逆に仇を討とうとするのも、いずれにせよ器用な生き方ではない。すぐ近くで見ているのだから、ダメだと思ったら早めに見切りをつけて、保身のために手を打っておく。世の中には、そういう立ち回りのウマいヤツらもいる。その代表格は、裴矩である。旧北斉系出身というハンディキャップもなんのその。指折りの実務官僚であった彼だが、高句麗遠征の実施を勧めたこと、突厥への離間策が裏目に出て雁門事変を引き起こしたことなど、得意の外交分野においても失策なしとしない。実は、隋の国際的地位を失墜させた張本人といってもいいくらいだ。

そのせいで江都に落ちのびる羽目になった煬帝であったが、相変わらず裴矩の知恵を頼りにしていたようで、驍果の逃亡対策を彼に尋ねている。これに対して裴矩は、「人情として、連れ合いがいなければ、一つ所に落ち着くのは難しいものです。兵士に地元女性との結婚を許可しましょう」と献策した。煬帝はこの提案に従って、土地の未亡人や未婚女性を召し出して江都宮に集合させ、将士に気に入った女性を自由に選ばせ、あるいはすでに恋仲であれば結婚を認めるという、マッチング大作戦を実施している。

驚くべきは、この措置が取られた六一七年九月、このころすでに裴矩は隋の先行きに見切りをつけ、いざというときに備えて、身分の低い者もみな厚遇しており、驍果の嫁取りを提案したのも、彼らの歓心を買うための保身策であったということだ。実際、煬帝と一緒に処刑されてもおかしくないところ、驍果たちが「裴黄門《はいこうもん》（黄門侍郎、門下省の次官）の罪にあらず」と弁護したので、まんまと生き延びることに成功。宇文化及・竇建徳のもとを経て唐に仕えると、故実の知識を買われて引き続き活躍し、八十歳の長寿を保っている。

裴矩を上回る立ち回りを見せたのが、宇文士及である。彼は江都の乱の首魁・宇文化及の弟で、もう一人の兄・智及ともども、処刑されてしかるべき人物である。ところが、兄らが竇建徳に捕縛された際、別行動を取っていた士及は、唐の李淵に投降する。李淵と士及はかねて親交があり、しかも、士及の妹の宇文氏が李淵の寵姫の一人（第十一子の韓王《かんおう》・李元嘉《りげんか》の生母）となっていたので、それを頼ったのである。

さらに、太宗も士及が大のお気に入りで、士及が十日に一度の洗髪のため一時帰宅していると、家までお召しの使者が来たほどだという。ある時太宗が、何でもない木を指さして、「これは良い枝振りの木じゃのぉ」とカマをかけると、士及は、まことに仰せごもっともと即答。太宗が怒って、「（太宗の諫臣《かんしん》として有名な）魏徴《ぎちょう》が私に、口先巧みにへつらうよこしまな人物を遠ざけなされと口を酸っぱくしていっておるが、そもそもよこしまな人物とは誰のことかわからないでいた。それが誰か、いまははっきりわかったわ」といった。すると士及は、「魏徴どのはじめ、朝廷の臣下たちは陛下に面と向かって反対意見を申されますから、陛下も心安まる時がございませんでしょう。いま私めは幸いにしてお側近くにあって、陛下のご意見には素直に従っております。せめてそのくらいでなければ、至高の天子といえましょうや?」というと、太宗は機嫌を直したという。士及は内外の官職を歴任し、宰相ランクである中書令《ちゅうしょれい》にまで出世した。

## 裏切り者の末路

ところで、ウマく立ち回ったつもりが裴矩・宇文士及ほど処世術に長けておらず、生き残れなかった男もいた。煬帝弑逆に深く関わった裴虔通である。唐に帰順した彼の口癖は、「身《み》、隋室を除き、以て大唐を啓《ひら》けり」、つまり「オレが隋を滅ぼしたおかげで、いまの唐があるのだ」と自負していた。しかし、唐が彼に授けたのは、田舎の州刺史に過ぎなかったので、この扱いには不満タラタラであった。

そして太宗の貞観《じょうがん》二年(六二八)六月、「辰州《しんしゅう》刺史の裴虔通は、隋煬帝の親王時代からの臣下で、特別に目をかけ重く用いられていたが、それにもかかわらず、皇帝を殺害した。時が流れ事情が変わり、しばしば恩赦を経て、幸いにして一族皆殺しの刑罰は免れることになったが、やはり刺史として民衆を治めさせるべきではない」として除名処分となり、唐の最南端に位置する驩州《かんしゅう》(ベトナム中部)への流罪と決まった。裴虔通は怒りのあまり憤死し、煬帝弑逆に関わった元礼ほかの関係者も除名・流罪となった。煬帝の死から十年、唐の天下統一も成って後、いまさらながらの有罪判決であった。

裴虔通の「以て大唐を啓けり」は、さすがに大言壮語が過ぎよう。こんな小物に、新しい世は導けない。唐という新時代の到来に貢献があったのは、殺した方ではなくて、むしろ殺された旧主の方、すなわち煬帝ではなかったか。

## 損な役回り

煬帝は、平陳戦の元帥となって、江南を併合した。さらに、東突厥を臣従させてモンゴリアの遊牧世界に覇を唱え、西突厥を牽制しつつ西域にも手を伸ばし、また東・南方の海域世界にも盛んに使者や軍隊を送り込んで、「中華」の地平を大きく切り拓いた。「世界帝国」としての唐は、これを引き継いだのであった。

そして、「南船北馬」の自然条件の違いと、数百年にわたる政治的分裂を経た華北と江南を、長大な運河の開削によって結びつけた。また、関隴集団の本拠地というべき長安とは距離を保つ一方、広く各地を巡幸した。さらに、身分や出身地にとらわれない人材登用を行った。これらはいずれも、新たな「中国」としてのまとまり、一体感を生み出す上で必要不可欠な措置であった。

しかし、大運河の建設では人民を酷使し、繰り返された行幸でも沿道の住民を疲弊させ、部下の諫めを無視して根本の地たる関中には戻らず、江都に逗留して驍果の帰郷の望みを絶ち、抜擢した江南出身の虞世基や西域系の王世充は、典型的な佞臣《ねいしん》タイプであった。これらの愚行によって隋末唐初の乱を引き起こし、煬帝は、新たに築いた「中国」を、みずからの手でたたき壊したのである。

その上で煬帝は、当時の死者はもちろん、生者の恨みに加えて、後世の悪評まですべて一身に引き受けて逝った。彼がこの損な役回りを、この上なく見事に果たしてくれたことで、「中国」は、隋末唐初の乱で荒ぶるエネルギーをひとしきり吹き出して後は、地域的・民族的な対立はとりあえず横に置いて、唐が武則天にいったん滅ぼされたりはしたものの、一応安史《あんし》の乱くらいまでは平和と安定を享受することができた。なお、煬帝が暴君であってくれれば、隋に背いた人々も免罪符を得て、唐の統治にも参画しやすかったであろう。

さらに、高句麗遠征で引っかき回すだけ引っかき回して煬帝が死んだことで、白村江の戦いを引き合いに出すまでもなく、唐を中心とした東アジア激動の七世紀も開かれる。これを逆に見れば、わずか十数年とはいえ、それまで世界は煬帝を中心にして動き、煬帝が世界を支えていたということである。それは単なる暴君が、よくなし得るところではなかったはずだ。では煬帝亡きあと、誰が肩代わりしたのか。いとこの李淵では力不足、その重任は次子の太宗李世民が担うことになる。

## 最も煬帝に学んだ皇帝・太宗

李世民は五九八年、父の李淵は五六六年の生まれである。五六九年生まれの煬帝は、李世民から見れば、父と同世代の親戚のおじさんである。直接の面識もあったかもしれないが、両者には多くの共通点がある。西魏・北周以来の鮮卑系の有力家系に属し、父が創業の君主となり、文武の才にも恵まれたが、悲しいかな次男坊の身。結局、兄弟を手にかけて即位するが、因果はめぐって自身も後継者問題に悩むことになる、といった具合で、善悪二面が両者にそろっている。

ところが評価は、史上最悪の暴君と史上最高の明君とあまりに対照的なのであるが、なぜそうなるのか。すでに見たように、それは巧まざる歴史の皮肉などではなく、むしろ大いに仕組まれたものであった。正義の味方が登場するには悪役が必要であり、宣伝工作と史料操作によって暴君と明君を作り出す。それが中国史のお家芸だという従来の指摘は、確かに当たっていよう。

そして、これもよくいわれるように、太宗に失敗を回避させたものは、これ以上ない反面教師である煬帝の存在であった。「煬帝にならないためには」を決まり文句に諫める魏徴らの言葉に、よく耳を傾ける太宗とのやりとりは、呉兢『貞観政要』に余すことなく描かれている。「帝王学の書」として、のちの為政者、日本では北条政子《ほうじょうまさこ》や徳川家康《とくがわいえやす》にも参照された
ということを、ご存じの読者もおられるであろう。
もっとも、太宗の参考になったのは、そういったキレイごとばかりではない。例えば、現代はもちろん、当時としても兄弟殺しの罪は免れがたいところであるが、煬帝・太宗の周囲にはその片棒を担いだ「藩邸の旧臣」たちがわんさかいて、幅を利かせていた。即位後の太宗は、煬帝弑逆の主犯格である裴虔通らを、いまさらながらに処分して見せた。表向きには、君臣の義のあるところを示そうというのであろう。しかし真の狙いは、「マネしたらただじゃ済まないぞ」と、自身の取り巻き連中に釘を刺すことにあったと考えられる。なお、のちに太宗は、親王府の幕僚の任期を最長四年に制限している。これも親王と幕僚が長年結託し、皇位簒奪の計画を練り上げ、煬帝や自分自身の「模倣犯＝成功者」となることを、以後、封印するためではなかったか。
まこと、煬帝の挫折・失敗は、太宗を救う処方箋であり、煬帝ほどの反面教師は得がたい存在といえよう。とはいえ、煬帝は反面教師になろうと思ってしくじったわけではない。一方の太宗も、物心つくころには最高権力者となっていた親戚のおじさんの、悪いところばかりを見て育ったとも思えず、どうもしっくりこない。最後にあるエピソードを紹介して、偉

大すぎた次男坊ふたりの関係に迫りたい。

## エピローグ

二〇一三年、江蘇省揚州市で一基の古墓が発掘された。同時に見つかった墓誌から、これが幾度か改葬を経た煬帝の墓であることが判明した。皇帝の身分を示す金玉帯《きんぎょくたい》や男性の歯もその証拠であるが、一緒に小柄な女性の遺骨も見つかった。煬帝の皇后蕭氏のものと見て間違いない。煬帝の死後、ともに眠るまでの約三十年、とことん生き抜いた蕭皇后。唐の太宗の死に先立つこと一年、六四八年ころに亡くなるまでの消息がほとんど伝わらない中で、一つの逸話が残されている。

それは、除夜の大宴会でのワンシーン。いつになくご満悦の太宗が、陪席した蕭皇后に、

この宴会の豪華さ、隋主（煬帝）と比べてどうかな？

としつこく問いかけると、蕭皇后は、

彼が国を滅ぼすまでの十数年、私は、その淫乱・奢侈《しゃし》をこの目で見て参りました。除

夜には香木を大量に燃やして明かりとし、その香りが数十里に及びました。また煙たいのを嫌って油は燃やさず、一つ数千万銭の宝石を飾り付けたので目もくらむばかり。まるで真昼のような明るさでございました。一方、陛下のなされるところを見ますと、燃やしているのは普通のたきぎ、宝石はなく、油で火を灯しており、たいへん質素かと。国を滅ぼすような贅沢、陛下には決してマネをされませんように。

と答えた。それを聞いた太宗は、すっかり黙り込んでしまった。常日頃、口では煬帝の贅沢を批判していたが、心の中ではその盛大さに感服したのである、と。

言葉の表面とは裏腹に、「アンタなんてまだまだよ」といわんばかりの蕭皇后のセリフが振るっており、本書をここまで紐解いてくれた読者諸氏には、そのおかしみを深く味わっていただけるだろう。

なお、このエピソードは、北宋時代に編纂された『太平広記《たいへいこうき》』の巻二百三十六、奢侈一、隋煬帝に引く『紀聞』（牛粛《ぎゅうしゅく》撰、十巻）などに載せられているもので、後世生まれた小説の類いに過ぎないといってしまえばそれまでであるし、歴史学としてはそれが常道である。しかしながら、「真実は時の娘」という格言もあるが、煬帝と太宗、二人の男性を間近に見た蕭皇后という女性の「遺言」として、そこには一片の真実が含まれていると考えたい。

太宗は、唐王朝と自己の正統性確保のためにも、煬帝批判の急先鋒となった。ただし、煬帝の文集を読んでその詩文の才に舌を巻き、また煬帝の娘との間にもうけた第三子の呉王恪《ごおうかく》が自分に似ているといって目をかけるなど、全否定の対象にはしていなかった。むしろ、政治・経済・文化の諸方面において、桁違いのスケールを見せつけた煬帝に対して、先のエピソードが伝えるとおり、太宗は心中あこがれを抱いていたのではなかったか。

ちなみに、太宗が明君然としていたのは治世の前半の方で、晩年になると怒りっぽくなって部下のいうことを聞かない傾向が強まる。そもそも、なぜ自分よりも劣る臣下どものいうことなんぞに、皇帝たる余が耳を傾けなければならないのか。そんな太宗の本音が聞こえてくるようである。皇帝の気持ちは皇帝になった者にしかわからない、とすれば、太宗の煬帝への想いは、即位後、時間がたつにつれ、いっそう募ったに違いない。

思うがままに振る舞った煬帝を超えたい。その気持ちが太宗を、彼が最も得意とする軍事方面へ、すなわち突厥や高昌国への遠征に駆り立てたのではないか。そして北方・西方を押さえたのちに、高句麗に親征しながら勝利を収め得ないという、煬帝と同じ轍を踏んでしまう。つまるところ、ユーラシア大陸東部に覇を唱えた大唐帝国の登場も、煬帝の存在抜きには語れないことになるのである。

ここでふと、筆者の脳裏に思い浮かぶのは、煬帝と太宗の生まれる順番が逆だったら、いったいどうなっていただろうかということである。意味のない仮定ではあるが、太宗はきっと大運河を造って高句麗遠征を繰り返して破滅し、煬帝は世の混乱を治めたあとしばらくは、臣下のいうことをよく聞く明君を決め込んだのではないか。そういう意味では、「中国」の分裂から統一へ、そして「世界帝国」への飛翔という大きな歴史の展開は、二人の天才の、未必の故意による共謀、巧まずして現れた共犯関係によって成し遂げられたといえないだろうか。

とすれば、隋唐帝国の成立と発展という歴史的事実そのものが、煬帝と太宗という二人の歴史上の偉人が、時代の要請したシナリオどおりに演じて見せた一幕の史劇となり、書き残された歴史書はその台本となるのであろうか。ところで順序が逆でも同じだというなら、人が歴史を動かすのではなく、やはり歴史が人を動かすのであろうか。いささか想像が過ぎた。このあたりで筆を擱《お》くことにしたい。

# あとがき

『南北朝時代―五胡十六国から隋の統一まで』（会田大輔著、中公新書、二〇二一年）はもちろん、『唐―東ユーラシアの大帝国』（森部豊著、中公新書、二〇二三年）にまで先を越されてしまった。もっとも、後生畏るべき後輩の会田さんと、あらまほしき先達の森部さんであるから、拙著の刊行が後になったからといって、「畜生め！」などとはいわない。一連のお仕事に、ともに関わることができて大変うれしく、また貴重な経験をさせていただき、心から感謝している。

遅筆のお詫びをしなければならないのは、中公新書編集部に対してである。そもそも執筆のお声がけを下さった編集者の藤吉亮平さんに、最初にお会いしたのは二〇一八年三月十八日、池袋東口のとある喫茶店でのことであった。手ぶらでお会いするのは申し訳ないので、この時にはおおよその章立てをお示しした。アドバイスを踏まえて作成した目次案に「はじめに」を添え、同月末には提出。ほどなく、編集会議も無事に通していただいたはずなのだが……。あれからもう五年以上たってしまった。

言い訳のタネは山ほどあるが、少し筆が進み始めた二〇一九年の初夏、自身の論文集『隋唐帝国形成期における軍事と外交』（汲古書院、二〇二一年）の刊行をご慫慂《しょうよう》いただき、二年近くこちらの仕事にかかりっきりにならざるを得なかったのも、理由の一つである。ようやく『隋』に戻って来た時には、藤吉さんは異動されており、以来一貫して、編集長の田中正敏さんにお世話になった。プロの編集者の目を通じて、自分の文章の悪いクセに気づかせてもらえたのは、かけがえのない財産になると思う。節穴同然の私の目を開いて下さった校閲者の方にも、この場を借りて御礼を申し上げたい。

堅苦しい論文集出版後の反動であろうか、新書である『隋』では、つとめて「平易近人」、易しくて親しみやすい内容と文章を心がけた。史料の掲示では、漢文訓読への愛着やみがたく、原文の雰囲気を少しは伝えたいので、敢えて書き下し文だけとした箇所がある。一方、思い切って省略・意訳したり、くだけた会話体を採用した場面も多い。小野妹子と遣隋使のおかげで、中学生もみな名前だけは知っている隋。そこを取っかかりに隋本体、ひいては中国史・世界史にも興味を持ってもらうきっかけになれば、著者として望外の喜びである。

本書は多くの先行研究の成果によっており、巻末の参考文献に載せられたのは一部に過ぎない。また、おつきあいのある研究者、特に北朝史をこよなく愛する「北朝史研究会」のメンバーからは、長きにわたって有形無形の刺激と助力を得てきた。前述の会田さんもその一人であるが、終章で取り上げた蕭皇后のエピソードの調査を手伝って下さった堀井裕之さんら、みなさんに謝意を表したい。なかでも、本書の原稿全体に目を通し、的確なコメントを下さった前島佳孝さんには、改めて感謝申し上げる。

生まれてはじめてこづかいをはたき、一人で見に行った映画は、井上靖原作の『敦煌《とんこう》』（一九八八年）だったと思う。ほどなく、井上の母校でもある静岡県立沼津東高校（旧制沼津中学）に進学し、大学では東洋史を専攻。地元に戻って社会科教員として教鞭をとるようになってからも、部活指導や担任業務の合間に、何とか研究活動を続けてきた。ようやく完成にこぎ着けた『隋』の原稿を前にすると、それなりの感慨はある。しかし、「あとがき」もこのあたりで切り上げて、心中ひそかに期する次のテーマに向かおうと、気ばかりはやっている。私にとっては、歴史を書くことが、自分を表現することだからだろう。

最後に、一人気ままな私を見守っていてくれる、母の貴子、弟の裕司、義妹の千鶴、おいの和輝と稜真に感謝したい。そして、もらったばかりの誕生日祝いのお返しに、本書を捧げたい。

二〇二三年七月三日　煬帝の享年にならぶ誕生日に、職場近くの井上靖文学館にて

平田陽一郎

# 参考文献

本文中で著者名を挙げたもののほか、特に参考にした研究（主に書籍）に限って掲示する。日本語以外の文献については、隋代史に深く関わる著書を数点あげるにとどめる。なお、同じ文献は再掲しない。

**概説書など全体に関わるもの**（刊行順）

森鹿三編『中国文明の歴史4 分裂の時代—魏晋南北朝』（中公文庫、二〇〇〇年、初出一九六七年）
外山軍治編『中国文明の歴史5 隋唐世界帝国』（中公文庫、二〇〇〇年、初出一九六七年）
宮崎市定『大唐帝国—中国の中世』（中公文庫、一九八八年、初出一九六八年）
堀敏一ほか『岩波講座世界歴史5 東アジア世界の形成II』（岩波書店、一九七〇年）
川勝義雄『魏晋南北朝』（講談社学術文庫、二〇〇三年、初出一九七四年）
布目潮渢・栗原益男『隋唐帝国』（講談社学術文庫、一九九七年、初出一九七四年）
護雅夫『古代遊牧帝国』（中公新書、一九七六年）
アーサー・F・ライト著、布目潮渢・中川努訳『隋代史』（法律文化社、一九八二年、初出一九七八年）
藤善眞澄編『アジアの歴史と文化2 中国史—中世』（同朋舎、一九九五年）
松丸道雄・池田温ほか編『世界歴史大系 中国史2 三国～唐』（山川出版社、一九九六年）
礪波護・武田幸男『世界の歴史6 隋唐帝国と古代朝鮮』（中公文庫、二〇〇八年、初出一九九七年）
妹尾達彦ほか『岩波講座世界歴史9 中華の分裂と再生 3—13世紀』（岩波書店、一九九九年）
川本芳昭『中国の歴史5 中華の崩壊と拡大 魏晋南北朝』（講談社学術文庫、二〇二〇年、初出二〇〇五年）
氣賀澤保規『中国の歴史6 絢爛たる世界帝国 隋唐時代』（講談社学術文庫、二〇二〇年、初出二〇〇五年）
愛宕元・冨谷至編『新版 中国の歴史（上）—古代・中世』（昭和堂、二〇〇九年）
冨谷至・森田憲司編『概説中国史 上 古代—中世』（昭和堂、二〇一六年）
渡辺信一郎『シリーズ中国の歴史① 中華の成立 唐代まで』（岩波新書、二〇一九年）
丸橋充拓『シリーズ中国の歴史② 江南の発展 南宋まで』（岩波新書、二〇二〇年）
古松崇志『シリーズ中国の歴史③ 草原の制覇 大モンゴルまで』（岩波新書、二〇二〇年）
荒川正晴ほか編『岩波講座世界歴史6 中華世界の再編とユーラシア東部 4～8世紀』岩波書店、二〇二二

年）

特に隋代史に関わるもの（刊行順）

宮崎市定『隋の煬帝』（中公文庫、一九八七年、初出一九六五年）
布目潮渢『隋の煬帝と唐の太宗 暴君と明君、その虚実を探る』（清水書院、二〇一八年、初出一九八四年）
谷川道雄『増補 隋唐帝国形成史論』（筑摩書房、一九九八年）
姜尚中（総監修）『世界宗教圏の誕生と割拠する東アジア』（アジア人物史2、集英社、二〇二三年）、「第五章 王朝の興亡と皇后の運命―隋唐革命」（執筆者 村井恭子）、「第六章 隋の文帝―時代に選ばれた皇帝」（執筆者 河上麻由子）
（以下、日本語以外の文献）
陳寅恪『唐代政治史述論稿』（重慶・商務印書館、一九四三年初版）
陳寅恪『隋唐制度淵源略論稿』（重慶・商務印書館、一九四四年初版）
胡戟『隋煬帝的真相』（北京大学出版社、二〇一一年、初出一九九五年）
韓昇『隋文帝伝』（人民出版社、一九九八年）
呉玉貴『突厥汗国与隋唐関係史研究』（中国社会科学出版社、一九九八年）
劉健明『隋代政治与対外政策』（台北・文津出版社、一九九九年）
朱振宏『隋唐政治、制度与対外関係』（台北・文津出版社、二〇一〇年）

正史『隋書』の訳注など史料に関わるもの（刊行順）

石原道博編訳『新訂 魏志倭人伝・後漢書倭伝・宋書倭国伝・隋書倭国伝 中国正史日本伝（1）』（岩波文庫、一九八五年、初出一九五一年）
岑仲勉『隋書求是』（北京・商務印書館、一九五八年）
岑仲勉『突厥集史』（上冊、中華書局、一九五八年）
内田智雄編・梅原郁補『訳注 続中国歴代刑法志（補）』（創文社、二〇〇五年、初出一九七〇年）
内田吟風ほか訳注『騎馬民族史1・2 正史北狄伝』（平凡社東洋文庫、一九七一・一九七二年）
北條祐英『『隋書』西突厥伝のテキストと訓読・注釈』（東海大学文学部史学科研修員研究報告書、一九九一年）
興膳宏・川合康三『隋書経籍志詳攷』（汲古書院、一九九五年）
興膳宏編『六朝詩人傳』（大修館書店、二〇〇〇年）
中村裕一『大業雑記の研究』（汲古書院、二〇〇五年）
渡辺信一郎『『魏書』食貨志・『隋書』食貨志訳注』（汲古書院、二〇〇八年）

小谷仲男・菅沼愛語「『隋書』西域伝、『周書』異域伝（下）の訳注」（『京都女子大学大学院文学研究科研究紀要　史学編』二一、二〇二二年）
六朝楽府の会編著『『隋書』音楽志訳注』（和泉書院、二〇一六年）
中林史朗・山口謠司監修『中国史書入門　現代語訳　隋書』（勉誠出版、二〇一七年）
池田恭哉「『隋書』の成立とその問題—辛彦之の没年と明堂の議論から」（『六朝學術學會報』二一、二〇二〇年）
呉兢編・石見清裕訳注『貞観政要　全訳注』（講談社、二〇二一年）

序　章（以下、著者五十音順）

会田大輔『南北朝時代—五胡十六国から隋の統一まで』（中公新書、二〇二一年）
内田吟風『北アジア史研究—鮮卑柔然突厥篇』（同朋舎、一九七五年）
窪添慶文編『魏晋南北朝史のいま』（勉誠出版、二〇一七年）
佐川英治「孝武西遷と国姓賜与—六世紀華北の民族と政治」（『岡山大学文学部紀要』三八、二〇〇二年）
濱口重國『秦漢隋唐史の研究』（上・下、東京大学出版会、一九六六年）
三﨑良章『五胡十六国—中国史上の民族大移動〔新訂版〕』（東方書店、二〇一二年）
森部豊編『ソグド人と東ユーラシアの文化交渉』（勉誠出版、二〇一四年）
護雅夫『古代トルコ民族史研究Ⅰ』（山川出版社、一九六七年）
森安孝夫『興亡の世界史05　シルクロードと唐帝国』（講談社学術文庫、二〇一六年、初出二〇〇七年）
宮川尚志『六朝史研究　政治・社会篇』（日本学術振興会、一九五六年）
山下将司「西魏・恭帝元年「賜姓」政策の再検討」（『早稲田大学大学院文学研究科紀要』四五 - 四、二〇〇〇年）
山崎宏『支那中世仏教の展開』（清水書店、一九四二年）
山田信夫『北アジア遊牧民族史研究』（東京大学出版会、一九八九年）
吉川幸次郎「大和大神神社に蔵する周書の楊忠と王雄の伝の旧鈔本の考証」（同氏著『吉川幸次郎全集７』筑摩書房、一九六八年、初出一九六〇年）

第１章

会田大輔「北周宇文護執政期再考—宇文護幕僚の人的構成を中心に」（『集刊東洋学』九八、二〇〇七年）
会田大輔「北周侍衛考—遊牧官制との関係をめぐって」

(『東洋史研究』七四‐二、二〇一五年)
会田大輔「北周天元皇帝考」(『東方學』一三一、二〇一六年)
菅沼愛語「隋代の和蕃公主と北方・西方に対する隋の外交戦略」(『立命館東洋史学』三八、二〇一五年)
鈴木宏節「突厥阿史那思摩系譜考―突厥第一可汗国の可汗系譜と唐代オルドスの突厥集団」(『東洋学報』八七‐一、二〇〇五年)
藤野月子『王昭君から文成公主へ―中国古代の国際結婚』(九州大学出版会、二〇一二年)
松田壽男「絹馬交易覚書」(『松田壽男著作集2』六興出版、一九八六年、初出一九三六年)
山崎宏「隋代総管考」(『史潮』六四・六五、一九五八年)

### 第2章

青木富太郎『万里の長城』(近藤出版社、一九七二年)
有松豊「隋文帝期の行軍制度―平陳の役を中心に」(『海南史学』三九、二〇〇一年)
榎本あゆち『中国南北朝寒門寒人研究』(汲古書院、二〇二〇年)
岡田和一郎・永田拓治編著『漢とは何か』(東方書店、二〇二二年)
川合安『南朝貴族制研究』(汲古書院、二〇一五年)
川勝義雄『六朝貴族制社会の研究』(岩波書店、一九八二年)
氣賀澤保規「隋代における江南の動向について」(『鷹陵史学』二、一九七六年)
氣賀澤保規「蘇威をめぐる隋の政界について」(『森鹿三博士頌寿記念論文集』同朋舎、一九七七年)
後藤均平「高梁の洗氏と馮氏」(『國學院雑誌』七四‐三、一九七三年)
鈴木靖民・金子修一編『梁職貢図と東部ユーラシア世界』(勉誠出版、二〇一四年)
津田資久「侯景―南北朝を駆け抜けた六鎮武人の挽歌」(鶴間和幸編『俠の歴史　東洋編』上、清水書院、二〇二〇年)
冨谷至『漢倭奴国王から日本国天皇へ―国号「日本」と称号「天皇」の誕生』(臨川書店、二〇一八年)
中村圭爾『六朝貴族制研究』(風間書房、一九八七年)
西田祐子『唐帝国の統治体制と「羈縻」―『新唐書』の再検討を手掛かりに』(山川出版社、二〇二二年)
堀内淳一『北朝社会における南朝文化の受容―外交使節と亡命者の影響』(東方書店、二〇一八年)
安田二郎『六朝政治史の研究』(京都大学学術出版会、二〇〇三年)
山崎宏「北朝末期の附庸国後梁に就いて」(『史潮』一一‐一、一九四一年)

吉川忠夫『侯景の乱始末記　南朝貴族社会の命運』（中公新書、一九七四年。二〇一九年、志学社から再刊）

## 第3章

石田勇作「隋開皇律令から武徳律令へ―律令変遷過程の整理（1）」（『中国古代の法と社会　栗原益男先生古稀記念論集』汲古書院、一九八八年）
石野智大「「隋諸葛子恒等邑義造像記」についての一考察―開皇十三年における沂州邑義と軍人」（『明治大学大学院文学研究科文学研究論集』二五、二〇〇六年）
石見清裕編著『ソグド人墓誌研究』（汲古書院、二〇一六年）
大島幸代・萬納恵介「隋仁寿舎利塔研究序説」（『奈良美術研究』一二、二〇一二年）
大津透編『律令制研究入門』（名著刊行会、二〇一一年）
岡本隆司編『中国経済史』（名古屋大学出版会、二〇一三年）
長部悦弘「隋の辟召制廃止と都市」（『東洋史研究』四四-三、一九八五年）
長部悦弘「北朝時代の武人官僚問題」（『史林』七六-一、一九九三年）
小野響「天可汗の現実と理想―拡大解釈された唐太宗の天可汗」（『東洋史研究』八一-三、二〇二二年）
金子修一『中国古代皇帝祭祀の研究』（岩波書店、二〇〇六年）
河上麻由子『古代アジア世界の対外交渉と仏教』（山川出版社、二〇一一年）
菊池英夫「唐初軍制用語としての「団」の用法―日本律令制下の「軍団」に触れて（2）」（『中央大学文学部紀要』史学科四一、一九九六年）
窪添慶文『北魏史　洛陽遷都の前と後』（東方書店、二〇二〇年）
氣賀澤保規「隋代郷里制に関する一考察」（『史林』五八-四、一九七五年）
氣賀澤保規『府兵制の研究―府兵兵士とその社会』（同朋舎、一九九九年）
氣賀澤保規「隋仁寿元年（六〇一）の学校削減と舎利供養」（『駿台史学』一一一、二〇〇一年）
斉藤達也「隋重建七帝寺記（恵鬱造像記）について―訳注と考察」（『国際仏教学大学院大学研究紀要』六、二〇〇三年）
佐川英治『中国古代都城の設計と思想―円丘祭祀の歴史的展開』（勉誠出版、二〇一六年）
佐川英治「漢帝国以後の多元的世界」（南川高志編『歴史の転換期2　378年　失われた古代帝国の秩序』山川出版社、二〇一八年）
佐川英治「嘎仙洞石刻祝文にみる北魏王権の多元性―天子・皇帝・可汗・太平真君の称号をめぐって」（佐川

英治編『多元的中華世界の形成―東アジアの「古代末期」』臨川書店、二〇二三年）
佐藤智水ほか「隋代における造塔・造像銘文の調査・研究」（『龍谷大学佛教文化研究所紀要』五二、二〇一三年）
鈴木義雄「隋朝門下省官僚攷」（『國學院高等学校紀要』一八、一九八二年）
杉山正明『遊牧民から見た世界史』（日経ビジネス人文庫、二〇〇三年、一九九七年初出）
妹尾達彦『長安の都市計画』（講談社選書メチエ、二〇〇一年）
妹尾達彦『グローバル・ヒストリー』（中央大学出版部、二〇一八年）
曽布川寛・吉田豊編『ソグド人の美術と言語』（臨川書店、二〇一一年）
塚本善隆『塚本善隆著作集3　中国中世仏教史論攷』（大東出版社、一九七五年）
辻正博「隋唐国制の特質」（荒川正晴編『岩波講座世界歴史6　中華世界の再編とユーラシア東部　4～8世紀』岩波書店、二〇二二年）
礪波護『隋唐の仏教と国家』（中公文庫、一九九九年）
中田篤郎「開皇十年の詔について」（『龍谷史壇』七六、一九七八年）
布目潮渢『布目潮渢中国史論集』（上、汲古書院、二〇〇三年）
野中敬「隋の税制改革―丁租・丁調の成立をめぐって」（『史観』一二七、一九九二年）
林俊雄「掠奪・農耕・交易から観た遊牧国家の発展―突厥の場合」（『東洋史研究』四四―一、一九八五年）
藤善眞澄『隋唐時代の仏教と社会　弾圧の狭間にて』（白帝社アジア史選書、二〇〇四年）
堀敏一『均田制の研究―中国古代国家の土地政策と土地所有制』（岩波書店、一九七五年）
町田隆吉「北魏太平真君四年拓跋燾石刻祝文をめぐって―「可寒」・「可敦」の称号を中心として」（『アジア諸民族における社会と文化　岡本敬二先生退官記念論集』国書刊行会、一九八四年）
宮崎市定『科挙史』（平凡社東洋文庫、一九八七年、初出一九四六年）
宮崎市定『九品官人法の研究　科挙前史』（中公文庫、一九九七年、初出一九五六年）
宮崎市定『科挙　中国の試験地獄』（中公文庫、二〇〇三年、初出一九六三年）
山崎宏「隋朝官僚の性格」（『東京教育大学文学部紀要』六、一九五六年）
山崎宏『隋唐仏教史の研究』（法藏館、一九六七年）
山崎宏「隋代の学界の研究」（『立正大学文学部論叢』三七、一九七〇年）

吉田虎雄『魏晋南北朝租税の研究』（大安、一九六六年、初出一九四三年）
渡辺信一郎『天空の玉座―中国古代帝国の朝政と儀礼』（柏書房、一九九六年）
渡辺信一郎『中国古代の財政と国家』（汲古書院、二〇一〇年）

### 第4章

会田大輔「「宇文述墓誌」と『隋書』宇文述伝―墓誌と正史の宇文述像をめぐって」（『駿台史学』一三七、二〇〇九年）
浅見直一郎「隋文帝の五子とその婚姻関係―廃太子楊勇と元氏を中心に」（『大谷大学史学論究』一八、二〇一三年）
川本芳昭『魏晋南北朝時代の民族問題』（汲古書院、一九九八年）
川本芳昭『東アジア古代における諸民族と国家』（汲古書院、二〇一五年）
氣賀澤保規ほか「特集：弘農（華陰）楊氏をめぐる総合的研究」（『駿台史学』一四四、二〇一二年）
田熊敬之「北斉「恩倖」再考―君主家政官としての嘗食典御・主衣都統を中心に」（『史学雑誌』一二九‐七、二〇二〇年）
中田篤郎「隋兵部尚書の研究―唐制淵源の一として」（『龍谷史壇』六六・六七、一九七三年）
堀井裕之「隋代弘農楊氏の研究―隋唐政権形成期の「門閥」」（『東洋文化研究』一九、二〇一七年）
前島佳孝『西魏・北周政権史の研究』（汲古書院、二〇一三年）
松下憲一『北魏胡族体制論』（北海道大学出版会、二〇〇七年）
丸橋充拓「「闘争集団」と「普遍的軍事秩序」のあいだ―親衛軍研究の可能性」（宮宅潔『多民族社会の軍事統治―出土史料が語る中国古代』京都大学学術出版会、二〇一八年）
森安孝夫『シルクロード世界史』（講談社、二〇二〇年）
山下将司「唐初における『貞観氏族志』の編纂と「八柱国家」の誕生」（『史学雑誌』一一一‐二、二〇〇二年）

### 第5章

伊瀬仙太郎『中国西域経営史研究』（巌南堂書店、一九六八年、初出一九五五年から改題）
内田吟風「隋・裴矩撰「西域図記」遺文纂考」（『藤原弘道先生古稀記念　史学仏教学論集』藤原弘道先生古稀記念会、一九七三年）
宇都宮美生「隋唐洛陽城の穀倉―子羅倉、洛口倉、回洛倉および含嘉倉をめぐって―」（『史学雑誌』一二七‐

三、二〇一八年）
宇都宮美生「隋唐洛陽城における煬帝の運河建設—通済渠と通遠渠をめぐって」（『古代文化』七二-四、二〇二一年）
宇都宮美生「隋唐洛陽城の西苑の役割と水利」（『東洋学報』一〇四-一、二〇二二年）
榎本淳一「『江都集礼』の編纂と意義・影響」（『金子修一先生古稀記念論文集　東アジアにおける皇帝権力と国際秩序』汲古書院、二〇二〇年）
川本芳昭『世界秩序の変容と東アジア』（汲古書院、二〇二二年）
氣賀澤保規編著『隋唐洛陽と東アジア—洛陽学の新地平』（法藏館、二〇二〇年）
佐藤長「隋の煬帝の吐谷渾征討路について」（『江上波夫教授古稀記念論集　歴史篇』山川出版社、一九七七年）
嶋崎昌「『隋書』高昌伝解説」（同氏著『隋唐時代の東トゥルキスタン研究—高昌国史研究を中心として』東京大学出版会、一九七七年、初出一九六一年）
杉井一臣「隋、煬帝の司隷台創設について」（『中国史研究』八、一九八四年）
妹尾達彦「江南文化の系譜—建康と洛陽（一）（二）」（『六朝學術學會報』一四・一五、二〇一三・二〇一四年）
関尾史郎「「義和政変」前史—高昌国王麴伯雅の改革を中心として」（『東洋史研究』五二-二、一九九三年）
田中淡『中国建築史の研究』（弘文堂、一九八九年）
田林啓「潼関税村隋代壁画墓の研究—壁画・石棺線刻画と輿服制との関係からの考察」（『美術史』一八八、二〇二〇年）
辻正博「麴氏高昌国と中国王朝—朝貢・羈縻・冊封・征服」（夫馬進編『中国東アジア外交交流史の研究』京都大学学術出版会、二〇〇七年）
戸川貴行『東晉南朝における傳統の創造』（汲古書院、二〇一五年）
礪波護『唐代政治社会史研究』（同朋舎、一九八六年）
礪波護『隋唐都城財政史論考』（法藏館、二〇一六年）
西嶋定生『中国古代国家と東アジア世界』（東京大学出版会、一九八三年）
布目潮渢「隋唐時代の穴倉と帝陵—洛陽から西安へ」（『東洋学術研究』一八-一、一九七九年）
原田直枝「『隋書』文学伝の人びと—隋代の南朝由来の文人たちをめぐって」（『中国文学報』六八、二〇〇四年）
藤井律之「江南開発と南朝中心の世界秩序の構築」（南川高志編『歴史の転換期2　378年　失われた古代帝国の秩序』山川出版社、二〇一八年）
星斌夫『大運河—中国の漕運』（近藤出版社、一九七一

年）
前島佳孝「隋煬帝時期の長安と洛陽」（妹尾達彦編著『アフロ・ユーラシア大陸の都市と社会』中央大学出版部、二〇二〇年）
前田正名『河西の歴史地理学的研究』（吉川弘文館、一九六四年）
松田壽男『古代天山の歴史地理学的研究　増補版』（早稲田大学出版部、一九七〇年）
松田壽男「吐谷渾遣使考」（『松田壽男著作集4』六興出版、一九八七年、初出一九三七年）
道坂昭廣「隋の煬帝について—その詩に関する一考察」（『中国文学報』三七、一九八六年）
村上嘉実「隋代の庭園」（『滋賀県立短期大学学術雑誌』二、一九六一年）
渡辺信一郎『中国古代の楽制と国家—日本雅楽の源流』（文理閣、二〇一三年）

### 第6章

浅見直一郎「煬帝の第一次高句麗遠征軍—その規模と兵種」（『東洋史研究』四四-一、一九八五年）
井上直樹『高句麗の史的展開過程と東アジア』（塙書房、二〇一一年）
内田昌功「隋煬帝期の地方行政改革と通守制度」（『北大史学』三六、一九九六年）
内田昌功「隋煬帝期官制改革の基礎的研究」（『史朋』三三、二〇〇〇年）
内田昌功「隋煬帝期官制改革の目的と性格」（『東洋学報』八五-四、二〇〇四年）
榎本淳一「『隋書』倭国伝について」（大山誠一編『日本書紀の謎と聖徳太子』平凡社、二〇一一年）
金子修一『古代東アジア世界史論考—改訂増補　隋唐の国際秩序と東アジア』（八木書店、二〇一九年）
河上麻由子『古代日中関係史』（中公新書、二〇一九年）
菊池英夫「隋朝の対高句麗戦争の発端について」（『中央大学アジア史研究』一六、一九九二年）
北村高「『隋書』西域伝について—その成立と若干の問題」（『龍谷史壇』七八、一九八〇年）
氣賀澤保規「隋末唐初の諸叛乱」（谷川道雄・森正夫編『中国民衆叛乱史1』平凡社東洋文庫、一九七八年）
氣賀澤保規編『遣隋使がみた風景—東アジアからの新視点』（八木書店、二〇一二年）
齊藤茂雄「隋末唐初期における突厥第一可汗国と北中国」（『関西大学東西学術研究所紀要』四九、二〇一六年）
末松保和『末松保和朝鮮史著作集3　高句麗と朝鮮古代史』（吉川弘文館、一九九六年）
鈴木靖民『日本の古代国家形成と東アジア』（吉川弘文館、二〇一一年）

鈴木義雄「「隋書」誠節伝について」(『國學院雑誌』七七‐三、一九七六年)
谷川道雄『隋唐世界帝国の形成』(講談社学術文庫、二〇〇八年、初出一九七七年)
谷川道雄『谷川道雄中国史論集』(下、汲古書院、二〇一七年)
東野治之『遣唐使と正倉院』(岩波書店、一九九二年)
長澤和俊『シルク・ロード史研究』(国書刊行会、一九七九年)
布目潮渢『隋唐史研究―唐朝政権の形成』(東洋史研究会、一九六八年)
日野開三郎『東北アジア民族史(中)―靺鞨・渤海関連篇』(日野開三郎東洋史学論集第十五巻、三一書房、一九九一年)
廣瀬憲雄『古代日本外交史―東部ユーラシアの視点から読み直す』(講談社選書メチエ、二〇一四年)
堀敏一『東アジアのなかの古代日本』(研文出版、一九九八年)
山下将司「隋・唐初の河西ソグド人軍団―天理図書館蔵『文館詞林』「安修仁墓碑銘」残巻をめぐって」(『東方學』一一〇、二〇〇五年)
李成市『古代東アジアの民族と国家』(岩波書店、一九九八年)

## 終　章

伊藤誠浩「隋煬帝期における朋党の性格とその展開」(『文研会紀要』一二、二〇〇一年)
石見清裕『唐の北方問題と国際秩序』(汲古書院、一九九八年)
氣賀澤保規「隋煬帝墓誌の発見とその復元―唐初政治史の一側面」(氣賀澤保規編『隋唐仏教社会の基層構造の研究』明治大学東アジア石刻文物研究所、二〇一五年)
高橋継男「唐初における国号〈隋〉字の字形変化―〈煬帝墓誌〉の発見によせて」(『〔東洋大学〕アジア文化研究所研究年報』〔二〇一四年〕四九、二〇一五年)
高橋継男「唐後半期における国号〈隋〉字の字形変化」(『高橋継男教授古稀記念東洋大学東洋史論集』東洋大学文学部史学科東洋史研究室、二〇一六年)
前島佳孝「隋の滅亡と禅譲革命」(川越泰博編『様々なる変乱の中国史』汲古書院、二〇一六年)
松下憲一「隋の煬帝はなぜヨウダイと読むのか」(『史朋』五〇、二〇一八年)
森部豊『唐―東ユーラシアの大帝国』(中公新書、二〇二三年)

| | | |
|---|---|---|
| 604 | 仁寿4 | 7文帝死す、楊広即位（煬帝）、8漢王楊諒の反乱 |
| 605 | 大業1 | 1総管府を廃止、3東京洛陽城建設、通済渠を開削、8江都行幸 |
| 606 | 大業2 | 10洛口倉を設置、12回洛倉を設置 |
| 607 | 大業3 | 4大業律令の頒布、州を郡に改称、7高熲・賀若弼らを誅殺、第2回遣隋使が「日出ずる処」の国書を持参、8啓民可汗のもとへ行幸 |
| 608 | 大業4 | 1永済渠を開削、3煬帝北巡、4隋使の裴世清が筑紫に着く、9裴世清帰国に合わせて第3回遣隋使を派遣 |
| 609 | 大業5 | 1煬帝、西方巡幸と吐谷渾遠征に出発、民間の武器を禁止、9妹子ら帰国、？裴蘊による貌閲実施、啓民可汗死去、始畢可汗即位 |
| 610 | 大業6 | 1洛陽で弥勒教の乱、倭国使が方物を献上、3江都行幸、12江南河を開削 |
| 611 | 大業7 | 4煬帝が涿郡へ到着、高句麗遠征準備が本格化、12西突厥の泥撅処羅可汗が入朝、各地で群盗が蜂起 |
| 612 | 大業8 | 1第一次高句麗遠征開始 |
| 613 | 大業9 | 1驍果の募集、4第二次高句麗遠征開始、6楊玄感の乱勃発 |
| 614 | 大業10 | 2第三次高句麗遠征開始、6犬上御田鍬らが隋に出発、10煬帝、東都に帰還 |
| 615 | 大業11 | 8雁門事変が勃発、9犬上御田鍬らが百済使とともに帰国、10煬帝、東都に帰還 |
| 616 | 大業12 | 7煬帝、江都落ち、12李淵、太原留守となる |
| 617 | 大業13 | 7李淵挙兵、11李淵、大興城を占拠し、代王侑を立てる（恭帝） |
| 618 | 武徳1 | 3江都の乱で煬帝死す、5恭帝からの禅譲で李淵即位す（唐の高祖）、越王侗即位（皇泰主） |
| 619 | 武徳2 | 閏2始畢可汗死す、処羅可汗即位、4王世充が皇帝を称す |
| 620 | 武徳3 | 2処羅可汗、楊正道を擁立、11処羅可汗死す、頡利可汗即位 |
| 621 | 武徳4 | 5李世民、竇建徳・王世充を撃破、群雄討伐を進める |
| 626 | 武徳9 | 6玄武門の変、8高祖退位、李世民即位（太宗） |
| 630 | 貞観4 | 1唐将李靖、突厥を撃破、頡利可汗・蕭皇后・楊正道ら、唐に降る（突厥第一可汗国崩壊）、3太宗、天可汗となる、8第1回遣唐使を派遣 |

『隋』関連年表

| | | |
|---|---|---|
| 565 | 保定5 | 4北斉の武成帝、高緯に譲位（後主） |
| 566 | 天和1 | 4陳の文帝死す、陳伯宗即位（廃帝） |
| 568 | 天和3 | 3北周の武帝、木杆可汗の娘を皇后に迎える、7楊忠死す |
| 569 | 天和4 | 1陳の陳頊、廃帝に代わり即位（宣帝）、楊広、誕生 |
| 572 | 建徳1 | 3北周の武帝、宇文護を誅殺して親政開始、?木杆可汗死す、他鉢可汗即位 |
| 574 | 建徳3 | 5北周の武帝、仏教・道教を廃す |
| 577 | 建徳6 | 1北周の武帝、北斉の都の鄴を攻略 |
| 578 | 宣政1 | 6北周の武帝、突厥遠征中に急死、子の宇文贇即位（宣帝） |
| 579 | 大象1 | 2北周の宣帝、子の宇文闡に譲位（静帝） |
| 580 | 大象2 | 5北周の宣帝死す、楊堅が実権を掌握 |
| 581 | 開皇1 | 2北周滅亡、楊堅即位す（隋の文帝）、10開皇律を頒布、?他鉢可汗死す、摂図、大可汗となる（沙鉢略可汗） |
| 582 | 開皇2 | 1陳の宣帝死す、陳叔宝即位（後主）、7開皇令の頒布 |
| 583 | 開皇3 | 3新都大興城に移る、11郡の廃止、12開皇律の改訂、?突厥、東西に分裂 |
| 584 | 開皇4 | 6広通渠を開削、9隋、沙鉢略可汗と和平、千金公主を大義公主に改封 |
| 585 | 開皇5 | 7沙鉢略可汗、隋に臣と称す、?文帝、菩薩戒を受ける |
| 587 | 開皇7 | 2長城修築、4山陽瀆（邗溝）を開削、沙鉢略可汗死す、莫何可汗即位、9隋が後梁を接収 |
| 588 | 開皇8 | 11莫何可汗死す、都藍可汗即位 |
| 589 | 開皇9 | 1隋、陳を滅ぼす |
| 590 | 開皇10 | 5軍籍を廃止、11江南で反乱拡大 |
| 593 | 開皇13 | 2仁寿宮造営、?大義公主殺される |
| 595 | 開皇15 | 2武器の保有・私造を禁止、?州県の郷官を廃止 |
| 598 | 開皇18 | 2漢王楊諒が高句麗を攻めて大敗 |
| 599 | 開皇19 | 8高熲が免官、10啓民可汗を冊立、義城公主が降嫁、12都藍可汗死す |
| 600 | 開皇20 | 10皇太子楊勇を廃位、11楊広、皇太子となる、?第1回遣隋使が文帝の訓戒を受ける |
| 601 | 仁寿1 | 6文帝、学校削減を命じ、舎利塔建立事業に着手 |
| 602 | 仁寿2 | 8独孤伽羅死す |

## 『隋』関連年表

| 西暦 | 元号 | 事項（数字は月） |
|---|---|---|
| 523 | 正光4 | 4六鎮の乱勃発 |
| 534 | 永熙3 | 7北魏の孝武帝、関中に亡命、10高歓、元善見を擁立（東魏の孝静帝）、閏12宇文泰、孝武帝を殺害 |
| 535 | 大統1 | 1宇文泰、元宝炬を擁立（西魏の文帝） |
| 537 | 大統3 | 10沙苑の戦い |
| 538 | 大統4 | 8河橋の戦い |
| 541 | 大統7 | 6楊堅、誕生 |
| 543 | 大統9 | 3邙山の戦い |
| 544 | 大統10 | ？独孤伽羅、誕生 |
| 546 | 大統12 | 9玉壁城の戦い |
| 547 | 大統13 | 1高歓死す、侯景、東魏に叛く（侯景の乱） |
| 548 | 大統14 | 10侯景、長江を渡り梁の建康を攻囲 |
| 549 | 大統15 | 3建康陥落、5梁の武帝死す、8東魏の高澄死す |
| 550 | 大統16 | 5東魏の高洋、禅譲により即位（北斉の文宣帝） |
| 551 | 大統17 | 3西魏の文帝死し、廃帝即位、11侯景が皇帝を称す |
| 552 | 廃帝1 | 1突厥、柔然の阿那瓌を攻撃し自死に追い込む、4侯景死す、11梁の蕭繹が即位（元帝） |
| 553 | 廃帝3 | 3突厥の木杆可汗、大可汗となる、8西魏、四川を占領 |
| 554 | 恭帝1 | 1宇文泰、廃帝に代えて恭帝を擁立、11西魏、江陵を占領、12元帝死す |
| 555 | 恭帝2 | 1西魏、江陵に傀儡国家・後梁を樹立 |
| 556 | 恭帝3 | 1西魏、六官制を施行、10宇文泰死す |
| 557 | 孝閔帝1 | 1宇文覚、西魏からの禅譲で天王に即位（北周の孝閔帝）、9宇文護、孝閔帝を廃して宇文毓を擁立（明帝）、10陳覇先即位す（陳の武帝）、？楊堅・伽羅結婚 |
| 559 | 明帝2 | 6陳の武帝死す、陳蒨即位（文帝）、10北斉の文宣帝死す、高殷即位（廃帝） |
| 560 | 明帝3 | 4北周の明帝死す、宇文護が宇文邕を擁立（武帝）、8北斉の高演、高殷を廃して即位（孝昭帝） |
| 561 | 保定1 | 11北斉の孝昭帝死す、高湛即位（武成帝）、？楊麗華、誕生 |
| 563 | 保定3 | 9北周の楊忠・突厥連合軍、北斉を攻める |
| 564 | 保定4 | 8北周・突厥連合軍、ふたたび北斉を攻める |

平田陽一郎（ひらた・よういちろう）

1974年，静岡県生まれ．早稲田大学大学院文学研究科博士後期課程単位取得退学．博士（文学）．2002年，国立沼津工業高等専門学校教養科専任講師，10年，同准教授，22年より同教授．専攻は中国史．

著書『隋唐帝国形成期における軍事と外交』（汲古書院，2021年）

隋《ずい》―「流星王朝《りゅうせいおうちょう》」の光芒《こうぼう》
中公新書 2769

2023年 9 月25日初版
2023年10月20日再版

著　者　平田陽一郎
発行者　安 部 順 一

本文印刷　三 晃 印 刷
カバー印刷　大熊整美堂
製　　本　小 泉 製 本

発行所　中央公論新社
〒100-8152
東京都千代田区大手町 1-7-1
電話　販売 03-5299-1730
　　　編集 03-5299-1830
URL https://www.chuko.co.jp/


Published by CHUOKORON-SHINSHA, INC.
Printed in Japan　ISBN978-4-12-102769-6 C1222

中公新書

## 世界史



- 2683 人類の起源 篠田謙一
- 1353 物語 中国の歴史 寺田隆信
- 2392 中国の論理 岡本隆司
- 2728 孫子―「兵法の真髄」を読む 渡邉義浩
- 7 宦官《かんがん》（改版） 三田村泰助
- 15 科挙《かきょ》 宮崎市定
- 12 史記 貝塚茂樹
- 2099 三国志 渡邉義浩
- 2669 古代中国の24時間 柿沼陽平
- 2303 殷―中国史最古の王朝 落合淳思
- 2396 周―理想化された古代王朝 佐藤信弥
- 2542 漢帝国―400年の興亡 渡邉義浩
- 2667 南北朝時代―五胡十六国から隋の統一まで 会田大輔
- 2742 唐―東ユーラシアの大帝国 森部豊
- 1812 西太后《せいたいこう》 加藤徹
- 2030 上海 榎本泰子
- 1144 台湾 伊藤潔
- 2581 台湾の歴史と文化 大東和重
- 925 物語 韓国史 金両基
- 2748 物語 チベットの歴史 石濱裕美子
- 1367 物語 フィリピンの歴史 鈴木静夫
- 1372 物語 ヴェトナムの歴史 小倉貞男
- 2208 物語 シンガポールの歴史 岩崎育夫
- 1913 物語 タイの歴史 柿崎一郎
- 2249 物語 ビルマの歴史 根本敬
- 1551 海の帝国 白石隆
- 2518 オスマン帝国 小笠原弘幸
- 2323 文明の誕生 小林登志子
- 2727 古代オリエント全史 小林登志子
- 2523 古代オリエントの神々 小林登志子
- 1818 シュメル―人類最古の文明 小林登志子
- 1977 シュメル神話の世界 岡田明子 小林登志子
- 2613 古代メソポタミア全史 小林登志子
- 2661 アケメネス朝ペルシア―史上初の世界帝国 阿部拓児
- 1594 物語 中東の歴史 牟田口義郎
- 2496 物語 アラビアの歴史 蔀勇造
- 1931 物語 イスラエルの歴史 高橋正男
- 2067 物語 エルサレムの歴史 笈川博一
- 2753 エルサレムの歴史と文化 浅野和生
- 2205 聖書考古学 長谷川修一
- 2647 高地文明 山本紀夫
- 2253 禁欲のヨーロッパ 佐藤彰一
- 2409 贖罪のヨーロッパ 佐藤彰一
- 2467 剣と清貧のヨーロッパ 佐藤彰一
- 2516 宣教のヨーロッパ 佐藤彰一
- 2567 歴史探究のヨーロッパ 佐藤彰一
- 2769 隋―「流星王朝」の光芒 平田陽一郎